盛

宦海商杰 盛宣怀

陈荣赋 ◎ 著

宣

华中科技大学出版社
http://press.hust.edu.cn
中国·武汉

怀

图书在版编目（CIP）数据

宦海商杰：盛宣怀/陈荣赋著. –– 武汉：华中科技大学出版社，2024.7.

ISBN 978-7-5680-7653-1

Ⅰ. K825.3

中国国家版本馆 CIP 数据核字第 2024HQ0747 号

宦海商杰：盛宣怀

Huanhai Shangjie : Sheng Xuanhuai

陈荣赋　著

策划编辑：亢博剑

责任编辑：林凤瑶

责任校对：刘　竣

装帧设计：VIOLET

版式设计：曹　弛

出版发行：华中科技大学出版社（中国·武汉）　　　电话：（027）81321913

　　　　　武汉市东湖新技术开发区华工科技园　　　邮编：430223

印　　刷：涿州鑫义康印刷有限公司

开　　本：710mm×1000mm　1/16

印　　张：17.25

字　　数：258 千字

版　　次：2024 年 7 月第 1 版第 1 次印刷

定　　价：49.80 元

他出身官宦世家，却成了中国实业之父。

他身为落第秀才，却创立了中国第一所现代工科大学。

他起初只是一名小小的文员，最后却官至一品。

他被清王朝视为中流砥柱，让晚清"回光返照"，最后却被判为"误国首恶"，被认为是清朝的掘墓人。

他就是活跃在晚清历史舞台上，在政商两界呼风唤雨、叱咤风云的洋务大臣——盛宣怀。

盛宣怀出生之时，正值中国面临"三千年未有之大变局"之际，西方列强用坚船利炮打开了中国的大门，加紧了对中国的侵略和掠夺，国内的起义也此起彼伏，清王朝内忧外患、风雨飘摇，整个社会处于剧烈的震荡和变革之中。盛宣怀生于这样一个国家制度、社会风气、民众思想大裂变的时代，其人生注定是不平静、不寻常的。

正所谓"时势造英雄，英雄亦造时势"，时代激发了盛宣怀济世救国的志向，为他施展自己的才干提供了机遇和土壤。

早年的盛宣怀，也和天下成千上万的学子一样，十年寒窗，闭门苦读，希望通过科举考试这一途径步入仕途，走和祖辈、父辈一样的道路，着官服，吃皇粮，光宗耀祖，显赫于世。但是天不遂其愿，盛宣怀先后三次参加乡试却三次落榜。愤然之下，盛宣怀决定放弃科举考试，走一条与众不同的道路——通过兴办实业来实现自己"办大事，做高官"的愿望。

同治九年（1870年），27岁的盛宣怀成为晚清重臣李鸿章的幕僚。凭借自己的忠诚、勤奋和才干，盛宣怀获得了李鸿章的赏识和器重，被委以重任，成为李鸿章的亲信和得力干将。此后，盛宣怀投身洋务运动的大潮，在兴办实业的道路上大踏步迈进，虽然历经挫折，尝尽艰辛，但是他凭着百折不挠的精神和坚忍不拔的意志，到19世纪末，建立起了一个覆盖全国、实力雄厚的商业帝国。这个商业帝国涵盖轮船、电报、煤矿、铁矿、纺织、铁路、银行等重要行业，占据了晚清经济的半壁江山，成为清政府的经济支柱，使得奄奄一息的清政权得以续命。

盛宣怀兴办的实业是具有开创意义的，在清王朝国运凋敝的情况下，他创下中国近代史上的十一个"第一"：第一家民用航运企业——轮船招商局（参与筹办）；第一家电报局——中国电报总局；第一家钢铁煤联合企业——汉冶萍煤铁厂矿公司；第一所正规工科大学——北洋大学堂；第一家银行——中国通商银行；第一家小火轮航运公司——山东内河小火轮航运公司；第一条南北铁路干线——卢汉铁路；第一所正规师范学堂——南洋公学；第一家勘矿公司——中国勘矿总公司；第一座公共图书馆——上海图书馆；推动创立中国红十字会并任第一任会长。这十一个"第一"，无论哪一项都足以彪炳青史。清末实业家、慈善家经元善说盛宣怀"一只手捞十六颗夜明珠"，可见当年盛宣怀经办的实业之繁盛，经营范围之广阔。盛宣怀自己也曾不无得意地说："天下有十个盛杏荪（杏荪为盛宣怀的字），实业便有数十件。"

由于兴办实业成就卓著，盛宣怀逐渐得到晚清政府的垂青，官职不断升迁。除在一些企业担任督办、总办、董事长等职务外，盛宣怀还先后被清政府授予海关道、太常寺少卿、大理寺少卿、会办商务大臣、工部左侍郎、邮传部右侍郎、邮传部尚书、皇族内阁大臣等要职，衔至一品，成为晚清炙手可热、财权兼备的实力人物。由此，盛宣怀也成功实现了他当年立下的"办大事，做高官"的愿望。

在"办大事，做高官"的同时，盛宣怀也不忘聚敛财富。他利用职务之便，从自己经营的各类企业中牟取私利，积累了大量的财富。他去世后，留下的遗产达 1160 万两白银之多，约等于晚清政府每年财政收入的四分之一。

1911 年初，为了向英法德美四国银行团借款用来镇压革命，盛宣怀推动清政府实施"铁路国有"政策，将已归商办的川汉、粤汉铁路收归国有，转而出卖给列强。此举激发了各地人民的强烈反对，掀起了轰轰烈烈的"保路运动"，进而引发辛亥革命，各省纷纷宣布脱离管制，清政府轰然倒台。盛宣怀也成为众矢之的，流亡日本，回国后虽然一度在几个企业担任要职，但已风光不再，于 1916 年走完了自己的人生之路。

盛宣怀一生横跨两个世纪，是新旧两种制度交替阶段的过渡人物，在他身上，存在着进步与落后、革新与守旧、善良与冷酷的两面性。他既有功于国家和人民，又有损于国家和人民，可谓有功有过、毁誉参半。对于盛宣怀，历来众说纷纭，充满争议。

慈禧太后评价他："盛宣怀为不可少之人。"

李鸿章评价他："志在匡时，坚韧任事，才识敏瞻，堪资大用。一手官印，一手算盘，亦官亦商，左右逢源。"

张之洞评价他："承上注下，可联南北，可联中外，可联官商。"

孙中山评价他："热心公益，而经济界又极有信用。"

张謇评价他："盛宣怀的为人，虽稍有才具，但不顾大局，全无国家观念。"

鲁迅评价他："卖国贼，官僚资本家，土豪劣绅。"

吴相湘评价他："盛氏在清末政治地位上之重要，不下李（李鸿章）、张（张之洞）、袁（袁世凯），而所从事建设之各端，对于国家关系之大，尤远非李、张辈所能及。"

夏东元评价他："处非常之世，走非常之路，做非常之事的非常之人。"

以上这些评价，可以说从不同的时代、不同的角度对盛宣怀的为人及其所做的事业、在历史上所处的地位作了较为公允的描绘，从中我们可以看到一个才能出众、成就斐然、性格复杂、面孔多样的盛宣怀。

本书以晚清波澜壮阔、风云激荡的社会现实为背景，以盛宣怀坎坷曲折、丰富非凡的人生经历为主线，全景式地展现盛宣怀富有传奇色彩、大起大落的人生历程，力求勾勒出一个真实立体、鲜活饱满的国之重臣形象，为读者拂去历史的烟云和尘埃，使读者能透过茫茫的时空去感受盛宣怀的雄心与抱负、胆魄与才干、个性与风采、思想与情怀、智慧与手腕。

如今，盛宣怀离世已经有100多年，他所有的荣耀和过错都随着时间的流逝化作了烟与云，所有的功名都随着岁月的更替化作了尘与土。但是他的故事却流传了下来，为人们津津乐道；他创立的企业、学校、机构，有许多延续至今，惠及国人。

出于时代的局限性和个人的原因，盛宣怀身上存在着一些缺陷，甚至做出了有损于国家和人民利益的事情，有着不光彩的一面，但是他为振兴国力筚路蓝缕、披荆斩棘、不畏艰辛、百折不挠地兴办实业的精神，对于今天仍不断追求进步的国人有着巨大的激励作用，鼓舞着新时代的每一位中华儿女为实现中华民族的伟大复兴而持续不懈地努力奋斗！

目录

第十一章　盛极而衰，身败名裂走完人生路　　236

第一章

降生乱世，科场屡次失意

盛宣怀生于道光二十四年（1844 年），此时第一次鸦片战争刚刚结束。不久，太平天国运动爆发，战火席卷了他的家乡，小小年纪的他过着漂泊不定的生活。虽生逢乱世，他仍然坚持读书，希望像祖父辈那样走科举入仕之路。

第一节　龙城望族的后裔

坐落于江苏南部的常州市，是一座有着 3200 多年文字记载历史的文化古城，为长江文明和吴文化的发源地之一。常州又称中吴、龙城，它北携长江，南衔太湖，东望东海，西接南京、镇江，扼江南地理要冲，自古就有"三吴重镇、八邑名都"之称。

常州是典型的江南鱼米之乡，京杭大运河穿城而过，潺潺流淌的运河水诉说着这座古城数千年来的繁华与沧桑。俗话说一方水土养一方人，独具特色的吴地文明和钟灵毓秀的山水孕育了具有鲜明地域特征的常州文化，也孕育了无数的才子名士、大师巨匠。常州自古被视为人文渊薮，"德业之盛，代不乏人，文学甲于天下"，是人才荟萃之地。

陆游曾赞誉常州："儒风蔚然，为东南冠。"袁枚则感叹："近日文人，常州为盛。"龚自珍这样赞誉常州："天下名士有部落，东南无与常匹俦。"自隋唐开科举考试之风至清末，常州考中进士之人多达 1546 人，其中状元 9 位、榜眼 8 位、探花 11 位。①常州学派、常州词派、阳湖文派、孟河医派和常州画派的产生，对当时及后世的中国政治、经济、文化均产生了深远的影响。

明清之际，常州文化更加繁荣，除了作为江南城市占有文化资源，有着得天独厚的优势之外，拥有发达的宗族组织作为支撑也是其文化繁荣的一个重要原因。常州地区是整个苏南地区宗族组织最完善、最发达的地区。

元至正十六年（1356 年），朱元璋派遣大将汤和统兵进军江南，次年汤和攻克常州。整个明代，以薛氏、唐氏、钱氏为核心，再加上陆续崛起的庄氏、恽氏、白氏、孙氏、吴氏、董氏、管氏等望族，成为常州地区最为兴盛的一些家族。

清统一全国后，白氏、唐氏、恽氏不再繁盛，但刘氏、庄氏、薛氏、董氏、吴氏、谢氏、管氏依然延续着昔日的辉煌，一些新兴家族如吕氏、徐氏、赵氏、盛氏等成为常州望族的新兴力量。在这些家族的努力下，清代常州地区文化发展达到鼎盛，书院林立，进士数量继续在全国名列前茅。当时，常州名人辈出，个个才华横溢、惊世绝伦，且大多能自成一家，开一代之风气。

在常州的名门望族中，盛宣怀出身的盛氏与常州的历史关系不是很久远，但盛氏在常州乃至中国近代史上却占有一席之地，尤其在盛

---

① 常州市人民政府新闻办公室编《中国常州》，五洲传播出版社，2007 年，第 19 页。

宣怀发迹之后。据古籍记载，盛氏的远祖是周文王的儿子郕叔武，至周穆王时易"郕"为"盛"。根据盛宣怀的儿子盛同颐撰写的《诰授光禄大夫太子少保邮传大臣显考杏荪府君行述》（以下简称《盛宣怀行述》）以及《龙溪盛氏宗谱》的记载，常州盛氏的一世祖为元末明初的盛庸。

盛庸，字世用，生年不详，其先世居住在陕西。元末明初，盛庸追随朱元璋南征北战，因战功被封千户，官居军中都指挥使。在燕王朱棣发起的讨伐建文帝朱允炆的"靖难之役"中，又因战功被建文帝封为历城侯，官至总兵。永乐元年（1403 年），盛庸辞去官职。不久，朝中王钦、陈瑛等官员弹劾盛庸心存怨恨、图谋不轨。盛庸无奈，被迫自杀。

盛庸有子五人，长子盛延一之子盛睿于明朝末年自金陵（今江苏南京市）迁居常州城西北的龙溪（今江苏常州市钟楼区五星街道盛家湾村）开族，为盛氏常州龙溪始迁祖，盛宣怀即是这一支的后代；三子盛延三从广陵（今江苏扬州市）迁居常州城南花墅里（今属常州市武进区）开族，为盛氏常州花墅始迁祖。从此，盛氏在常州扎下了根，他们在常州筑室造屋，繁衍生息，盛氏家族枝繁叶茂，族大根深，成了常州的一个大姓望族。

从明朝至清朝前期的数百年间，常州盛氏家族在仕途与功名方面没有什么值得称道的地方，只不过出了几位其他领域的人才——明朝的名医盛寅、画家盛时泰，清代的围棋高手盛年，不难看出，他们都是才华超群之人。

到了清朝嘉庆、道光、咸丰年间，常州盛氏家族的门风又开始显赫起来。嘉庆十五年（1810 年），盛宣怀的祖父盛隆考中了举人，但是由于时运不济，后来他接连几次参加会试都榜上无名。过了不惑之年的盛隆再也无心科场，回到老家守着祖辈遗留下来的少量田产安闲度日。因盛隆向来为人厚道，文章又颇有名，府学教官怜惜他是个人才，就向江苏学政推荐他到京城参加从多次落第举人中选拔知州县教官的考试。盛隆考试成绩位居一等，被委派到浙江任知县，因政绩突出，在做了两任知县后又升任海宁知州。

海宁州为鱼米之乡，盛隆也算是得到了个肥差。他告老还乡后，在常州置下田产，在周线巷内买了一座风景秀美的大宅院，从此过着悠闲舒适的隐退生活。

盛隆有子盛应、盛康、盛廉、盛赓四人，他一生科考入仕的愿望没有得到圆满的实现，遂开始培养下一代。其次子，也就是盛宣怀的父亲盛康，颇有读书天分，于道光二十年（1840年）考中举人。

道光二十四年（1844年），也就是盛宣怀出生这一年，盛康又考中了进士，先后任铜陵县令、庐州府知府、宁国府知府、湖北襄阳府知府（府一级行政长官，负责宣布国家政令、治理百姓、审决讼案、考核属吏、征收赋税等事务）、湖北粮道（负责监管督运漕粮的官员）、湖北盐法武昌道（掌管一省盐政的官员）等官职。

不管是盛隆还是盛康，都算不上什么达官贵人，但盛家也可以算是官宦世家了。

第二节　神秘的降生传说

道光二十四年（1844年）这一年，对盛康来说是双喜临门的一年：金榜题名和喜得贵子。

早在这年年初，盛康的夫人于氏就已有孕在身。盛康于春季动身前往京城参加会试前，从当地请来一名郎中，郎中诊断后说于氏会在重阳节后分娩。因为夫人是头胎分娩，所以盛康格外担心，可是眼下自己刚刚进入翰林院庶常馆学习，不便请假还乡。无奈之下，盛康只有通过去信家中，殷殷叮嘱夫人静养身体、安心分娩，并且请夫人转禀老太爷盛隆为即将出生的孩子取名，孩子一出世就立即差家人来京报喜。就这样，盛康一边在翰林院埋头学习，一边怀着兴奋和焦急的心情期盼家人送来喜讯。

道光二十四年九月二十四日（1844年11月4日），于氏顺利分娩，一名男婴呱呱坠地。当上祖父的盛隆欣喜异常，按族谱为刚出生的孙子取名宣怀，为宣扬教化、心怀高远之意，取字杏荪。据说，在盛宣怀的母亲怀上他时，盛隆曾梦见家乡庭院中的一株老杏树开出了满树的杏花，杏花怒放，灿烂似锦，香气四溢。这就是他为刚出世的孙子取字杏荪的由来。

盛隆为孙子盛宣怀取字一事，寄予了盛氏家族对盛宣怀很高的期望。因为荪是一种深受人们喜爱的香草，杏荪既代表了盛家两代对这个刚降生的男婴的祝福，也代表了他们对他的期待：如杏花之似锦，期待他前程灿烂锦绣；如荪之芳香，期待他功德圆满，流芳人间，得到人们的拥戴和喜爱。可以看出，盛家两代都希望盛宣怀长大后走一条科举取士、飞黄腾达的人生之路。这是自隋唐确立科考制度以来，中国传统知识分子一直孜孜追求的人生之路。

有关盛宣怀出生的传说，常州城中还流行着其他的说法。

据说在盛宣怀出生的前一天晚上，住在常州城天宁寺的一个老和尚预感到自己将要圆寂，于是在口中含了一颗青杏，并对一名小和尚说道："明天天一亮，你就去城中走访，如果有新生儿哭不出声音，你就去为他取出他口中的青杏，那么他就是为师的转世。"

第二天清晨，这个小和尚就到城中四处走访打听。走访中，他听闻盛家老宅诞生了一名男婴，而且这名男婴哭不出声来。于是他就按照师父的说法，前往盛家为男婴取出口中的异物。异物刚一取出，男婴就哇哇大哭起来。小和尚仔细一看那异物，果然是一颗青杏！他急忙返回寺院回禀师父，但是老和尚已经圆寂了。因此，常州城的人大多认为盛宣怀就是天宁寺的老和尚投胎转世。盛宣怀一生救灾济世，行善无数，对天宁寺也多有捐献。

另有一种说法是盛宣怀去世时是身穿僧衣入殓的，以此来证明他就是"和尚转世"。

后来盛康又生有五子，这样盛宣怀兄弟共六人，盛宣怀为长。但是上天似乎独独眷顾盛宣怀，盛宣怀的五个弟弟结局均很不幸，有两个夭折，还有一个在后来甲午战争的朝鲜战役中不幸牺牲，另外两个也不长寿，都是20岁左右就去世了。唯独盛宣怀不仅长寿，而且官运亨通，多子多孙，光耀门楣。这对盛家来说，也算是不幸中的万幸了。

盛宣怀出生后，盛隆立即手书一封家信，把孙儿出生的喜讯告诉远在京城翰林院庶常馆学习的盛康。

盛康刚散学回到住处，就收到了常州家仆专程送来的家信。仆人兴高采烈地向盛康报喜道："恭喜少爷，少夫人为您生了个清秀白嫩的小公子。这里有老太爷写给您的书信一封。"

仆人说着，上前将书信递给盛康，接着又说："少夫人产后需要休养，不能执笔，嘱小人带个口信，转禀少爷，母子平安，小公子身体安康，请少爷放心。"

听着妻子的口信，盛康顿觉一股暖流涌遍全身，此刻的喜悦不逊于金殿上的登科唱名。他激动地展开家信，看到信中老父提到为孩子取名宣怀的原委，也期望自己的儿子将来能做出一番惊天动地的事业，不辜负祖辈的期望。

过了些日子，盛康向翰林院大学士提出告假回乡的请求，得到了批准。盛康和仆人收拾好行装，踏上了回乡的路程。一路上，两人几次换乘车马舟船，丁次年五月中旬经镇江回到常州家中。

一进家门，盛康向父母恭恭敬敬地行了两个大礼，向父母问安，并汇报了自己在京城学习的情况。之后，盛康三步并作两步，往自己那一房的别院奔去，夫人于氏正笑意盈盈地站在院子中间迎接他。盛康忙走过去，将夫人从上到下端详了一番，然后微笑着说："夫人，我一去京城多月，这段时间辛苦你了。在京城，我无时无刻不在惦念你和孩子，很想回到家中和你一叙喜忧。今天看你气色很好，家中井井有条，我总算放心了。我们的小公子呢？"

于氏朝房内方向看了一眼，轻声说道："孩子正睡着呢。"

盛康和夫人一前一后轻轻走进房中。盛康望着摇篮中熟睡的儿子，凝神端详，然后低声对夫人说道："夫人，儿子生得一副清秀俊朗的面貌，将来必定也是个读书的好苗子，我们盛家一门有后继之人了。"

第二天，盛康置办了几桌丰盛的酒席，盛家的亲朋好友纷纷赶来贺喜。接下来的日子，盛康在家中又是陪父母谈心拉家常，又是陪儿子逗笑取乐，间或还帮夫人处理家中事务。一家人其乐融融，盛康尽情地享受着家庭给他带来的快乐。

转眼间到了离家返京的日子，这天，盛康和夫人备好行李，然后带着儿子来到父母居住的大院，向父母叩头辞行。

盛隆想着儿孙们这一去，家中就会冷清许多，又想到自己年老体衰，不知能否撑到再见儿孙们一面的时候，不禁黯然神伤，眼中噙满了泪水。盛康了解父亲的心思，心下发酸，强忍住泪水安慰父亲道："父亲身体康健，必能安享期颐，尽享四世同堂之乐。儿子此去京城延续学业，过两年庶常馆散馆考试后就任新职前，再告假携妻儿回家省亲。还望父亲和母亲大人保重身体，不必挂念儿孙。"

盛隆语重心长地叮嘱盛康，到京后要好好读书学习，日后做官一定要廉洁奉公，勤政爱民，为国家和百姓出力，那样才不枉为读书人。盛隆还将自己此生读书、做官的切身体会，一一告诉盛康，字字恳切，饱含着一位老父对儿子的殷殷期盼。

盛康认真地听父亲说完，恭敬地回答道："父亲的金玉良言，孩儿定会铭记于心。今后在京学习，定当加倍努力。他日为官，亦当尽心竭力，恪尽职守，报效国家，造福百姓。孩儿日后会时常写信回家，禀明在京状况，请父亲和母亲大人放心。"

随后，盛康夫妇携带儿子宣怀，和奶妈、厨娘、丫鬟等一起出发了。父母依依不舍地跟在他们后面送行，盛康夫妇好不容易才将两人劝回。

经过长途跋涉，盛康一行于七月抵达京城。因为会馆不便女眷居住，盛康此前离开京城时就已经托付会馆的大管家，租下了一座宽敞的宅第，作为家眷到京后居住的地方。据说这座宅第是清初名人朱彝尊的故居，宅第宽敞开阔，还有园林景观，甚为明净清雅。

盛康夫妇和仆人一起将宅第收拾一番后，安心地住了下来。

第三节　抓周"抓"出的命运

到京数日后，盛康携夫人和儿子宣怀来到正阳门内碾儿胡同一所大四合院的宅第，专程拜谒恩师李文安夫妇和盟弟李鸿章。

李文安生于嘉庆六年（1801年），安徽合肥人，字式和，号玉川、玉泉，从小身体很弱，在兄弟中排行最小。他是个大器晚成型的人才，到8岁才开始读书，道光十八年（1838年）与曾国藩同年考中进士时已年近四十，而且两人都以文章闻名于京中。此时，李文安在京城担任刑部员外郎一职。

李文安育有六子，李鸿章在兄弟六人中排行老二，此时已20余岁。他才华出众，在庐州府学被选为优贡。时任京官的李文安望子成龙，来函催李鸿章入京，让他准备参加来年顺天府的乡试。李鸿章谨遵父命，毅然北上。道光二十四年（1844年），也就是盛康考中进士同年，李鸿章参加顺天府乡试中举。也就是在这一年，盛康和李鸿章两人义结金兰，盛康长李鸿章9岁，因此为兄。两人志趣相投，经常在一起切磋学问，交流思想，讨论时局，互相鼓励鞭策，共同进步。

盛康夫妇来到李府后，向李文安夫妇行了参拜礼，又与李鸿章打了招呼。李府上下尤其是李老太太特别喜欢清秀俊朗又机灵活泼的小宣怀，特地命丫鬟端来一个银盘，盘中放着一副亮灿灿的吉祥如意银锁片和一柄翡翠玉制小如意。李老太太对盛康夫妇说道："孩子聪明灵秀，讨人喜欢，这两件小东西不值钱，图个吉利，就当送给孩子的礼物吧。"

盛康夫妇连忙拜谢李老太太。小宣怀第一次来李府，感到有些陌生，好奇地打量周围的一切，环顾屋子里的众人，最后将目光停留在李文安的身上，他伸出小手、晃动着身子要李老太爷抱他。可能是小宣怀出生后爷爷盛隆经常抱他的缘故，他特别喜欢有长胡子的人。李老太爷轻轻地将小宣怀抱在怀中，开心地哄逗他。小宣怀不时地用小手摸李老太爷的胡子，引得李老太爷乐不可支，笑得合不拢嘴。

盛康和李鸿章则坐在一起，开始谈论起最近的局势来。两人谈到了几年前爆发的鸦片战争。当时，英国以中国销毁其输入中国境内的鸦片为由，发动了蓄谋已久的侵华战争。英国大批军舰相继攻陷中国沿海的一些重要港口城市，并且进逼上海、南京。中国军民英勇抵抗，留下了许多可歌可泣的故事，但战争最终以清政府的失败而告终，清政府被迫签订了一系列不平等的条约，割地赔款，开埠通商。

谈到这些，盛康感叹不已。一旁的李鸿章也感叹道："洋人之所以能够取胜，是因为他们拥有坚固、快速的兵舰和射程远、火力强的新式枪炮。单论海战，我们是敌不过洋人的，但是如果沿海的官员都能像林则徐在广东那样，加强海防，严密防备，以重炮轰击敌舰，使他们不得靠岸，枪炮无法发挥威力，那么我们在战争中也就不至于输得那么惨了。以我个人的见解，朝廷现在最重要的是整顿吏治，重用有见识的人才，同时学习洋人的先进技术，富国强兵，保境安民，方能不再被洋人欺辱。"

"听君一席话，胜读十年书。鸿章贤弟能有如此过人的见识和远大抱负，实在是旷古奇才。将来贤弟若能居庙堂之上，必定能为大清建立一番丰功伟业。"盛康由衷地赞叹道。

两人热烈地谈着，不觉已到傍晚时分。在李府用过晚饭后，盛康夫妇带着儿子回到下斜街的住处。

白天，盛康去庶常馆学习，散学回到家中后就陪伴妻儿，有时还和京城的朋友喝茶小聚，谈古论今，交流思想和学问。盛李两家则时常往来，亲同一家。

重阳节过后，小宣怀就满一周岁了。盛康夫妇忙前忙后地张罗，准备好好为儿子庆生。盛康给李文安一家以及翰林院的同窗、京城的一些同乡陆续发去了请柬。

小宣怀周岁那天，李文安一家早早就赶到了盛康在下斜街的住处，还带来了丰厚的贺礼；盛康在翰林院的同窗和京城的同乡也相继到来。盛康在屋中招待来宾，除了谈天说地，大家都在等着小宣怀抓周这一隆重的仪式，都想看个热闹。

抓周的仪式在南北朝就已兴盛，是新生婴儿周岁宴中重要的一环，它是小孩周岁时举行的一种预测前途和性情的仪式，是第一个生日纪念日的庆祝方式。抓周典礼开始了，众人齐聚在大厅中。只见一张圆形桌布铺在地上，上面放着一个红漆描金礼盘，盘中摆放着一本袖珍经书、一支龙凤彩笔、一把彩绘小剑、一颗镶着金箔的木质小官印、一把黄澄银亮的小算盘。五样东西分别寓意着将来成为读书人、文豪、将军、官员、商人，让孩子自己选择，从孩子抓住的东西看孩子的喜好，从而预知孩子的未来。

抓周仪式由李鸿章主持，盛夫人于氏抱着小宣怀站在礼盘前。李鸿章自然知道盛家的期盼，事先将官印和书、笔放在小宣怀的近处，然后朗声笑道："抓周典礼正式开始！"

盛夫人于氏笑盈盈地将小宣怀放在桌布上，看见这些新奇的玩意，小宣怀顿时好奇心满满，手脚并用地向礼盘爬了过去。大家在旁边屏息凝神观看，有不少人轻声喊道："拿书，拿书！""拿笔，拿笔！""拿印，拿印！"

小宣怀听不懂大人们在讲些什么，只是目不转睛地看着礼盘中的东西。突然，他就近抓起了脚边的龙凤彩笔。

大家拍手称赞："好！好！妙笔生花，小公子将来必定科场得意。"

不过，小宣怀似乎看惯了他的祖父和父亲用笔，这东西对他来说毫无新意，很快他就将彩笔扔在一旁了。盛康夫妇希望他去抓手边的书，李鸿章也将书移到小宣怀的跟前，可是小宣怀对书一点也不感兴趣，直接绕开书，抓起了木质的小官印，还举起小官印向众人示意。

有位宾客随即喊道："哈哈！做官好，做官好！光耀门楣，盛家一门后继有人了！"

盛康夫妇听了不由得心花怒放，随着众人笑起来。

可是小宣怀好像并不满足于手中的官印，只见他用左手抓牢官印，又用右手去抓亮闪闪的算盘。于氏一看急了，要知道在古代"商"是排在末流的，她向小家伙摇了摇头，示意他不要抓算盘。可小宣怀并不理会母亲的示意，坚定地用右手抓起算盘，还用力地摇了摇，摇得算盘噼里啪啦地响，然后他又面向众人顽皮地笑了起来。

此时，李鸿章大声宣布："抓周仪式结束。盛家小公子一手官印，一手算盘，亦官亦商，前途不可限量！"

大家齐声附和，向盛康夫妇道喜："小公子的抱负非常人可比，将来必成大器，前程远大，可喜可贺啊！"

盛康夫妇面露喜色，热情地招待大家。大家边吃边谈，酒席上洋溢着欢乐的气氛，直至席罢，大家尽兴而归。

盛康夫妇送走最后一位宾客，已经是午夜时分。二人回到卧房，摇篮中的小宣怀早已熟睡，发出均匀的呼吸声。于氏望着摇篮中的小宣怀，又回头看了看盛康，似乎有话要讲，只是眉头微皱，欲言又止。

盛康见了，以为夫人还在为白天孩子抓周的事而烦恼，于是安慰她道："夫人，别把孩子抓算盘的事放在心上，他先抓的是官印，看来还是要走仕途的。咱们宣怀天性机灵聪慧，再加上后天的努力，一定会有好前途的。"

于氏听后，轻声叹了口气，说道："我昨天请了一位算命先生给孩子算了算生辰八字，那先生说孩子将来一定会大富大贵，能戴上大红顶子，位极人臣，只是一路上也有诸多坎坷。要跨过这些难关，一要靠贵人相助，二要靠自己奋斗，最终才能逢凶化吉、青云直上。夫君你想想，谁会是咱家孩子的贵人呢？"

盛康不以为意地说："算命先生的话都是那一套，不要把它太当回事。再说，孩子才一岁，现在到哪里去找什么贵人？等个一二十年，孩子长大了，贵人自能出现。现在最重要的是给孩子创造一个好的读书环境，为他今后的成长铺好道路。孩子有学问在身，何愁没有好前程呢？"

于氏见丈夫说得有理，点头表示赞同，也就不再为小宣怀的未来过分担忧了。

而盛宣怀长大成人后，既做了官，又成了商人，可谓官财两得。冥冥之中自有天意，他的命运似乎在抓周仪式上已显出了端倪。

第四节　京城的童年生涯

自盛宣怀出生，转眼间 3 年过去了，道光二十七年（1847 年），盛康在翰林院庶常馆学习期满，参加散馆考试，成绩名列前茅，被清政府授予正七品翰林院编修之职，继续留在翰林院，正式做了翰林。

同年，李鸿章参加会试，殿试高中二甲第 13 名进士，通过朝考后，也被选为翰林院庶吉士，拜在曾国藩门下，学习经世之学。盛康和李鸿章一同在翰林院供职，几乎每天都能见面，彼此间的情谊又加深了几分。

光阴荏苒，又一个 3 年过去了。道光三十年（1850 年），李鸿章参加翰林院庶常馆散馆考试，因成绩优异授翰林院编修。盛康也升迁为从五品监察御史，留任京城。

就在这一年，道光皇帝驾崩，四皇子奕詝继位，次年改元咸丰，即咸丰帝。咸丰帝是清朝最后一位通过秘密立储继位的皇帝，也是中国历史上最后一位在真正意义上拥有实际统治权的皇帝。他即位时，清王朝正面临内忧外患，已经濒临山河破碎的亡国境地。面对"三千年未有之大变局"，年轻的咸丰帝力图重振朝纲，攘外安内，挽救清王朝的颓势。

咸丰元年（1851 年）1 月 11 日，洪秀全在广西桂平金田村率领拜上帝会信众揭竿而起，给刚刚登基的咸丰帝送上了一份"见面礼"。洪秀全举起反清大旗，建号"太平天国"，自称"天王"，起义军号称"太平军"。太平军声势浩大，多次击退清军的镇压。

咸丰二年闰八月（1852 年 7 月），盛康接到咸丰帝圣旨，调任湖北襄阳府知府。在不到两年的时间内，盛康由从五品官员升任四品官员，可谓仕途顺畅，官运亨通。

盛康赶紧修书一封禀告在常州老家的老父，说自己准备启程南下，沿南运河渡江回常州老家省亲祭祖，然后往武昌晋谒督抚藩臬，再前往襄阳赴任。因正值战乱之际，他想到自己赴任之后必有很多公务要办，只怕再无时间教导小宣怀，于是就将小宣怀暂留常州老家，跟随祖父在私塾继续读书。

此前，小宣怀已经在京城的私塾中读了两年书。他读书极为认真，还经常向私塾先生提出一些稀奇古怪的问题。私塾先生认为他天分甚好，称赞他"颖悟洞彻，好深湛之思"。

接到圣旨的第二天，盛康夫妇开始同京城的熟人好友一一拜别。夫妇二人还带着宣怀和寯怀兄弟俩，特地向已经升为刑部郎中的李文安一家辞行。李家上下也为盛康外放任职感到高兴，并设宴为其饯行。

席间，盛康和李鸿章谈起当前太平军势如破竹的进攻形势，盛康心中有所顾虑，面露忧色。李鸿章看出了盛康的心思，微笑着劝慰道："兄长不必过于担心，从广西到湖北，中间隔着广西省城桂林府和湖南全省，此外还有湖北省城武昌挡在东面，这些地方都兵力强盛，固若金汤。兄长就安心地去赴任吧。"说罢，李鸿章举杯向盛康表示祝贺，盛康悬着的心也放松了一些。

盛李两家依依惜别。李鸿章还蹲下身子，与小宣怀聊了起来，鼓励他回到家乡后仍要好好上学读书，将来做一番大事业，为国家出力。小宣怀很是懂事，点了点头，还伸出小手和李鸿章握别。

自道光二十四年（1844年）11月在常州出生，到次年随父母到京城，再到咸丰二年（1852年）离开京城，盛宣怀在京城生活了近7年的时间，留下了美好的记忆。此外，他还结识了李家众人，李家上下对他都非常体贴关爱，其中的点点滴滴长久地留存在了他的脑海中。李家正直、和睦、勤俭的家训也被盛康奉为圭臬，经常以此教育盛宣怀，

使盛宣怀的心灵受到了良好的熏陶，成为他人生中一笔不可多得的
财富。

第五节　十年私塾，寒窗苦读

盛家两代都通过科举考试走上仕途，也算得上是书香门第，读书
传家。盛隆和盛康虽然在官场算不上有多大的成就，但都深知读书对
于人生的重要意义，因此很注重对盛宣怀的文化教育，希望他能通过
读书、参加科举考试走上仕途，当一个致力于国家社稷的有用之人。

从道光三十年（1850年）到咸丰十年（1860年），是盛宣怀的
10年私塾读书学习生涯。

道光三十年（1850年），盛宣怀在京城和父母住在一起时开始进
入私塾读书。咸丰二年（1852年），因父亲盛康往湖北襄阳府担任知
府，盛宣怀被寄养在常州老家，继续在老家的私塾读书。

清朝的教育机构分为官办和私立两种。名义上，清朝开设过各种
各样的官方学校：中央有国子监和为八旗子弟开设的官学，地方上也
有各级儒学——府学、州学、县学，各地还有国家建立的大小书院。
为了弥补书院的不足，方便贫寒子弟入学接受教育，国家在有些地方
还设立了小学、社学、义学。

除此以外，还有各类私人设立的教育机构，统称为"私馆"。家
资雄厚者辟出一个院子，直接将私馆设在家中，聘请教师来教授家族
子弟；普通人家则联合一村、数村之人，开设一个"村塾"，聘请有
才学的教师来教授附近的学子；也有教师自己独立开设私馆，称为"门
馆"，附近的学子可以交学费来读书学习。这种私馆也分高、低两级：
低级的私馆专教儿童，又称"私塾"；高级的私馆专教成人，名为"经

馆"。儿童在没有入学前，成人在科举失败后，常在这种私馆中学习和补习。

清朝末年，比较普及的是各地所设立的私塾。它不只是官宦富贵人家的孩子进入高级学校前就读的预备学校，也是贫穷人家的孩子最早接受基础教育的场所。

和其他学子一样，盛宣怀通过在私塾中读书，接受了中国传统文化和伦理道德思想的启蒙教育，培养了"好思、勤勉、笃实、奋进"的好习惯。为了博取功名，他还加读了四书五经。但是当时私塾先生的教学方法只有课读与背读两种，真正讲解课本内容的时间很少，因此，学子对课文内容的了解不够，背下的东西也不能解决什么现实问题。盛宣怀在私塾中读书学习，自然也不例外。对于求知欲强烈、希望能够学到更多知识的盛宣怀来说，私塾所教授的内容远远不能满足他的要求，他渴望学习更多能派得上用场、能解决现实问题的知识，只是他还小，不知道他想学习的是经世致用之学。

所谓"经世致用"之学，是指明清之际著名思想家顾炎武等人提出的一种理论。"经世"的内涵是"经国济世"，强调人要有远大的理想抱负，志存高远，胸怀天下；"致用"的内涵是"学用结合"，强调做事要理论联系实际，脚踏实地，学习、征引古人的文章和观点，应以治事、救世为急务，反对理学家不切实际的空虚之学。

盛宣怀的父亲盛康，作为士族阶层的知识分子和封建官吏，受"经世致用"之学的影响较大，他注重研究和学习经世致用之学，并付诸实践，辑有《皇朝经世文续编》一书。盛宣怀生长于这样的家庭环境中，自然也受到了"经世致用"之学的影响，因此他更愿意学习解决社会实际问题的学问。这也许是盛宣怀后来从重视科举到轻视科举、抛弃科举，走不寻常之路的缘故。

第六节 跨越五省的逃难生活

就在盛宣怀在私塾中安心读书，为将来参加科举考试、博取功名做准备的这几年，太平军与清军的战火也逐渐蔓延到他的家乡，他宁静安稳的读书生活被打乱了。

咸丰二年（1852年）5月19日，太平军从广西进入湖南，连克道州、郴州。12月又攻占岳州（今湖南岳阳）。

咸丰三年（1853年）1月12日，太平军攻克武昌，湖北巡抚常大淳举家自尽，太平军人数迅速增至50万人，朝野震动。2月9日，太平军顺江东下，连克九江、安庆、芜湖，势如破竹。3月19日，占领江南重镇江宁（今江苏南京），洪秀全在文武百官、当地百姓的欢呼声中进入江宁城，宣布定都江宁城，并改江宁为天京，正式建立了与清王朝对峙的太平天国政权。接着，太平军两支部队分别攻占了镇江、扬州，与天京形成掎角之势。

为反击太平军的西征，咸丰三年（1853年）3月底，清朝钦差大臣向荣在天京城外孝陵卫建立江南大营。4月16日，另一钦差大臣琦善在扬州城外建立江北大营。

咸丰三年（1853年）5月8日，洪秀全派遣林凤祥、李开芳等人率领两万余名太平军北伐。北伐军虽然一度进至天津附近，但因孤军深入，被清军围困于直隶东光县连镇。咸丰五年（1855年）3月，林凤祥受伤被俘，不久被押到京城处死。李开芳率部突围至今山东茌平区冯官屯坚守，兵败被俘，6月在京城被处死。

咸丰三年（1853年）6月3日，洪秀全又派遣胡以晃、赖汉英、曾天养、林启荣等人率战船千余艘，溯江西征。

面对风起云涌的太平天国运动，清政府连忙责令南方各省地方官员组织兵勇团练进行镇压。在各地的民团组织中，时任礼部侍郎的曾国藩建立的湘军异军突起，成了镇压太平天国运动的主要力量。到咸丰四年（1854 年）初，曾国藩的湘军已经发展到近两万人。

李鸿章在盛康出任湖北襄阳府知府后，逐渐崭露头角，并经由曾国藩的推荐，出任江苏巡抚，建立起淮军，在清政府镇压太平天国运动的过程中同样发挥了很大的作用。

咸丰四年（1854 年），太平天国西征军在湖南遭遇湘军的抵抗，湘军接连攻下岳州、武昌、九江。咸丰五年（1855 年）初，太平天国翼王石达开率军大破湘军，再复武昌。咸丰六年（1856 年）4 月 5 日，太平军再克扬州，攻破江北大营。同年 6 月，太平军攻破江南大营，向荣逃往丹阳自缢而死。

咸丰六年（1856 年）9 月 2 日，太平天国内部发生了"天京事变"，太平天国的军事力量被削弱。但是在太平天国的影响下，各地人民坚持反抗清政府。除了洪秀全领导的太平军，在安徽北方还有由张乐行领导的捻军，在上海也有刘丽川领导的小刀会，全国的反清斗争仍然处于高潮。

就在清军与各方反抗力量进行激烈交战的时候，咸丰六年（1856 年）10 月，英国悍然发动了侵略中国的第二次鸦片战争。第二年，法国也加入英军侵华的队伍中。咸丰七年（1857 年）12 月，英法联军攻陷广州，次年 5 月北上进犯天津，攻占大沽炮台，侵入天津城郊，并扬言要进攻北京。清政府被迫与英、法、美、俄等国签订了《天津条约》。咸丰十年（1860 年），英法联军又对京津地区发起了攻击，咸丰帝逃往热河避难。英法联军纵火烧毁了举世闻名的中国皇家园林——圆明园，大火烧了三天三夜，无数文物珍奇毁于一旦。之后，中英、中法、中俄先后签订《北京条约》，中国大片国土沦丧，众多城市向外国列强开放。为了今后更好地"合作"，英法联军答应帮助清政府共同剿杀太平天国运动。

盛宣怀生活在这个动乱的时代，他的日子注定了不会过得安稳，自小就经历了逃避战乱的辗转流徙之苦。

咸丰六年（1856 年），盛宣怀的伯父任浙江归安县令，他跟随祖父母一起来到伯父的官邸居住。他们还未住满一年，浙西便受到太平军的威胁，他只得跟随祖父母又回到了常州。祖父在常州城内聘请了一位姓罗的老举人上门为盛宣怀授课。这年 12 月，曾国藩率湘军水陆并进，接连克复太平军驻守的武昌、黄州府（今湖北黄冈）、九江等地，不久恢复湖北全境。

与此同时，清军在天京外围重建江南大营与江北大营，死死围困天京。咸丰八年（1858 年）8 月，太平军后期的卓越青年将领陈玉成、李秀成联军一处，攻破江北大营。咸丰十年（1860 年），李秀成采用围魏救赵的战术，率军攻打杭州，以调动围困天京的江南大营清军主力南下。3 月，太平军攻破杭州，盛宣怀的伯父死于战火之中。杭州离常州不远，太平军进攻常州也是迟早的事。

一天，盛家世交杨宗濂前来拜访，盛隆让仆人到书房将盛宣怀叫到客厅来拜见世兄。杨宗濂，字艺芳，无锡城内下塘（今江苏无锡市月城镇）人，其父杨延俊与李鸿章都是道光二十七年（1847 年）丁未科进士，两人私交甚好。杨宗濂生性豪爽，善于交际，但对读书兴趣不大，科考屡次落榜，最后花钱捐了个编外的内阁中书（掌管撰拟、记载、翻译、缮写的官员）官职。他头脑活络、善于交际，在内阁中又能近水楼台先得月，渐渐得到朝中大臣的赏识，升迁为户部员外郎。咸丰末年，他在家乡组建团练，抵抗太平军，后跟随李鸿章镇压太平军及捻军，总理淮军营务处。

杨宗濂此次来访，是想通知盛家苏南形势告急，太平军很快就要打过来了，请他们及早做好避难准备。盛隆正为逃往哪里发愁时，罗老举人站出来说，他在苏北盐城有个亲家，可先去他亲家那儿暂时避避风头，估计太平军一时半会打不到那里去。但盛隆舍不得丢下常州的家产，他还对驻守常州的两江总督何桂清抱有希望，所以罗老举人和杨宗濂怎么劝他他都听不进去，只说是再等两天看看。

可是只等了一天的时间，就传来消息说何桂清要到苏州去招兵筹饷。其实大家心里都明白，何桂清只是以到苏州招兵筹饷为借口，趁机溜走。常州城内的士绅们得知总督大人要弃城而去，连夜来到何桂清的辕门外，请求他留下来守城，何桂清未予接见。第二天一大早，又有士绅数百人捧着香火跪在何桂清的辕门外，苦苦哀求他不要出城，守住常州的祖业。何桂清竟然令亲兵向士绅们开枪，当场杀死士绅19人，然后打开城门，领着清军一溜烟逃命去了。

盛隆得知消息，这才慌了起来，连忙收拾行李，带上夫人、盛宣怀和堂兄盛柏荪，跟随罗老举人先到达江阴长泾镇，随即渡江北上逃难至盐城。未久，太平军攻占了常州。

此时，盛宣怀的父亲盛康已转任湖北粮道，他得知家乡为太平军占领，连忙派人去接父母和儿子到湖北来。入秋后，盛宣怀跟随祖父辗转到南通，由南通乘船渡海至宁波，然后经过浙江、安徽、江西等省，最终进入湖北，到达父亲在武昌的衙署，和父母团圆。盛宣怀跟随祖父的这次逃难，历时半年，横跨五省，历经兵祸，水陆跋涉数千里，可谓历经千辛万苦。一路之上，盛宣怀陪伴着祖父母，"至纤至悉，将护维谨，使老人不知有离乱转徙之苦"。

这一年，盛宣怀17岁。这段特殊的逃亡经历，对盛宣怀性格的影响是非常深刻的。逃难的生活不仅练就了他坚毅的性格，也拓展了他的眼界。他看到了各地的风土人情，也耳濡目染了各地官员的作风，对社会和官场都有了更深入的认识。

而在逃难途中，最常见的就是普通老百姓的凄惨困苦，这使盛宣怀的内心受到了极大的震撼，也影响了他的志向，他一生最关注的就是实业和赈济这两件事。盛宣怀的儿子盛同颐在追念父亲一生的经历时也说过，"（父亲）历四十余载，劳苦忧患百折不移，平生最致力者，实业而外唯赈灾一事"。

第七节 湖北的经历影响了一生

盛宣怀跟随祖父母辗转半年到达湖北，在父亲的官邸住了下来，这一住就是五年。在湖北五年的生活，奠定了盛宣怀一生为人为事的基础。

此时，清朝内部也发生了重大变故。咸丰十一年（1861年），咸丰帝带着遗憾在避暑山庄驾崩，其独子，年仅6岁的载淳即位，是为同治帝。同治帝生母慈禧及以嫡母身份被尊为母后皇太后的慈安两太后，在养心殿垂帘听政。

同治元年（1862年），盛宣怀已经到了成亲结婚的年龄。他遵从父母之命、媒妁之言，与南安府（府治在今江西大余县）知府董似毅的女儿董舜畹结婚。董家与盛家是常州同乡，家境殷实，所以这桩婚事堪称门当户对。盛宣怀与董舜畹结婚初期，整个大清战乱频繁，动荡不安，盛宣怀一直没有外出，夫妻俩你恩我爱，感情非常融洽。一年后，他们的第一个儿子盛昌颐在湖北出生了。

同治二年（1863年），盛康由湖北粮道改任湖北盐法道。刚上任不久，盛康就遇到了一件非常棘手的事情，四川和安徽的盐商发生了冲突。四川和安徽都是湖北的邻省，一个位于湖北的西面，一个位于湖北的东面，中间隔着一个湖北省，两省的盐商并没有直接的来往，为什么还会发生冲突呢？

原来，四川和安徽的盐商都在各自的地界内做着盐的生意，随着生意越做越大，双方把各自的手伸向了四面八方的省市，都想扩大自己的生意地盘，并且都看中了湖北这块地方，纷纷将生意扩展到湖北，争抢湖北的地盘。在争抢的过程中，双方发生了纠纷，最后大打出手，引起了大规模械斗，闹得整个湖北地界都不安宁。

这件事情如果任其发展下去，局面最终将无法收拾，甚至引发新的动乱。一旦清政府问罪下来，作为湖北盐法道的盛康将难辞其咎，丢了乌纱帽不说，搞不好还会有牢狱之灾，甚至还有可能掉脑袋。

两省盐商冲突不断升级，盛康看在眼里，急在心里。他左思右想，也想不出一个合适的解决办法。他想，总不能动用兵力将两省的盐商从湖北驱逐出去，那样做不仅会使湖北的盐业受到影响，而且很可能闹出人命，进一步激化朝廷与百姓之间的矛盾。盛康很是苦恼，整日愁眉不展，不知如何是好。

盛宣怀见父亲整日忧心忡忡、沉默寡言，便询问父亲有什么烦恼。盛康见儿子如此细心体贴，又鉴于他已经成家，也是时候知道一些事情、好好了解一下世道了，便将自己忧虑的事情一五一十地告诉了儿子。其实他也只是想诉诉苦，并没有指望儿子能帮他出谋划策。

盛宣怀安慰了父亲几句，也没再多说什么，就回到自己的房间，开始仔细琢磨父亲所说的事。他想，湖北正好夹在四川和安徽之间，两省的盐商要在湖北境内做盐的生意，那么就应该遵守湖北设立的关于盐的交易规则，按湖北的交易规则来做生意。于是，他写了一篇关于解决这件事的文章，向父亲提供解决方案。

盛宣怀认为，既然两省的盐商都在湖北做盐的生意，那么就有必要在湖北设定相关的"限制"，不能让两省的盐商在湖北境内乱来。也就是说，在湖北，盐的生意怎么做，要由湖北的官府说了算，湖北作为"买家"，向四川和安徽进货。如果四川的盐进货价格低，湖北就进四川的盐；如果安徽的盐进货价格低，湖北就进安徽的盐。如此一来，湖北便掌握了主动权，并且变相地使四川和安徽两省的盐商握手言和，达到息事宁人的目的。

盛康看后十分惊讶，没想到儿子不只将自己的事放在了心上，还给出了一个切实可行的办法。于是，盛康按照盛宣怀的办法，将四川和安徽两省的盐商聚到一起，告诉他们谁家的盐进货价格低，湖北就购进谁家的盐。两省的盐商本来就互相压低盐的价格，以致两败俱伤，谁也占不到便宜，现在见湖北总管盐务的官员这么一说，都表示同意，而且在盐价上也达成了一致意见。就这样，四川和安徽两省盐商抢夺湖北盐市场的争斗宣告结束。

盛宣怀解决盐商争斗的办法算不上高明，但对当时的社会来说，已经是一种十分有见地的方法了。通过这件事，盛康觉得儿子的思维、见识都不一般，对他有了全新的认识和评价。同时，一向推崇经世致用之学的盛康，再次深深感到有些知识在诗文和经书中是学不到的，加上他在任职期间，频频接触到一些洋务派的思想和活动，甚为赞赏，因而更加勉励盛宣怀将来致力于经世致用之学，多做一些有益于国家和百姓的事情，而不要迂腐地读书。盛宣怀也深以为是。

这时，年轻的盛宣怀已经显露出了他解决实际问题的能力。有了父亲的鼓励，他更加注重开阔自己的视野和增加自己的阅历。盛宣怀之所以认同和重视经世致用之学，注重实际问题的研究，一方面是受父亲的影响，另一方面也与他当时身处湖北的特殊环境有关。

湖北地处全国中部地区，由武昌、汉口、汉阳组成的"武汉三镇"（武汉市前身）是长江中游的政治、经济和文化中心，是控扼整个大清东西、南北的交通枢纽，素有"九省通衢"之称，是十分重要的军事重镇和战略要地。关于湖北特别是武汉在军事上的重要性，湘军统帅之一胡林翼曾说道，"平吴之策，必先保鄂""保鄂必先固汉阳"。

胡林翼也是镇压太平军的干将之一，当时与曾国藩齐名，清政府委派他任湖北巡抚，掌管一省军政、民政、吏治、刑狱、关税、漕政，协助曾国藩同守汉阳，经营湖北。他在湖北任职期间，积极整顿军政吏治，革除田赋积弊，改革漕粮征收，革除了不少清政府的政治、军事积弊。经过胡林翼的精心整顿，清政府在湖北的统治得以巩固，湘军得以充分发展，兵员、军饷、粮草源源不断地顺江而下，使湘军得以顺利攻破九江、安庆、天京。可以说，没有武汉三镇这个稳固的后方，就不可能有湘军后来的战绩和功勋。

无论是做官为人，还是文韬武略，胡林翼均受到时人的推崇。咸丰十一年（1861年）9月30日，正值壮年的胡林翼因病去世，年仅50岁。胡林翼去世后，经胡林翼一手提拔上来的继任湖北巡抚的严树森，也是经世派著名人物。他继承胡林翼的治军理政之风，事事效法胡林翼，在政治、军事、吏治等方面采取了一系列措施，使湖北"军务、吏治严明整饬，冠于各行省"。

血气方刚、思维活跃，比较注重解决社会现实问题的盛宣怀，处在湖北这样的特殊环境中，凭借父亲与朝廷官员多方面的关系，不仅接触到了许多新鲜的人和事，而且思想境界也得到了提升，有了许多感悟。

首先，加强军事力量、镇压太平天国是大清的当务之急。盛宣怀出身于封建官僚家庭，所处的阶级与太平天国是对立的，从内心来说，他是仇视太平天国的。他认为他和他的家人颠沛流离，都是因为太平天国之乱造成的。为了打败太平天国，必须建立一支训练有素、装备精良、作战勇猛的新式军队。

其次，军队必须有源源不断的充足的粮饷，要建立保甲制度，兴办团练，以达到清除"匪患"和"御外侮"之目的。为此，应当让百姓休养生息，让他们生活有出路，让他们能够在相对稳定的环境下从事农业生产。

除了广泛接触上层官员，盛宣怀也结识了众多与父亲有往来的中下层官吏，从他们的言谈和来往书信文件中，盛宣怀同样获得了许多信息，对当前的时代和社会有了更深入的了解。他留心观察周围的人和事，用心思考出现的各种问题，这些经历和思考初步奠定了他的思想基础和思维模式。《盛宣怀行述》中这样描述此时的盛宣怀："既事事研求，益以耳濡目染，遂慨然以匡时济世自期，生平事功，基于此矣。"

在父亲的湖北官邸生活的 5 年间，盛宣怀开阔了眼界和认知。无论是书本知识还是天下时务，他都接触了很多，这些是他成长过程中不可或缺的。在社会动荡时期，通过科考取仕和经世致用都是可以实现理想抱负的，而盛宣怀心里的天平已开始倾向于后者。

第八节　金陵应试结识马建忠

盛宣怀的祖父盛隆是举人出身，有着中国封建士大夫传统的"学而优则仕"的观念，认为科考是读书人唯一的正途，读书人只有考取功名，才是真正的光宗耀祖，因此他一心希望孙子盛宣怀通过科考谋个好前程。

同治五年（1866 年），太平军被镇压下去后，盛宣怀的家乡常州渐渐恢复了往日的宁静。在祖父的督促下，23 岁的盛宣怀与二弟盛寯怀陪同祖父一起回到常州，参加科举中最初级的考试——童试，结果两人都考中了秀才。23 岁考中秀才，在当时的童试考生中算是大龄了，但毕竟是迫于战乱，盛隆心里依然很高兴，鼓励两个孙子再接再厉，积极备考第二年的乡试。

同治六年（1867年），是丁卯科乡试大考之年，经历战乱的金陵（今江苏南京）贡院被修葺粉刷一新，江苏各府、州、县的千百名考生，将在这里为100多个举人的名额做最后的拼搏。由于这次乡试是金陵收复后举行的第一次乡试，上至两江总督，中至官吏绅商，下至普通百姓，都对这场考试给予了高度的关注。

对于这次乡试，盛宣怀心里没多少把握。其中的原因，一是祖父自去年陪他们兄弟二人回乡参加童试，由于年老体衰，再加上长途奔波，过度劳累，回到家乡时便生起病来，时常咳嗽，服药后也不见好转，常州家中老小就靠盛宣怀一人照管，家事琐碎，他用于读书的时间有限；二是年初父亲盛康接到时任两江总督李鸿章的指令，要求他开办公营典当行，以救济战乱后的穷苦百姓，盛康在家乡常州也开办了一家典当行，盛宣怀便协助父亲打理典当行的事务。各种杂事缠身，使盛宣怀无法再静下心来认真读书。

在祖父的督促下，同时也为了让祖父能够宽心，盛宣怀硬着头皮参加了这次乡试。

开考前几天，盛宣怀和管家萧成一起携带着行李、书籍，早早来到了离考场较近的一家客栈中住下，准备临阵磨枪，为即将到来的乡试做准备。在这家客栈中，盛宣怀遇到了一个日后与他息息相关的人。此人姓马，名建忠①，是江苏镇江府丹徒县（今江苏镇江市丹徒区）人，也是来参加这次乡试的。

马建忠秀眉大眼、气宇轩昂，他儒雅潇洒的气质给盛宣怀留下了

---

① 马建忠是宋元时期《文献通考》作者马端临的第二十世孙，于光绪二年（1876年）考取公费留学生留学法国，研究西方各国文字，精通英、法、希腊、拉丁文，是晚清著名的语言学家，曾教过梁启超拉丁文。中国第一部较系统的语法著作《马氏文通》即为马建忠所著。

深刻的印象。两人一见如故，说起话来十分投机，从家人的生活状况到个人的志向抱负，从当前的科举考试到国家的时事局势，无所不谈，一直畅谈至深夜才互相道别。临别之时，两人互相鼓励，祝福对方在这次乡试中考出好成绩。

可惜考试发榜后，两人都榜上无名。盛宣怀出身官宦世家，祖父是举人出身，父亲是进士出身，现在自己乡试落第，简直是辱没盛家的名声，让祖父和父亲脸上无光。盛宣怀沮丧不已，让他感到更为难的是，回家后如何向对他抱有热望的祖父交代，如何面对乡邻亲友们的询问。

马建忠见盛宣怀心事重重、闷闷不乐，便劝慰道："不要难过，胜败乃兵家常事，今朝不如意，他日再考便是，何况人生不止科举及第、从政为官这一条路。既然已经考完，何不随我到上海去开开眼界？上海自开埠通商后，发生了很大的变化，洋人纷纷在那里建码头、设工厂、架电线、开银行，到那里之后，你一定会有全新的感悟。当今社会已发生了巨变，有很多的机遇在等着我们，不可故步自封啊。"

马建忠的一席话，让盛宣怀豁然开朗，心中的愁云为之一散。他转忧为喜，欣然答应了马建忠的邀请。但是他转念一想，祖父此时正在家中翘首企盼，等着他带回好消息呢！于是，他问随他一同来金陵的管家萧成："萧管家，我与马兄共去上海，你看行吗？老太爷在家不会不高兴吧？"

萧成微笑着说道："老太爷早就想好了，在我们离开家前，他就交代我，若是这一次您考中了，就速速回家报喜，祭祖庆贺。万一事有不如意，让您就在金陵周边多玩几天，也好散散心。"

听萧成这么一说，盛宣怀的眼眶不禁湿润起来。他想，祖父对自己如此关爱，而自己却名落孙山，实在是愧对祖父的一片厚望啊！他决心下次参加乡试，一定要榜上有名，不负祖父的期盼。随后，盛宣怀主仆二人跟随马建忠，自金陵取道镇江，然后乘火轮（轮船）前往上海。

第九节　上海之行大开眼界

盛宣怀等人来到镇江，在此地停留了一天。

镇江地处长江、京杭大运河的交汇处，古老的大运河自城东南向西北蜿蜒穿过镇江主城区，恰似一条巨大的玉带镶嵌在镇江城中。"舳舻转粟三千里，灯火沿流一万家"，清代诗人查慎行这两句名诗，正是当时运河漕运给镇江带来空前繁荣的生动写照。

马建忠陪同盛宣怀在镇江城内游览了各处名胜古迹。他指着南运河入长江的水面，不无遗憾地说道："自元明两朝定都北方以来，南方漕米都由苏南、浙江经镇江运往扬州，那时，这里的运河上每天都有数量庞大的漕船行驶，前后绵延不断，景象甚为壮观，镇江城也因此得以繁盛起来。只是自本朝嘉庆时代以来，北运河渐渐淤积，船只难以通行，从北方前往南方，大多数人选择乘车由陆路至淮阴清江浦换船南下。另外漕船船体大，更难在运河上航行，因此自道光末年开始，南方大批漕米就改用平底的沙船运载，走海路运到天津，再转运到北方，镇江的漕运从此也就冷清了下来。"

盛宣怀问道："走海路北上，恐怕不如运河安全吧？"

马建忠叹了口气，说："是啊，据说每年因沉船损失的漕米和丧身大海的船工不在少数，风险确实很大。"

次日，三人从镇江出发，乘坐洋人的火轮前往上海。不一日，船到上海，盛宣怀不禁再次感慨，这洋人的火轮真是又快又稳，大清目前可以建造的船只实在是难以与之相比。三人在十六铺码头下船。

马建忠帮盛宣怀主仆二人在隆昌客栈找了一间干净宽敞的房间歇下，他自己则到四兄马相伯^①处，和兄长住在一起，进一步了解上海的时事。

马建忠每天都会到客栈这边，陪同盛宣怀主仆二人游览上海各处。三人首先来到了南京路。南京路位于公共租界内，上海开埠之初，它原是洋人在傍晚时散步、遛马的一条小径，后来，英国人不断扩大租界的范围，来上海的洋人逐渐增多，租界一带开始变得热闹繁华起来，南京路也成为上海最繁华的中心地段，道路两边随处可见大型商店。商店中陈列着来自四面八方的商品，华洋百货、土特产品应有尽有，令人眼花缭乱。

盛宣怀转悠了几家商店，用在金陵考试时剩下的银两为家人选购了些上好的绸缎衣料，又为父亲买了一块洋表，为祖父买了一副老花镜和几件新鲜的西洋物件，还特地为妻子选购了一套洋服，为儿子买了很多小玩具。

三人继续在南京路上转悠。英国人创办的汇丰银行突然映入盛宣怀的眼帘，他好奇地看着汇丰银行，感到很纳闷，心想，为什么这么著名的银行竟然挤在这条街上？

见盛宣怀纳闷不解，马建忠解释道："当初汇丰银行进驻上海时，外滩已经挤满了洋人开办的大大小小的银行、商行，汇丰银行东家只好暂时在这里建楼开业。据说银行东家已在外滩的海关旁买了一大块地皮，搬过去是迟早的事。"

随后，三人来到上海外滩。外滩位于黄浦江畔，原是一片芦苇丛生的沼泽地，道光二十三年（1843 年），根据中英《南京条约》，上海被辟为商埠。次年，外滩一带被划为英国租界。自上海辟为商埠以后，

---

① 马相伯是中国近代著名的教育家，后来参与创办了震旦学院、复旦公学（复旦大学前身），也是辅仁大学的创办人之一，蔡元培、于右任、邵力子都是他的学生。

外国的银行、商行、总会、报社开始在此云集，外滩成为全国乃至整个东亚的金融中心。此时，外滩上建起了各式各样的西式洋房，中国的江海关（康熙二十四年即 1685 年，清政府在上海设立），英国的领事馆、麦加利银行，英资沙逊洋行、怡和洋行和美资旗昌洋行都设在此处。人们出行或乘小轿，或坐独轮车，大街上车水马龙，人来人往，热闹非凡。

看着外滩热闹繁华的景象，盛宣怀不禁感慨万千。

马建忠也感慨道："外滩虽然繁华，但是洋人的世界，中国人在这里只有做些小生意的份儿，洋人每年在这里赚中国的银子难以计数。唉，不知何时我们中国人才能有自己的银行、商行，去和洋人平等地竞争？"

马建忠顿了顿，又说道："识时务者为俊杰，风起云涌的时代，正是我们年轻人实现抱负、施展拳脚的好机会。我现在正在跟随我的兄长学习西文，希望将来朝廷再次派遣留学生时，能有机会出国学习，学习更多的西洋知识。若贤弟有朝一日金榜得中，说不定今后我可以用所学的西洋知识辅助贤弟大展宏图呢！"

正当盛宣怀与马建忠二人大发感慨时，黄浦江面上驶来了几艘吨位较大的火轮。盛宣怀望着江面上的庞然大物，自言自语道："咱们的沙船在江面和海上都颠簸不稳，每遇风浪甚至有倾覆之忧，再看这洋人的火轮，如此庞大却这般平稳，真是天造之物。我大清何时能拥有这样的机器火轮呢？"

马建忠接过盛宣怀的话头道："现在朝廷贫弱，国库空虚，银子都拿来偿还赔款了，哪里还有多余的钱来建造火轮呢？"

盛宣怀说道："买洋人的火轮当然要花费很多钱。但我们也看到，上海不乏有钱富户，我们可以找一些志同道合的人筹措资金。众人拾柴火焰高，以政府的名义召集大家投资合股，就可以筹集到一大笔钱。

这样资金短缺的问题不就可以解决了吗？"

二人边走边聊，一路到了麦加利银行门口，全然不知他们的聊天引起了另外两人的兴趣。这两人一人身高体胖、高鼻阔口、满面红光，豪气十足；另一人身材相对瘦小，面色较黑，不过双目炯炯有神，一看就知道是个精明能干的商人。

那个精瘦的商人走到盛宣怀和马建忠面前，拱手说道："刚才听二位说沙船改换成火轮之事，我不久前也与朋友讨论过此事，正好与你们想到一块了。恕我冒昧，不知能否与二位认识一下，交个朋友？"

盛宣怀刚才还在说要寻找志同道合之人，不想话音刚落，竟然天赐良机。他不禁大笑道："四海之内皆兄弟，既然想到一块了，说明咱们志同道合，何乐而不为呢？"

四人相互作了自我介绍。那个高胖的商人叫徐润，是广州府香山县北岭乡（今广东珠海市北岭村）人，15 岁时随叔父来到上海，进入英国的宝顺洋行当学徒；30 岁时他脱离宝顺洋行，在上海开设了宝源祥茶栈，后来又在全国各大产茶区开设了不少分店，生意越做越大，有"茶王"之称。那个精瘦的商人叫郑观应，广州府香山县（今广东中山市）三乡镇雍陌村人，18 岁来上海学做生意，由于精明能干，深受老板赏识，25 岁就已担任规模较大的裕泰丝行的经理，做的是出口生意。

四人谈古论今，聊得非常尽兴。乘着谈兴，郑观应邀请盛宣怀与马建忠于次日到一家苏州馆子做客。

次日，四人在苏州馆子里再度相聚。郑观应表现得非常积极热情，开口便滔滔不绝，声音铿锵有力。他一改昨日的稳重，讲了许多在当时堪称激进的观点，他主张中国商人应该与洋人展开商战，夺回中国的市场，为此，首先要招揽一批能干的商务人才，大家共同出谋划策，同心协力地开展商业活动；其次要充分利用全国各地的物产资源，广开财源，把生意拓展到洋人无法覆盖的一些领域。他还认为全国都应建立活络的交通网，这样就可东西南北通畅无阻，让中国人不再受制于外国人的交通网络，将生意做到全国各地。

郑观应侃侃而谈，让盛宣怀钦佩不已。郑观应的话说到了他的心坎上，于是他便与郑观应天南海北地聊了起来，他认为除了郑观应提出的这些，还应兴建中国自己的银行、学堂，摆脱对洋人的依赖。徐润和马建忠只是偶尔礼节性地补充几句，成了陪客。

中午用过餐后，徐润、郑观应与盛宣怀、马建忠道别，并相约日后常来常往，携手共进。

与徐润、郑观应二人分开后，马建忠问盛宣怀此次上海之行有何感想。这时，大开眼界的盛宣怀心情较落榜时要舒畅很多，他莞尔一笑道："我觉得上海陷于洋人之手，是大清国耻不假，但也因此得风气之先，与闭塞的苏南城市相比有天壤之别。此次上海之行，多亏建忠兄盛情款待，令我大开眼界，大长见识。最值得庆幸的是交了几位志同道合的朋友，真是不虚此行啊！想要干出一番大事业，上海这块宝地真是再合适不过了。"

马建忠也表示深有同感。接着，两人又就如何顺应当今潮流，以及如何在芸芸众生中立德、立言、立功而不朽于后世作了一番探讨。之后，马建忠便与盛宣怀主仆二人辞别，取道返回镇江。盛宣怀也与萧成一道，赶回常州老家。

在金陵参加乡试和马建忠的巧遇，以及上海之行，使盛宣怀与马建忠之间建立了深厚的友谊。马建忠渊博的西学知识、标新立异的人生理想和独具一格的未来规划，深深地影响了盛宣怀，而以后西学知识日渐丰富的马建忠能得到李鸿章的赏识，并被委以重任，又和盛宣怀的倾力举荐分不开。日后，他们共同辅佐李鸿章开展洋务，扶持民族工业，都成了洋务场上的重要人物。不过，两人原本志趣相投、同舟共济，后来却闹得不欢而散、分道扬镳，甚至成为彼此的劲敌，这是后话。

此次上海之行，使盛宣怀受到了前所未有的触动与启发，思想上有了翻天覆地的变化。他心潮澎湃，意识到在这个风起云涌的时代，处处都有机会实现个人理想、成就人生事业。他的思绪已经纷飞到了别处，比如，建造新式军工厂、开办银行、开采煤铁矿石、兴建铁路、兴办新式学堂……

在上海的所见所闻也使盛宣怀认识到，除了科举考试，人生还有其他的选项，他不再如落榜时那样迷茫，对自己、对未来都充满了信心。

第十节 乡试落榜，绝意科举

回到常州老家，盛宣怀向重病的祖父盛隆问了安，然后又将自己在上海为祖父买的礼物恭恭敬敬地递交给祖父。盛隆极力掩饰自己对孙儿科考落第的失望，欣然地接受了孙儿从上海带回来的礼物。

过了几天，盛隆将盛宣怀叫到自己的床边，郑重其事地对他说道："宣怀，这次科考不如意，你不要放在心上，再好好准备一下，离下一次乡试还有三年的时间，这三年的时间不能虚耗。你天赋虽佳，但应试诗文不是你所长。你世叔李鸿章正奉旨接替曾中堂攻打捻军，军务繁忙，也正是用人之际，你可以先到他的帐中谋个差使，历练一下总归没错，还能让他指点你一二。"

盛宣怀一听，感到有点意外，沉思了一会儿说道："祖父，孙儿现在这么大岁数，连个举人都未能考中。世叔那边人才济济，我这百无一用之人去了，岂不丢盛家的脸面？"

盛隆安慰他道："宣怀，你不要妄自菲薄。你李世叔用人向来不拘一格，只看人的本事，不看人的出身。无锡秀才秦澹如、杨宗濂的胞弟杨宗瀚，都在你李世叔那里当差，宗瀚大概连个秀才都不是。还有一个文案师爷，名唤周馥，与你李世叔既非故交，又无任何科举功名，只是捐了一个监生，还不如你呢，但这些人都在某些方面有才能，凭自己的努力和才干，现在在你李世叔那儿已是独当一面的红人了。我会写信告诉你父亲，让他给你做些安排。"盛宣怀点头答应。

不久，远在湖北的盛康收到了老父关于讨论盛宣怀前程的信。他立即回信告知老父，说自己也正有此意，并已经给宣怀捐了一个正五品同知官衔，打算再请求湖广总督在保案上添个名字，这样宣怀就可以晋升为候补知府了。他认为捐官虽说比不上金榜题名光彩，但可以让盛宣怀名正言顺地到李鸿章那儿练练本事，等他增长了才干，本事大了，为官之路或许会有转机。

此时李鸿章正在率军剿捻，无法立即到任湖广总督，清政府遂派李鸿章之兄、浙江巡抚李瀚章代理湖广总督。李瀚章早就知道盛康与李鸿章的交情，又考虑到盛宣怀曾在盛康的衙署为襄办陕甘后路粮台（清代于军队行军时沿途所设的经办军粮的机构）出过力，也算是有些经验，于是他在"襄办陕甘后路粮台保案"中添上了盛宣怀的名字，上报清政府。不到两个月，保案批下，盛宣怀晋升为候补知府。

盛康得知消息，连忙写信将盛宣怀晋升为候补知府一事告诉家中老父，一家人欢喜异常。这下，盛宣怀对自己的前途充满了信心。他想，有了候补知府这一官衔，再去李世叔那里当差就名正言顺了，不用怕他人嚼舌根。只是如今李世叔做了父亲的顶头上司，如果父亲开口向李世叔为自己谋求差使，会让人说李世叔以权谋私、任人唯亲，传到朝廷也不好交代。但他也不能毛遂自荐，要求李世叔为自己谋个差使，还得有个人帮忙引荐。

进入深冬后，因为祖父的病情日渐恶化，盛宣怀也就无心考虑找人推荐的事了。他写信将祖父的病情告知在湖北的父亲，请求父亲尽快赶回家。盛康接到信后，立即向上司告了假，然后收拾行李，和夫人一起匆匆赶回常州老家。回到家中后，盛康整日守在父亲身边，还请来附近的名医为老人诊断病情。但是盛隆已经油尽灯枯，过了不久，终因病重不治去世了。不久，盛宣怀的祖母也随祖父而去。盛康于是辞去湖北盐法道的职位，居家为父母守丧。从此，他一心一意敦亲睦族，修宗谱、设义庄、增祭田、建义学。盛宣怀也为父亲出谋划策，从中学到了不少本领。

同治七年（1868年），盛宣怀的母亲也去世了。不到两年时间，盛宣怀连续失去三位亲人，他的心情十分悲痛。但是为了安慰父亲，他忍住悲痛，强装欢颜，帮助父亲打理家务、处理杂事，空闲时就避开父亲，独自一人在自己的房间，躺在床上，用被子蒙住头暗暗哭泣。史书记载他这段时间"每恸几绝，枕裯间泪渍常斑斑"。

祖父去世后，盛宣怀心中的包袱变轻了，理想也有所改变。他自知不善科考，所以更关注大清的商业、工业的发展。在祖父去世之后，盛宣怀未参加同治九年（1870年）的秋试。

跟随李鸿章后，同治十二年（1873年），盛宣怀第二次参加乡试，再次落榜。光绪二年（1876年），盛宣怀第三次参加乡试。此时，盛宣怀已经担任轮船招商局（以下简称"招商局"）的会办，并着手进行湖北广济（今湖北武穴市）煤矿的开采工作。就在考试前半个月，盛宣怀还跟随李鸿章去烟台，参加了与英国人谈判的"马嘉理案"。所以，这次他也是"匆匆应秋试"，结果又一次名落孙山。

举人既未考中，进士自然也就无法企望了。于是，在这最后一次尝试科考失败之后，盛宣怀彻底放弃了通过科举考试步入仕途的念头。其实，盛宣怀从上海归来后，心中已经对僵硬死板的科举不再认可，甚至开始反感。在协助父亲处理家务之余，盛宣怀经常思考，为什么洋人不远万里来大清掠夺资源、财富？他们凭借洋枪洋炮、轮船铁甲，在中国的土地上耀武扬威，怎么样、什么时候，才能逆转这一局势呢？

关于盛宣怀绝意科举的原因，当时有人说他"时运不济"，也有人说他是"读书不成去学剑"，还有人说是因为他加入李鸿章幕府，协助李鸿章处理政务有功，被保荐至加布政使衔的候补道，一路晋升顺利。在清朝，道台是四品官，布政使是二品官，带布政使头衔的候补道已算是朝廷"大员"，如果盛宣怀再去参加乡试考举人，则是"在无形中降低了自己的身份，让那些年轻的秀才看了有失体统"。不管出于什么原因，盛宣怀最终放弃了科举，以朝廷官员的身份专心从事工商实业活动。

当然，以上这些都是表象，从深层来看，盛宣怀绝意科举是由特定的社会环境、特定的家庭背景，及其逐步成型的特殊思维方式决定的。盛宣怀出生于清朝的国门被西方列强打开，社会也在发生剧变的时代，他从一个懵懂的少年成长为几个孩子的父亲，其间国内局势不断变化，他的人生理想也随之发生变化，开始在科考取士与经世致用这两条路上徘徊。

在太平军攻入常州之前，盛宣怀在家乡过着平静的读书生活，一心为科考做准备；他逃难到湖北之后，一方面因耳闻目睹了湖北的特殊局势而受到启发，一方面受父亲的影响，开始注重经世致用之学，初步养成了从客观现实出发，注重研究和解决实际问题的思维方式。由于科考在当时仍旧是一个人进阶为官和出人头地的"正途"，官宦士族家庭出身的盛宣怀，虽然对科考没有什么兴趣，但迫于社会和家庭的压力，又不得不几次回常州参加乡试。第一次乡试时，盛宣怀偶遇了马建忠，马建忠丰富的西学知识、对人生的全新规划，以及两人同游上海时的所见所闻，都深深地触动了他，使他意识到科考并非实现个人理想、成就人生事业的唯一途径，并开始尝试新的道路。

此时盛宣怀的思维方式，跟以八股文的优劣作为衡量个人才能高低的科举制度是格格不入的，而且愈到后来，特别是在他创办和经营招商局等之后，他愈发现科举制度的不合理之处。孔孟之道、各家经典所说的那些理论，与当时的社会背景可谓格格不入。因此，与其说盛宣怀因"时运不济"而放弃科举，还不如说这是革新与守旧、先进与落后的思想相互冲突的具体体现。

如果说"读书不成去学剑"可用于盛宣怀，那么也应该看作褒词，而不是贬词。放弃无用之学，选择适合自己、适应时代发展要求的有用之学，绝对是明智之举，是敢于突破陈规陋习、勇于创新的表现。至于说以布政使衔的候补道这一"大员"身份参加乡试怕人笑话，这倒不大可能，因为科举之路在封建社会，是绝对的"正统"之路，科举入仕之人更受世人尊重和认可。但若说已身为"大员"及有"公务"在身的盛宣怀无须参加考试和没有精力参加考试，却是有可能的。

事实上，盛宣怀在19世纪70年代两次参加乡试时，已把主要精力放在招商局的经营和湖北煤铁矿的开采上，未把科考当作人生大事对待，只是"匆匆应秋试"而已。

第二章

入幕李府，遇贵人扶摇直上

凭借父亲与李鸿章的多年交情以及朋友的推荐，盛宣怀得以进入他的大贵人李鸿章的幕府，从而敲开了官场的大门，获得了一个极高的人生起点。从此，他随侍李鸿章左右，在李鸿章这棵"大树"的庇护下左右逢源，游走于官商两界，为实现自己"办大事，做高官"的夙愿而不懈奋斗。

第一节　杨宗濂荐宣怀

时间回到盛宣怀祖父母去世后。盛宣怀为祖父母及自己母亲守孝，直到同治九年（1870 年）初守丧才告期满。此时离这一年的乡试只剩半年时间了，盛宣怀一边协助父亲购置义田，设立义庄和义学，以每年的田租收入扶困济贫，资助清寒子弟，一边跟随父亲练习撰写幕府中经常用到的书札奏牍，剩余时间看一些古籍诗书，他对即将到来的考试有些消极，倒是对进入李鸿章幕府充满了期待。

这年二月，原先约好与盛宣怀同赴乡试的盛寓怀突然去世，对盛宣怀打击很大。他不禁慨叹人生无常，与其皓首穷经地埋头于诗书古文，徒耗光阴，还不如做一番实实在在的事业对社会更有益，对自己的人生也有一个交代。

一天，盛宣怀跟随父亲参加了一所义学的开学典礼。典礼结束后，父子二人急忙回城，到达家门口时已日影西斜，只见大门旁边的一棵树上拴着一匹皮毛雪白的高头骏马，仆人迎上来告诉盛康："无锡杨老爷杨宗濂来了好一会儿了，现在正在书房等着老爷回来。"

盛康一边回应仆人的话，一边和盛宣怀一前一后快步走进书房。

宾主相见，互相寒暄一番之后，杨宗濂开口说道："我在无锡听说世叔这段时间仗义疏财，开展各种慈善活动，惠及乡邻，乡亲们交口称赞，真是功在千秋啊！"

盛康回道："这是先父的遗愿，我自当勤勉从事，为族人排忧解难，也以此寄托哀思罢了。"

杨宗濂说道："可惜我来迟了，错过了一次办学盛典。今天我是专程赶来告诉世叔一个消息。昨天我接到舍弟从武昌寄来的信，说贵州苗民举义，朝廷下旨急调李中堂以湖广总督协办大学士的身份，率领淮军前去镇压。李中堂因帐下缺少人手，正广招人才，他想起了我，命舍弟宗瀚传言，嘱我火速前往武昌报到，随同大军出发。这次李中堂出师，不免有一场大战，正是建功立业的大好时机，不可错过。我想到了宣怀贤弟，所以特来通个信。"

盛宣怀一听，双眼顿时散发出兴奋的光彩，他笑着对父亲说道："父亲，让我去吧，我想去试试运气，不想再读这诗书了。"

盛康犹豫片刻，然后说道："只是乡试临近，此时放弃，岂不可惜！"

盛宣怀极力为自己争取，说道："父亲，孩儿对科举已经厌倦，您也看得出来，我不是作八股文的料子，就是勉强去应试，也没有好结果。如今机会难得，何不让我投身世叔府中，另谋出路呢？"

杨宗濂也在一旁劝道："乡试每三年举行一次不假，但投军立功却不是常有的机会。与其让宣怀错过这次立功机会，还不如让他放弃这一次的乡试，即便立不了功，三年后还可再试。"

盛康很不情愿地说道："既然如此，那就听你二人的。不过宣怀也不能冒失前去，虽然我和李中堂是结义兄弟，可是今非昔比，他身处高位，自有他的难处，而为宣怀仰求于他，非愚叔所愿，况且愚叔重孝在身，更不宜出面为宣怀谋求差事，所以心下踌躇得很。"

杨宗濂听盛康这么一说，不禁大笑道："我还以为是什么了不起的大事，原来不过一封荐书罢了。世叔既然感到为难，不方便写信，就交由小侄代劳吧！"

盛康连忙谢道："那就有劳贤侄了，将来宣怀若能立功，皆贤侄臂助之功。"

杨宗濂回道："如果宣怀决定去了，有我在府中照应，而且舍弟宗瀚和无锡同乡薛福辰也在那儿，大家都是熟人，宣怀不会感到孤单的，请世叔尽管放心。"

杨宗濂走后，盛康又开始琢磨起来。眼下陕甘正发生战乱，官军连吃败仗，李鸿章奉命率军前去平乱，胜败亦未可知，盛宣怀如果现在去李鸿章幕府当差，要面临不小的风险。盛宣怀以前大部分时间都在读书，没有从军作战的经历，现在突然去从军，恐怕一下子难以适应，况且他是有家室的人，万一在李鸿章军中有什么不测，妻儿由谁来照顾？

想来想去，盛康还是觉得盛宣怀暂时不应去李鸿章那儿，杨宗濂那头，自己日后再同他解释。于是，他写信给京城的一位同年，请他为盛宣怀谋一份文职差事，这样也好让他练练笔头工夫，为将来的科考做准备。不久，这位同年给盛康来信，说事已办妥，让盛宣怀即刻动身，前往福州船政大臣沈葆桢沈大人那里任职。

沈葆桢，原名沈振宗，字幼丹，福建侯官（今属福建福州市）人，与林则徐是同乡，也是林则徐的女婿。他在道光二十七年（1847年）考中进士，先后任贵州道监察御史、江西九江知府、杭州知府、江西巡抚。同治四年（1865年），因母亲去世，沈葆桢辞官回乡丁忧。同治五年（1866年）春，左宗棠升任闽浙总督，行辕设在福州。7月，清政府批准了左宗棠关于创办轮船制造局的奏折，决定在马尾江的三岐山下设立船政局。9月，因陕甘地区起义，左宗棠调任陕甘总督，率军前去征剿。临行前，他向清政府力荐丁忧在家的沈葆桢接手创办轮船制造局，并两次亲自到沈葆桢的住处请他出山，但都被沈葆桢以重孝在身为由拒绝了。次年，在清政府的命令下，沈葆桢接替左宗棠任福建船政大臣，主持福州船政局。

得知盛宣怀有了合适的去处，盛康很高兴，当即将情况向盛宣怀说明了一下。盛宣怀也认为这是一个很不错的机会，但他想起前些日子杨宗濂来自己家中时，说过要写信向李鸿章推荐自己，又犹豫了起来。他问盛康："父亲，如果宗濂大哥来信了，怎么跟他解释呢？"

盛康回答道："这个你不用担心，为父到时自会向他解释的。你世叔那儿战事正紧，你若去了前程未卜，吉凶难料，还是去沈葆桢大人那儿为妥。你在他那儿即便只是当一个小小的文案，只要多加历练，未来也是可期的。"

盛宣怀听父亲这么一说，也就不再多言。他安排仆人到苏州购买了去福州的船票，然后又嘱咐了妻子一番，便开始安排上任的事。

第二节　陕甘起烽火，献计助宗濂

盛宣怀正和几名仆人收拾行李和书籍，门房过来递给他一封信。盛宣怀以为清政府催他快去上任，但一看信封的落款上有"杨宗濂"

三个字，急忙把信拆开，抽出信来一读，心头不禁一震。原来，杨宗濂已经担任淮军营务处总办，他以军务急迫为由，请盛宣怀火速到淮军营务处帮助他料理营中事务。

读完信之后，盛宣怀既惊讶，又困惑，杨宗濂跟随李世叔南征北战多年，办事能力很强，而且他手下不乏能人异士，到底是遇到了怎样的大麻烦，才会请自己前去帮忙？而且自己只是一个初出茅庐的书生，去他那儿能帮上什么忙呢？

盛宣怀一时陷入了两头为难的境地，不知道去哪边为好，于是征求父亲的意见。盛康给出了他的分析：沈葆桢是朝中红人，他督办的船政也受朝廷重视，而李鸿章处则多了些危险，投靠沈葆桢才是最明智的选择，如果这个时候去淮军，那么就错失了最佳机会，之后将很难再与沈葆桢攀上关系。

盛宣怀经过一番思考，最终没有听从父亲的意见，他认为烈火中才能锻炼出利刃，如果到福州，无疑是再次进入一个没有挑战的环境，远不如战场给自己带来的多。所以，他选择放弃前往福州，改去杨宗濂那儿。后来的事实证明，盛宣怀的选择是正确的，正是因为他选择了去杨宗濂那儿，由杨宗濂引荐进入李鸿章幕府，才有了他后来人生的发迹之路。

盛宣怀日夜兼程，沿途经过几次车马轮换，终于进入陕西地界。他打听到淮军的行军路线，便乘车向淮军所在的方向赶去，很快就赶上了淮军。一路上，盛宣怀通过仔细观察，发现了一个奇怪的现象，路上都是运送粮草和武器装备的车辆，因为道路很窄，车辆互不相让，整个队伍拥挤在一起，行进速度十分缓慢。

来到淮军营务处，盛宣怀见过杨宗濂，相互寒暄一番之后，杨宗濂将自己遇到的麻烦告诉了盛宣怀。

原来，就在李鸿章统领淮军大队人马向贵州进军时，甘肃一带又爆发起义，声势甚大，陕甘总督左宗棠奉命征剿失利，广东陆路提督刘松山在宁夏府灵州（今宁夏灵武市）以南的金积堡作战时阵亡，战乱已蔓延到陕北，并有祸及西安之势。清政府加授李鸿章钦差大臣一职，令他率军改道进入陕西，援助左宗棠平乱。李鸿章一接到圣旨，立即派出快马赶到淮军营务处，命令杨宗濂立即停止往贵州运送粮饷物资，全部改道运往陕西。通往贵州的道路本来就非常难走，现在突然要改道陕西，对于军队来说，这无异于雪上加霜。通往陕西的道路以山路居多，而且多为羊肠小道，有的地方牛车、马车无法通行，粮食只能靠人背马驮，队伍行进非常缓慢。

很快，前方部队的给养就跟不上了，开始出现扰民、闹饷、哗变的问题。李鸿章万分焦急，命令杨宗濂督促运粮队伍加快行军，有时一天之内就给杨宗濂发出三道命令。杨宗濂不断地督促队伍加速前进，但是效果甚微，队伍还是像老牛爬山一样缓慢地向前移动。无奈之下，杨宗濂下了一道命令，告诉大家谁先把粮饷、物资运到目的地，谁就可以得到奖励，谁落后就要受到惩罚。于是，大家都争先恐后地抢道前进，结果挤成一团，前进速度反而更慢了。如果因此吃了败仗，不仅他本人要受军法处置，就连李鸿章也脱不了干系。李鸿章不断地给杨宗濂发来命令，要求他尽快想办法解决问题。杨宗濂实在想不出更好的解决办法，只好给盛宣怀发出求救信，请他火速赶来帮他解决燃眉之急。

听杨宗濂说完，盛宣怀直言不讳地说："杨兄，你还是将下发的命令收回来吧，再这样下去会出大乱子的。"

杨宗濂摊开双手，苦笑着说："宣怀，我这样做也是迫不得已啊！前方部队因为粮食供应不上，现在只能日夜抢运，哪敢放松啊！"

盛宣怀说道："杨兄，我倒是有一个主意，不知当讲不当讲？"

杨宗濂连忙说："宣怀，只要能把粮饷、物资及时运到前方部队那里，保证各营有饭吃，我全听你的。"

盛宣怀不紧不慢地说道："凡事都讲个轻重先后。我认为在粮食、军饷、军火、帐篷等所有的军需物资中，粮食与军饷相比，粮食在先，军饷在后，也就是说，军饷可以拖些时日，粮食却不能拖，因为人无粮发慌，军无食必乱；枪械、弹药与帐篷相比，本应枪械、弹药为先，帐篷为后，但现在陕西夜晚太凉，蚊虫又多，加之士兵随身都带有弹药，这样就应帐篷为先，枪械、弹药为后。所以，先集中人力将粮食、帐篷运送给前方部队，让士兵们吃好饭、睡好觉，他们就不会闹事了。然后再将其他物资陆续运往。杨兄，你认为我说的有道理吗？"

盛宣怀刚一说完，杨宗濂立即大声称赞道："高明！高明啊！贤弟如果早些过来，事情也许不会闹到现在这个地步了。"

杨宗濂立即向运送物资的队伍发布命令，先集中运送粮食，帐篷次之，枪械、弹药、军饷又次之，以 10 天为一轮回。命令发布后，杨宗濂怕出现意外，又请盛宣怀亲自到各个转运站督办运送物资，维持秩序。

短短几天之后，原本崎岖、狭窄的道路上就布满了秩序井然的车队，运送物资的队伍行军速度大大加快了。前方部队及时得到了粮食、帐篷，军心渐渐稳定下来。

第三节　入幕李府，踏上发迹路

不知不觉间，一个月便过去了。一天，盛宣怀正在一个转运站清点一批物资，一匹快马来到，信使跳下马，告诉盛宣怀："总办大人请你速到营务处商谈要事。"

盛宣怀把手头的事情向旁边的人交代了一下，就跟随信使匆匆赶到营务处。杨宗濂一见盛宣怀，拉起他就往外走，同时说道："钦帅要见你。"

一听"钦帅"二字，盛宣怀心头一震，问道："钦帅是谁？"

杨宗濂答道："这次援西的统帅是你的世叔，李鸿章李大人。"

此时，征调到陕甘的各路淮军开始陆续进入陕西境内，李鸿章亲自统领的中军已先期抵达西安城外，李鸿章的行辕就设在西安城里。

杨宗濂和盛宣怀走进李鸿章的行辕大营，不一会儿，一名亲兵走过来，领着二人进了李鸿章的衙署。

衙署不算大，当窗摆着一张红木大桌，桌上笔墨纸砚摆放整齐，李鸿章正坐在桌边批阅文件，见杨宗濂、盛宣怀二人进来，他连忙起身站在桌边接见他们。李鸿章身穿长袍马褂，头戴镶嵌浅绿翡翠的黑缎小帽，显得格外有精神。

杨宗濂、盛宣怀上前鞠躬行礼，盛宣怀一边行礼一边打量这位李世叔、今日的中堂大人。他对李世叔的印象已经模糊不清了，只觉得眼前这位中堂大人身材高大，双目炯炯有神，闪烁着凌厉的寒光，甚是威严。盛宣怀暗暗赞叹，真不愧是人中豪杰、朝廷的栋梁！

李鸿章见盛宣怀在打量自己，笑着对他说道："你就是宣怀吧？"

盛宣怀离家前，盛康曾交代他见到李鸿章必须以见总督的礼节行礼，不能因世侄、叔父的身份太过亲近。盛宣怀记住了父亲的话，鞠躬作揖道："卑府盛宣怀谒见中堂大人。"

李鸿章自京城与盛康一家相别，至今已经整整 18 年，今天见到世侄盛宣怀，往日与盛康一家交往的经历又浮现在他的脑海中。他想起往事，心中充满了怀念之情，于是和气地对盛宣怀说道："世事沧桑，如浮云过目，与你父亲在京城一别，竟有十多年了。所幸今日又见到你，家中一向可好？"

盛宣怀恭敬地答道："家父身体健康，临行前托卑职向中堂大人问安，转致思念之情。"

李鸿章又询问了盛康家中的其他事情，盛宣怀都一一作答。李鸿章满意地点点头，接着又语气严肃地对盛宣怀说："虽盛、李两家往日情谊犹在，但我一向秉公办事，对所有人一视同仁，只要你公事办得好，该赏就赏。若办公敷衍，有所差池，我也绝不含糊，该罚就罚。望你谨慎小心，勤勉做事，不要让你父亲与我失望。"

杨宗濂这时接过话，对李鸿章说道："中堂大人，听说当初盛世叔任湖北盐法道时，碰上川淮两地争夺湖北的生意，两地商人大打出手，闹得不可开交，盛世叔一筹莫展，幸亏宣怀献上一计，才将此事平息。而今他又献策解决了军需运输大事，他的才干您大可放心。"

李鸿章听后点点头，随即任命盛宣怀为行营内文案兼充营务处会办，随侍自己左右，帮忙草拟文件，同时参谋一些军中事务。

盛宣怀虽然科举不中，但学问底子还是不错的，而且他之前协助父亲处理过一些公务，头脑又灵活，因此撰写文稿、奏牍颇为顺手，处理军务也干脆利索。李鸿章对这位世侄颇为赏识。

同治九年（1870 年）对盛宣怀来说是不寻常的一年。这一年，他进入李鸿章幕府，敲开了官场的大门，这是他人生的重要转折点，也是他一生功名鼎盛的起点。作为晚清王朝体制内的一颗"螺丝钉"，他幸运地被拧在了最靠近"发动机"的地方，可以与晚清位居权力金字塔上层的李鸿章深入接触，直接对话，获得了一个极高的起点。

这一年，盛宣怀开始接触军事、涉足洋务，视野进一步拓宽，这也预示着他将会有一个更为广阔的可以施展抱负、建功立业的舞台。

第四节　处理"天津教案"锋芒微露

盛宣怀进入李鸿章幕府不久，就遇到了一件震惊中外的大事件。

原来，就在李鸿章抵达陕西后一个星期，在直隶总督曾国藩管辖的天津发生了一件震惊中外的教案。

在第二次鸦片战争中，清政府被迫和法国签订了《中法天津条约》，条约规定法国人有权进入中国内地传教。此后，法国传教士如过江之鲫，纷纷进入中国境内传教。

同治元年（1862 年），法国传教士在与望海楼（今天津市河北区狮子林街海河北岸狮子林桥旁）隔河相望的天津城东关小洋货街建造育婴堂，专门收养孤儿。同治八年（1869 年），又在望海楼附近强占土地，建造望海楼教堂。不久，法国驻天津领事丰大业又拆毁了望海楼行宫，盖起了法国领事馆。

同治九年（1870 年）端午前后，天津突发瘟疫，育婴堂收养的近 40 名孤儿突然死亡。传教士将孤儿的尸体装入洋货箱中，于夜间葬于河东荒野的坟地里，因掩埋草率，尸体暴露，鹰啄狗刨，惨不忍睹。与此同时，天津城内不断发生有人用药拐卖幼童的事件，民众抓获 3 名案犯，其中一人为望海楼教堂教徒。于是，民众怀疑教堂虐杀儿童，而且与迷拐幼童有关。

5 月 28 日，民众又抓获一个名叫武兰珍的迷拐幼童的案犯，武兰珍供认自己是受教民王三指使。消息传开后，群情激愤，全城笼罩在反教的气氛之中。

天津三口通商大臣崇厚命令天津道台周家勋到法国领事馆面见丰大业，要求望海楼教堂将教民王三送出对质，丰大业推辞不理。崇厚又令天津知县刘杰前去询问，又被丰大业呵斥而回。崇厚只得亲自去见丰大业，丰大业让望海楼教堂的神父谢福音查问，谢福音将王三密藏在教堂的密室内，诡称教堂中并无此人。崇厚无奈，只好退回。6月21日，崇厚又命周家勋和天津知府张光藻、知县刘杰等人，带着案犯武兰珍到望海楼教堂指认王三，结果又一无所获。

周家勋等人离开后，望海楼教堂门外仍有不少人围观，他们责骂教堂拐卖、杀害幼儿，最后与教民发生争斗。望海楼教堂离三口通商衙署很近，谢福音派人告知崇厚，崇厚令一小队巡捕前去弹压。丰大业对此十分不满，穿上礼服，拿了两支枪，与秘书西蒙一同来到三口通商大臣衙署。一见崇厚，丰大业就出言不逊，并放出一枪，未击中崇厚，崇厚赶忙回避。丰大业又放了一枪，并大肆咆哮，疯狂打砸崇厚的办公处。

民众听到枪声，鸣锣聚集，从四面八方如潮水般涌向这里。崇厚劝丰大业不要出去，丰大业却说他不惧怕中国百姓，之后便拿着枪气势汹汹地往外走。丰大业走到一座浮桥边时，与天津知县刘杰迎面相遇，丰大业拔枪向刘杰射击，没有击中刘杰，但打伤了刘杰的随从高升。周围的民众再也无法忍耐，愤怒如潮水决堤般迸发，他们一齐冲上前去，动手将丰大业、西蒙打死了。

随后，人们又奔往法国领事馆、望海楼教堂等处，纵火焚烧。这就是"天津教案"，又称"火烧望海楼事件"。

"天津教案"发生后，外国传教士惶惶不可终日，纷纷逃往租界。英、美、法、德、俄、比、西七国驻京公使联合向清朝总理衙门提出抗议，要求惩办凶手，并调派军舰到天津、烟台等港口，进行武力恫吓。

6月23日，清政府急派直隶总督曾国藩前往天津办理教案。曾国藩为了避免事态走向不可控的状态，惩办了参与案件的百姓和官员，并向外国赔偿白银49.7万两，天津知府张光藻、天津知县刘杰被革职发配边疆。

曾国藩的处理意见虽然令法国人很满意，却引起朝野上下的同声讨伐，曾国藩的名望自此一落千丈，由"再造大清"的中兴名臣变为令人不齿的"卖国贼"。

"天津教案"发生后，鉴于外国军舰列阵海上，战争大有一触即发之势，清政府下发密旨，命令李鸿章及其所部淮军从陕西前线火速赶往直隶（今北京、天津、河北一带）备战，以防沿海地区发生不测。

接到朝廷的密旨后，李鸿章于7月率领淮军奔赴直隶，盛宣怀也随同李鸿章前往。一路上，盛宣怀每日与淮军名将郭松林、周盛传等人研讨军事谋略。在这个过程中，盛宣怀的阅历更加丰富，眼界也更加开阔，为他后来担任更重要的职务奠定了基础。

李鸿章行军途中，又接到朝廷的一道密旨：封他为直隶总督，接替曾国藩妥善办理"天津教案"。于是，李鸿章按原计划命令郭松林、周盛传两军驻防京津道上的重镇杨村和河西务（两地均位于今天津市武清区），自己则率幕僚进入天津，住进了天津府县安排的临时行馆。

在处理"天津教案"的过程中，盛宣怀跟随李鸿章左右，初步显示了"颖悟洞澈，好深湛之思"的个性和才干。白天，他代表李鸿章接待、慰问了一批又一批的天津民众，凡是民众有所陈述、有所建议、有所请求，他都深入体察，一一反馈，并能有效地执行李鸿章的指示，同时就一些事情提出建设性的意见。几天下来，李鸿章对盛宣怀更加满意。

李鸿章之所以让盛宣怀协助自己处理"天津教案"，一是因为他言语伶俐，从容大方，而且头脑活络，善于随机应变；二是杨宗濂兄弟、薛福辰、周馥等人都担任了一定的职务，抽不出时间，而盛宣怀初入幕府，还没有担任具体职务，可以随意调度，并且从中考察他的才干，观察他的办事能力。

在接下来的几个月中，凡是盛宣怀经手的事情，李鸿章都十分满意。盛宣怀办事周到，而且效率很高，能够为李鸿章分忧解难，于是李鸿章委派他办理陕甘后路粮台、淮军后路营务处事宜。后勤保障责任重大，而且事务繁杂，重任在肩的盛宣怀尽心尽力，将一应事务处理得井井有条、滴水不漏。

这一年秋冬，盛宣怀来往于上海与天津之间，办理购置淮军装备等事务。他在进一步接触到西方的坚船利炮及西方的新技术、新思想的同时，也更深地体会到了西方列强的恃强凌弱和清政府的卑躬屈节。

第五节　李鸿章的得力干将

同治九年（1870 年），李鸿章等洋务派大臣认为，学习西方的先进文化和技术是朝廷当前的重中之重，于是联名上奏，请求清政府选派禀赋优异的学子远赴国外留学，以加速培养新式人才。半个月后，清政府给出了答复：奉旨依议。

随侍李鸿章左右的盛宣怀立即向李鸿章推荐了马建忠。

其实，在处理"天津教案"的过程中，从盛宣怀的谈论中，李鸿章对马建忠就有所耳闻了，觉得他是个可用之才，曾向盛宣怀提出要招马建忠进入幕府。但是盛宣怀告诉李鸿章，马建忠暂时不肯出来做官，打算在考取了公费的法国留学生，学成归来后再为国效力，他要用先进的思想来改变当前的局势。李鸿章一边听盛宣怀解说，一边不断地点头称赞。此时，李鸿章虽未与马建忠谋面，但对他已经有了很好的印象。

然而，这次清政府只是允准先由留美归来的江苏候补同知（知府的副职，负责分掌地方盐、粮、捕盗、水利以及清理军籍等事务）容闳，带领一批幼童赴美国学习工程技术（中国自建首条铁路总工程师詹天佑就出自这批幼童）。李鸿章对盛宣怀说，待这批幼童学有成效后，他和曾国藩准备再说服清政府，选派赴法国的留学生。他保证将来一定给马建忠留一个名额，但附加了一个条件，那就是马建忠学成归来后要为他所用。盛宣怀赶紧替马建忠做了保证。

同治十年（1871年）夏秋之际，直隶一带发生了百年不遇的洪灾。暴雨持续数日，海水倒灌，河堤决口，田舍被淹，庄稼颗粒无收。天津城西南、河北的洼地一片汪洋，各地难民涌入天津城内栖息求食者，达数十万之多。

李鸿章刚上任一年就遇到了这样的特大水灾，连忙向清政府奏明情况，还请求准允他向民间发布文告，鼓励士绅官宦家庭捐献银两、财物，以救济难民。清政府准允了他的请求。

由于灾情紧急，李鸿章将一众官员派到各地募捐，又亲自到富庶的江浙一带向民间劝捐，呼吁官绅捐钱捐物。盛宣怀的父亲盛康积极响应，在家乡积极开展募捐，先后组织捐赠白银2万多两、棉衣2万件送到灾区。盛宣怀也受李鸿章委托，赶赴上海、苏州等地劝捐，集资购粮，再从上海雇轮船走海路将物资发放到天津。整个秋天，盛宣怀都奔走在赈灾的路上，灾区所需，他都尽力募集，成效颇丰，在一众官员中表现得十分突出。

同治十年（1871年）秋冬时节，盛宣怀受李鸿章委派，乘船赴日本考察，了解中日通商情况。这是他首次出国考察。

日本自明治维新以后，一直谋求与中国交好，互通往来，开展贸易。日本的这一意愿，得到了李鸿章的响应。同治九年（1870年）年底，李鸿章向朝廷上呈了一份奏折，主张与日本订立条约，互通商务。随后，曾国藩又补充提出，与日本订立条约时，条约中不可有"利益均沾"之词。

同治十年（1871年）6月，日本派伊达宗城、柳原前光为使臣，前来中国议约。清政府任命李鸿章为全权大臣，负责与日本办理通商条约签订事务。9月13日，李鸿章与日本使臣伊达宗城在天津山西会馆签订了《中日修好条规》，同时附有《中日通商章程》，签约时"观者如堵"，盛况空前。

《中日修好条规》是近代史上中日两国签订的第一个对等条约，条规基本上按照中国的方案签订。条约规定，两国互不侵犯领土、互不干涉内政；一国受他国侵略时，须互相支援；互派驻外使节；各通商口岸派驻领事，等等。

条规签订后，中国去日本经商的人逐渐增多，两国往来日益密切，因而秋冬之时，李鸿章派遣盛宣怀去日本考察，借此机会了解日本国内的形势、商业状况，以及中国人在日本的经商情况。

此时，日本刚刚经历大刀阔斧的明治维新改革，社会呈现一片欣欣向荣的景象。盛宣怀到达日本后，到各处游历，在横滨又与日本友人中山氏叙谈数次，深切体会到改革的"神奇功效"和必要性。他认为中国想要强大起来，应当效仿日本实行改革，而学习外国先进技术、大办洋务则是当务之急。

在过去的两年里，李鸿章幕府中的人事也稍有变动。

杨宗濂经李鸿章保荐，奉旨外放任湖北荆宜施道台（又称"道员"，介于巡抚、总督与知府之间的地方长官），管辖荆州、宜昌、施南（治所在今湖北恩施市）三府。薛福辰也外放任山东泰安府（治所在今山东泰安市）知府。当他们去京城觐见皇帝、太后请训时，李鸿章特地写信给时任军机大臣的好友沈桂芬，托他照应二人，还送给两人每人3000银两，以便他们在京城打点使用。李鸿章爱护幕僚由此可见一斑，这也是他能够网罗到诸多人才为己所用的缘故。

此前，薛福辰的大弟薛福成一直在曾国藩幕府中做事，同治十一年二月初四（1872年3月12日）曾国藩病逝后，李鸿章慕其名声，邀请他至自己的幕府，接替其兄薛福辰的职位。周馥本可外放任道台，因无人顶替他的职位，李鸿章又舍不得他离开，所以暂时留下来做随营总文案。

盛宣怀跟随李鸿章转战南北近两年，显示了过人的才干，取得了李鸿章的信任。因政绩卓著，盛宣怀的职衔也迅速得到提升，经李鸿章举荐，他升任知府、道台，并被赏加三品衔。

野史传闻，盛宣怀曾拜李鸿章为义父，所以李鸿章才对盛宣怀信任有加。这一说法是否属实，已无从得知，但盛宣怀得到了李鸿章的特别照顾和重点培养是毋庸置疑的，他长期追随李鸿章，经办、发展以工商业为中心的中国近代洋务事业，成了李鸿章的左右手。

第三章

初涉洋务，
筹办轮船招商局

盛宣怀参与创办了中国第一家近代民用企业——轮船招商局，他的"实业强国"之路由此开启。整个轮船招商局创办的过程中都留下了盛宣怀忙碌的身影，浸透了他的心血。然而作为招商局的"开国功臣"之一，盛宣怀却意外地遭到弹劾，被迫离开轮船招商局。尽管如此，盛宣怀仍然心系轮船招商局，希望有朝一日能够卷土重来，大权独揽掌管轮船招商局。

第一节　轮船航运业呼之欲出

第一次鸦片战争后，英、美两国强迫清政府相继签订中英《南京条约》《五口通商附贴善后条款》《五口通商章程》及中美《五口通商章程》，广州、厦门、福州、宁波、上海五处成为通商口岸，允许外国人在这些港口自由贸易。从此，中国的大门向西方列强敞开了，中国成为西方列强的商品倾销地。

第二次鸦片战争期间，英、法、美等国又强迫清政府签订《大津条约》《北京条约》，增开牛庄、登州（后改为烟台）、潮州（后改为汕头）、琼州、汉口、九江、南京、镇江等地为通商口岸，并允许这些国家的商船自由出入长江各通商口岸。这样，继五口通商之后，长江以及长江中下游沿岸的重要城市也向西方列强开放了。

从此，在波涛滚滚的长江上，在浩瀚无际的东海、黄海海面上，一艘艘轮船南来北往，马达声轰鸣作响，此起彼伏。这些巨大的怪物在中国的江面和海面上耀武扬威、毫无顾忌地行驶着，喷出一股股浓烟。船过之处，在江面、海面上掀起一阵阵波浪，划出一道道痕迹。

与这幅画面极不协调的是，江边、海滩上，一只只残破不堪的小船静静地停泊着，桅杆倾倒，风帆破碎，任风雨剥蚀，这些小船的主人早已不知去向。

这对大清国真是一个莫大的讽刺！因为当时航行在中国万里水域的轮船没有一艘是属于中国的，绝大多数来自美国旗昌轮船公司与英国太古、怡和轮船公司。

旗昌、太古、怡和三家轮船公司明争暗斗，争夺中国的水上航运市场，共同垄断了我国的轮船航运业务。对此，李鸿章曾感慨：“各口通商以来，中国沿海沿江之利，尽为外国商轮侵占。”这反映了当时的真实情况。

列强垄断中国的轮船航运业务，使中国原有的帆船运输几乎全部中断，无数的船主、船工丧失了谋生之策，失去了生活来源，坠入苦难的深渊。就连盛极一时、专门为清政府承担漕运任务的沙船业也濒临破产。

19世纪60年代后期，在中国航运业遭到西方列强剧烈冲击的情况下，一些具有长远眼光和先进思想的人，开始呼吁清政府制造自己的新式商业轮船，但这些进步的要求遭到了顽固的封建保守势力的阻挠，最后未被清政府采纳。

19世纪70年代初，内阁学士宋晋上书请求清政府下旨饬令闽沪两局（福州船政局和江南制造总局）停止制造轮船，原因是成本过高，而且造出来的轮船不如进口的质量好，还有可能引发与列强的矛盾，由此掀起了一场是否继续造船的争论。清政府谕令左宗棠、沈葆桢、李鸿章等人对此事进行通盘筹划。总理衙门则提出"各局（指江南制造局和福州船政局）轮船由商雇买"的主张，企图以局部的企业化来解决军用工业经费方面的困难。

左宗棠、沈葆桢、李鸿章都反对宋晋的主张，并向清政府提出了复奏。在复奏中，左宗棠、沈葆桢认为"兵船为御侮之资"，不能因为顾惜经费而停止制造轮船，但他们对于如何解决经费困难也没有提出切实可行的办法。

李鸿章的复奏更为详明，他指出宋晋的主张代表了顽固势力的迂腐之见："士大夫囿于章句之学，而昧于数千年来一大变局，狃于目前苟安，而遂忘前二三十年之何以创巨而痛深，后千百年之何以安内而制外。此停止轮船之议所由起也。"李鸿章进一步提出："国家诸费皆可省，惟养兵设防、练习枪炮、制造兵轮之费万不可省。求省费则必屏除一切，国无与立，终不得强矣。"[①]

同时，李鸿章极力主张福州船政局制造商用船只，以此和已经控制中国沿海贸易的西方运输公司竞争。但是，李鸿章又说："臣前与曾国藩筹议，中国股商每不愿与官交涉；且各口岸轮船生意已被洋商占尽，华商领官船，另树一帜，洋人势必挟重资以倾夺。则须华商自立公司，自建行栈，自筹保险，本巨用繁，初办恐亦无利可图……"

在李鸿章的论述中，轮船招商局的轮廓已经清晰可辨，这也是半年后轮船招商局设立的蓝图。李鸿章之所以大力赞成制造商用轮船，

---

① 《福州文史资料选辑》第19辑，2000.4，第270页。

是因为他已经了解了西方轮船航运业在中国获取高额利润的事实，他希望中国人自己创办轮船航运业，掌握能够获取高额利润的轮船航运业，不使中国的内江外海之利为洋人所占。

由此，中国近代轮船航运业已经呼之欲出了。

第二节　拟订轮船航运公司章程

一直关注局势变化发展的盛宣怀，也在密切关注中国轮船航运业的发展动态。

自从被李鸿章委派办理陕甘后路粮台、淮军后路营务处事宜后，他因职务所需时常往来于天津、上海等地采购军需物资，耳闻目睹了天津、上海在西方资本主义刺激下不断出现的新生事物以及社会的巨大变化，这使从小就善于思考的他开始深度关注一些与国计民生紧密联系的重大问题。

因此，当社会上兴起自办中国轮船航运业的潮流时，盛宣怀便有了比较成熟的想法。同治十一年（1872 年）4 月，盛宣怀面见李鸿章，与李鸿章讨论了自办中国轮船航运业的利弊，他认为轮船航运业不可不兴，应当创办一个轮船局。他指出，目前长江及沿海航运为洋商所垄断。南方漕粮北运，从江浙运到天津多用沙船，走海路运输时沙船遭遇风浪袭击很容易沉入海中，风险很大。若创办轮船局，建造新式轮船，既可走海路将漕米运至天津，也可兼办客运及其他货运，从而打破洋商垄断长江及沿海航运的局面，为国家争利。

李鸿章对盛宣怀的观点甚为欣赏，当即吩咐盛宣怀拟订一个兴办轮船航运公司的章程。此事盛宣怀酝酿已久，眼见想法能得到实现，他自然是高兴万分。他伏案端坐，铺纸研墨，奋笔疾书，将心中已渐臻成熟的创立轮船局的设想付诸笔端，洋洋洒洒即成数千言。20天后，一份字迹俊秀、页面整洁，标题为"上李傅相轮船章程"的《轮船航运公司章程》便摆到了李鸿章的案头。

在章程的序言中，盛宣怀表达了自己对中国自办轮船航运业的看法：

> 伏思火轮船自入中国以来，天下商民称便，以是知火轮船为中国必不能废之物，与其听中国之利权全让外人，不如藩篱自固。

简单的几句话，就把中国必须发展轮船航运业、与洋商争利的思想主张表述得清楚明了。而对于如何办好中国自己的轮船航运业，盛宣怀也提出了自己的看法：

> 况中国官商久不联络，在官莫顾商情，在商莫筹国计。夫筹国计必先顾商情，倘不能自立，一蹶不可复振。试办之初，必先为商人设身处地，知其实有把握，不致废弛半途，办通之后则兵艘商船并造，采商之租，偿兵之费，息息相通，生生不已，务使利不外散，兵可自强。

在盛宣怀看来，既然中国自办轮船航运业的主要目的是从洋商手中收回权利，那么就必须使其经营成功，而要经营成功，就必须改变过去官商之间勾心斗角、互不信任的情况。国家是自办轮船航运业的倡导者，而商人承担具体的建设事务。国家首先要考虑商人的利益，商人有利可图，才会尽心尽力地办好轮船航运业。轮船航运业办成功了，国家才能从中收取可观的税收，这些税收也就可以成为国家投入富国强兵运动中的经费的重要来源之一。

至于具体的轮船公司，是由国家管理（即官办）还是由商人独立经营（即商办），盛宣怀提出了一个折中的办法——官督商办。

在"筹国计必先顾商情"的原则指导下，盛宣怀拟订了六条纲领：

一、委任宜专也。轮船官本重大，官不宜轻信商人，商亦不敢遽向官领，必先设立招商局创成规矩，联络官商，而后官有责成，商亦有凭藉，是非素谙大体，取信众商者不能胜任。请遴选公正精明、殷实可靠道府两员，奏派主持其事。嗣后招商集本，领船运漕诸事，俱责成办理，上与总理衙门通商大臣、船政大臣、各海关道交涉，下与各口岸局栈、各轮船管驾兵工交涉，事之成败全在用人。……

二、商本宜充也。国家以数百万之重物发交该商营运，岂容毫无成本，请即责成总办先在上海设招商局刊发章程，使各省官商咸知其事，拟集商本银五十万两，照洋行章程以一百两为一股给票一张，认票不认人，十年以内只准兑替不准拔本，以收银日为始，按年一分支息，一年一小结，总账公阅；三年一大结，盈余公派。……

三、公司宜立也。上海设立公司总行，各口岸出入均汇归上海结总，天津、烟台、台湾、香港、宁波、汉口、镇江等处均设立分行。……

四、轮船宜先后分领也。福建已成轮船六号，上海已成轮船六号，俱非商船式样，其吃水之深、用煤之多、机器煤炉占地之广，此之病皆无法可治。惟查商船上层另搭房舱以便住人，其中层皆作货舱，尽行装货，照样装改，尚可勉强合用。闻福建改造第七号扬式轮船，已是兵船式样，应无庸改，第八、九号尚在制造之初，应请咨商将此二号径造商船以冀合用，其已成之六号及上海兵船六号，请即饬查某船能装货若干吨，每百里须用煤若干数，装足须吃水若干尺，逐号开单，先饬招商局自行酌量择用七、八号速为改装，并限定领船先后日期，俾招商局得以因时措置择地而行。

五、租价宜酌定也。现在试办之初，诸事创立，本重利轻，未知商人装货能否相信，洋行争利之心最重，势必大减水脚，官厂轮船惟当减价相随，惟商人惟利是图，而初办实无把握，必难起色。拟照船之大小分别改缴租价，试办三年，如五百吨船每年呈缴租价五千两，三年之后再议增价，以后如有造出商船合用者，亦另行改增，在国家每年节省经费数千两，先节流而后开源，断非一蹴可就也。

六、海运宜分与装运也。江浙海运，沙宁船破损者居多，造实者渐少，每届多虞缺船，办理极为费力，惟发官本招商添造鸭尾船凑运，而殷实商人决不肯认造，实缘轮船畅行之后，沙宁船并无客货装载，仅赖漕米一宗所入不敷所出，是以沙宁船有折卖者无新造者矣。若将海运正供议由外国轮船装运，自非正办；若以朝廷之轮船运朝廷之漕米，在海运局无虞缺船，可冀稳速；在招商局复得运脚，稍藉补苴，以公补公，当非妄议。……

从《轮船航运公司章程》的整体内容来看，盛宣怀不像一个未涉商场的政府小官员，倒像一个经营轮船航运业多年、经验非常丰富的商人。他将正要创办的轮船局的经费筹集、人员委派、轮船制造、应对洋商轮船运输业竞争的策略等方方面面的问题均考虑得十分周到，并且就政企分离、资本考核、机构设置、利润率的设定甚至产品改进都提出了极具前瞻性的建议，有的观点对于现今一些企业来说，仍有借鉴意义。

第三节　并不顺利的上海之行

李鸿章将盛宣怀拟订的章程反复看了两天，不免惊叹盛宣怀有如此缜密的构想，但是仍然心存疑虑，信心不足。于是，他命人将盛宣怀叫来自己的衙署，当面向他询问相关事宜。

盛宣怀向李鸿章行了参拜礼，李鸿章示意盛宣怀在一边的椅子上坐下，然后问道："宣怀，创办轮船局的事，前几年也有人提过，这些年上条陈建议办轮船局的官员也不在少数，但大多凭空想象，闭门造车。最终虽然皇上谕旨批下，但也窒碍难行，无异于哗众取宠。你不妨说说看，你的建议又有何切实可行的地方呢？"

盛宣怀连忙回答："中堂大人明鉴。早年我在上海曾看到沙船运漕粮屡遇风浪之险的事情，就有了以火轮取代沙船的愿望。章程中所列各项，我与几个资历颇深的朋友磋商过，他们均认为沙船可以代替，旧轮船可以购买，资金可以官商合筹，码头仓库也可以先行租用，这样招商局就可以先粗略地办起来了。不知中堂大人还有什么顾虑？"

"你说的资金官商合筹，户部怕是拿不出多少银两的，我这里直隶官库的银两也不多，离你需要的股金还差很远呢。那么多的银两又当如何筹措呢？"李鸿章面露难色地说道。

"上海绝不乏富豪大户，又有许多发大财的洋行买办，如果打起北洋这面大旗，再加上官股倡导，不怕没人来入股。"盛宣怀胸有成竹地说，"卑职前些年在上海认识了两位朋友，一个叫徐润，原为宝顺洋行买办，现在自己在开茶庄，资金雄厚；另一位是新任宝顺洋行买办郑观应，他们应该能帮上忙。"

李鸿章听了连连摇头，认为从这两人身上筹到的资金无异于杯水车薪，再者这两人未必就同意出资入股轮船局。

盛宣怀正要争辩，就听李鸿章说道："你拟订的章程我基本同意，但暂时还不能批，必须要有十成的把握。你先去上海一趟，联络一下在上海商界颇有名望的朱其昂。他和他的弟弟朱其诏现在拥有几十条沙船，是上海沙船帮的头目，早年还花钱捐了个候补知府。你试探一下他的态度，看他愿不愿意带领沙船帮加盟轮船局。另外，还有一个叫唐廷枢的怡和洋行总买办，也是我初到上海时认识的，他为淮军采购军火出过大力。此人在上海商界的影响力比徐润之辈大多了，有了他的支持，轮船局就有希望。你见到他时，可代我向他问好，他必定肯尽力。等你在上海与各界洽商有了头绪，资金也有了着落，你再与他们共同拟订一份筹办招商局的具体章程，然后带回天津来给我看。那时如果我再挑不出什么毛病了，方才可以批准。"

盛宣怀长长地吁了一口气，对李鸿章既感激又敬畏，站起身垂手应道："卑职明白，等忙完手头的事情，卑职就动身前往上海联络各方，务必把创办招商局的事情办妥，不负中堂厚望！"

春末，盛宣怀又忙于为直隶募集赈米，之后，他开始积极准备赴上海联络各方筹办轮船局一事。

同治十一年六月二十八日（1872 年 8 月 2 日），针对宋晋停止造船的奏请，总理衙门大臣奕䜣向清政府上奏《船厂不可惑于浮言浅尝辄止折》。他在奏报中说："制于人而不思制人之法与御寇之方，尤非谋国之道。虽将来能否临敌制胜未敢预期，惟时际艰难，只有弃我之短，取彼之长，精益求精，以冀渐有进境，不可惑于浮言浅尝辄止……应照李鸿章、左宗棠、沈葆桢所议，未可停止继续造轮。"清政府依议。自此，轮船停造的议论终于画上了句号，这给了力主自办轮船局的李鸿章和盛宣怀很大的信心。

不久，盛宣怀和仆人蔡荣一起搭乘英国怡和公司的轮船来到上海。

盛宣怀歇息一晚，次日独自雇了一乘小轿，来到马建忠的住处。两人久别重逢，畅谈自上次上海一别后各自的生活情况。盛宣怀向马建忠说明了自己此次上海之行的目的，马建忠当即表示愿意陪同盛宣怀去拜访郑观应、徐润、朱其昂等人。

不料在拜访郑观应、徐润两人时，他们碰了一鼻子灰。

盛宣怀和马建忠雇了两顶轿子，来到位于英租界昼锦里的郑观应的住宅门前。两人敲开门，没有见到郑观应，郑观应的夫人热情地接待了他们。盛宣怀向郑夫人行过礼后，向她询问郑观应的去向。郑夫人告诉盛宣怀，她的丈夫两个月前应英商太古轮船公司东家的邀请，去了这家公司当买办，上任一个月后便被东家派去巡视长江沿岸各埠的公司分局的业务，据他最近来信，他已经前往汉口，要过七八天才能回来。

盛宣怀一听顿时懵了，觉得自己从云端一下子跌入万丈深谷。他呆呆地想，商场如战场，到时候各为其主，自己也许就要同老朋友在商界互相厮杀，彼此成为劲敌了。

但是盛宣怀还是相信郑观应的，上次他在上海遇见郑观应与其闲谈时，了解到郑观应是一个有报国志向的商人。他对郑观应还抱有希望，希望能将他劝回来，和自己一起筹办轮船局，共同为国家出力。于是，他给郑夫人递上一张自己的名帖，上面的头衔是"军机处存注记名即用道，北洋大臣文案兼营务处会办"。名帖是盛宣怀在天津动身前找人印就的，他希望以军机处和李鸿章北洋大臣的名号来号召上海商人，筹到大笔资金，使创办轮船局水到渠成。临走时，盛宣怀再三嘱咐郑夫人，务必将名帖交给郑观应，并说过几天他会再来拜访。

离开郑观应家，盛宣怀和马建忠又马不停蹄地来到英租界北泥城附近，在濒临苏州河边的宝源祥茶栈前停下。进了茶栈，盛宣怀递上名帖，向徐润说明来意，请他相助筹办轮船局。徐润城府很深，本不打算帮助盛宣怀，但一听说是北洋大臣交办的事，立马改变了主意。他满脸堆笑地说凭中堂大人的面子、他与盛宣怀的交情，到时候他一定会鼎力相助，不过按照洋人的规定，认股越多，就越应该担任总办、会办。

徐润有自己的小心思，他想通过认股轮船局接近在官场上如日中天的李鸿章，为自己日后进身官场、谋取利益做好铺垫。但是当听到盛宣怀说也打算请朱其昂出山相助时，他就不高兴了，他知道此人做船老大做惯了，是不甘屈居人后的。等盛宣怀说还要劳烦他一起去找怡和洋行总买办唐廷枢帮忙时，徐润的脸顿时变黑了。

徐润为什么会有如此表现呢？原来，唐廷枢和他虽然是广东香山县的同乡，却是生意场上的劲敌。怡和洋行各种进出口生意都做，也有个茶叶部，每年在全国的各个产茶区和徐润的宝源祥等华商茶栈竞争收茶，又在上海与华商明争暗斗，争夺茶叶的海外出口生意，它财力雄厚，使华商吃了不少亏，所以徐润对怡和洋行怀有敌意，对唐廷枢也是敬而远之。

徐润一听盛宣怀要找唐廷枢，一腔兴致顿时冷落了下来。但徐润善于逢场作戏，仍然满脸笑容地对盛宣怀说道："宣怀兄客气了，你们的事就是我的事，随时吩咐就行了。只是我财力有限，而且交游不广，此事只有等观应兄回来后再商议定夺。"

见徐润这么说，盛宣怀也就不好再说什么了。他满怀兴致而来，谁知碰了个不软不硬的钉子。想到自己与马建忠奔走了一整天，却毫无结果，他不免有点沮丧。

回到住处，盛宣怀回想自己与徐润的谈话，感觉这个人说话含糊不清，态度模棱两可，既想入股轮船局，又害怕之后不能掌控人权，从中分一杯羹。盛宣怀心里盘算，当年郑观应对于建立轮船局表现得非常热情，只是他现在出差在外，一时找不到他，与其坐等他回来，还不如先去找朱家兄弟谈谈。

次日，盛宣怀和马建忠来到永安街朱其昂的大宅院，拜见朱其昂。朱其昂年过五十，长相敦厚，嘴上留着两撇浓须，面色黑里透红，额头皱纹累累，一看就知道是个饱经风霜、见过世面的人。盛宣怀向朱其昂说明自己的来意，朱其昂面露难色，竟直接表示不同意创办轮船局。他认为办了轮船局，就等于彻底砸了沙船帮工友们的饭碗，是在把他们往死路上推。盛宣怀向他解释，创办轮船局就是为了帮这些船工找回工作，从洋人手里夺回本应属于中国人的利益。马建忠在一旁解释劝说，朱其昂才勉强同意，但他要求由官府先垫付资金创办轮船局。

朱其昂的意见与盛宣怀的官督商办轮船局的意见相左，盛宣怀本想再同朱其昂争辩一下，但是他转念一想，现在筹办轮船局不得不依靠朱其昂，上海沙船业的局面非他不能掌控，没有他的支持，轮船局一年半载办不起来，于是也就同意了朱其昂的请求。朱其昂又告诉盛宣怀，将要成立的轮船局定名为"轮船招商公局"，局址先设在他那儿，等李中堂批准了，领到官款，就挂牌正式开业。盛宣怀也同意了。

一个星期后，郑观应从汉口出差回到了上海家中，得知盛宣怀和马建忠前些日子来找过他，是为了筹办轮船局的事。郑观应一听又喜又急，顾不得旅途劳顿，马上按照盛宣怀留下的地址，去找这位志同道合的好友。

在十六铺隆昌客栈的一间旅店里，郑观应见到了盛宣怀和马建忠。三人久别重逢，郑观应马上邀请盛宣怀和马建忠到自己家中做客，说是已经吩咐夫人在家里准备酒席，等他们去品尝他家乡的风味。盛宣怀和马建忠欣然答应，随同郑观应来到他的家中。

饭桌上，盛宣怀一边饮酒，一边对郑观应说："这次我本来是不应该来找你的，你已经当上了太古公司的买办，有诸多不方便，轮船局的事还是不叨扰观应兄了。"

郑观应一听，哈哈大笑起来，说道："宣怀老弟，不瞒你说，我是身在曹营心在汉，虽然目前为洋人当差，但不管怎样，我仍然是大清子民，我的心是向着自己的国家和同胞的，一刻也没有改变过。我在洋行办事，把洋商的那一套摸清楚了，日后也好为我们的国家办事出力啊！"

盛宣怀为郑观应的眼界所折服，想到有这样一位思维开阔、机智聪敏的精英与自己同舟共济，他内心激动不已。盛宣怀请求郑观应帮忙引见唐廷枢，面谈筹办轮船局的具体事宜。郑观应和唐廷枢是同乡，彼此关系不错，当下欣然表示同意，并与盛宣怀、马建忠约定明天一早先到自己家中碰头，然后一起去拜访唐廷枢。

次日一早，盛宣怀和马建忠来到郑观应家中，郑观应领着二人步行向西，过了两条马路后来到唐廷枢的住宅。盛宣怀向唐廷枢说明自己的来意，请他入股一道创办轮船局。唐廷枢开始有点心动，但是听到盛宣怀说已经请朱其昂出面筹办轮船局后，又拒绝入股，因为他也想成为轮船局的总负责人。唐廷枢推辞说现在还不是时候，等将来轮船局规模扩大，以商办为主，总办由商股中选派，他就辞去怡和洋行的总买办到轮船局来办事。盛宣怀见唐廷枢坚持己见，感到遗憾和无奈，也不好再说什么。

盛宣怀等三人辞别唐廷枢，步行回到郑观应家中，商量如何给李鸿章写禀帖，最后确定由郑观应执笔代拟。郑观应在禀帖中叙述了盛宣怀等人与沙船大户朱其昂、怡和洋行总买办唐廷枢商谈的结果，请求李中堂委任朱氏兄弟为总办、会办，领取公款20万串铜钱筹组轮船招商公局，先行开业，以后再陆续招募商股，扩大规模。

郑观应写毕，盛宣怀和马建忠齐声称赞。接着，盛宣怀叫人将禀帖寄送给李鸿章，然后与郑观应、马建忠二人道别，赶回常州老家探望家人。

第四节 轮船招商公局挂牌成立

同治十一年（1872 年）8 月，李鸿章谕令朱其昂根据实情拟订招商局章程。朱其昂一改盛宣怀的官督商办为官商合办，其他条款更是与盛宣怀的意见大相径庭。

朱其昂拟订的这个《轮船招商局节略并各项条程》（即《招商局章程》），一共 32 条，规定招商局的性质为"官商合办"，并对招商局的日常管理、股份核定、船只租赁、漕粮承运、船员选用、报关纳税等问题作了详细规定。

为了减轻各方压力并尽快筹集到资金，朱其昂又向李鸿章建议，改变官商合办方式，由官府设立招商局，以便招徕在上海市内依附洋商的各省大商人的资本。朱其昂的理由是："现在官运轮船并无商船可领，稔知各省在沪殷商，或置轮船，或挟资本，向各口装载贸易，向俱依附洋商名下。若由官设商局招徕，则各商所有轮船股本，必渐归并官局。"

根据李鸿章的要求，朱其昂又重新拟成《招商局条规》28 款。这样，轮船招商局的"招商"二字已经徒有其名。李鸿章将朱其昂拟订的条规交给天津海关道陈钦、天津道丁寿昌、薛福成等人复核，核议结果为"就照朱其昂所商议的办"，朱其昂的官办主张占了上风。

不久，陈钦、丁寿昌联名给朱其昂写了函文，要求朱其昂会同唐廷枢速赴天津商议筹办轮船局的事。函文前还特别注明：奉中堂口谕。朱其昂接函后，当即会同唐廷枢乘船赶往天津。

8月底，远在常州家乡的盛宣怀收到丁寿昌的信，得知朱其昂、朱其诏、唐廷枢三人正在天津按李鸿章的吩咐会商设立轮船局的事。丁寿昌在信后特别转达了李鸿章的口谕："杏荪如对此事有兴趣，可速到天津参与筹办。"

读完丁寿昌的来信，盛宣怀顿时愣住了。直觉告诉他，在朱其昂的游说下，他早先拟订的轮船局章程被李鸿章否定、束之高阁了，而他为此付出的心血也将化为乌有。盛宣怀痛苦不已，他苦苦思索了两天，第三天一早给丁寿昌回复了一封信，直言不讳地告诉丁寿昌，若不是官督商办轮船局，自己就不参与筹办事务。为了给自己预留退路，他同时又给朱其昂写了一封信，说自己正在家中准备明年的乡试，暂不能赴津共议轮船局筹办之事。

丁寿昌收到盛宣怀的信后，没敢耽搁，当天就把盛宣怀的信呈给李鸿章。李鸿章阅后沉思片刻，没有言语，但却发出轻轻的一声叹息。这声叹息让丁寿昌意识到了盛宣怀在李鸿章心目中的分量。

10月，在李鸿章的主持下，轮船局基本按照朱其昂的章程办起来了。李鸿章谕令朱其昂、朱其诏兄弟回上海设局招商，将轮船局定名为"轮船招商公局"。

朱其昂兄弟兴冲冲地回到上海，着手筹办轮船招商公局。朱其昂在自己的商号"广昌号"设立轮船招商公局筹备处，报请颁发官刻关防，甚至还设计了一面双鱼龙旗作为局旗，在上海洋泾浜南永安街租了几间货房，以备开局之用。同月，朱其昂向英国订购的"伊敦号"轮船驶抵上海，码头上挤满了看热闹的人群。其余几艘轮船也已陆续启航，从大洋彼岸鼓浪而来。

12月，轮船公局的官本20万串铜钱（折银12.3万两）全部到账。名为官本，但公家只收取每年7厘的利息，不负盈亏责任。公局预缴了1.4万串铜钱的利息后，实领18.6万串铜钱。万事俱备，只欠开张。但原计划征集 1 万股（每股 100 两白银）的商股，到同治十二年（1873 年）初，仍只征集到 1000 余股。许多沙船主担心轮船影响他们的生计，不仅拒绝入股，而且群起阻挠。

但是李鸿章坚信，万事开头难，只要坚持下去，守着一个合理而健全的理想，前途必定光明。同治十二年（1873 年）1 月 17 日，上海洋泾浜南永安街上锣鼓喧天，鞭炮齐鸣，轮船招商公局正式挂牌开业，门前两根旗杆上分别悬系的一面三角龙旗和一面双鱼龙旗在凛冽的北风中庄严飘舞。李鸿章亲自出席了开业仪式。

开局之初，轮船招商公局旗下拥有 4 艘轮船，除"伊敦号"外，还有"永清号""利运号""福星号"。另外又从浙江调来一艘"伏波号"轮船，准备用于该年春季的漕运。轮船招商公局名为"官督商办"，实为官办，主要承运漕粮。

轮船招商公局筹办一事，作为原先的牵头人盛宣怀却并未参与，理由很简单，就是他不赞同官商合办及商资官办的经营方式。盛宣怀虽然未参与筹办轮船招商公局，但是此前他忙前跑后，为轮船招商公局引进资金牵线搭桥付出了很多精力，所以轮船招商公局的成立他功不可没。

盛宣怀虽然没有进入轮船招商公局，但是他坚信，商本商办的经营方式，是轮船局发展兴盛的不二法宝，他的这一想法不久也得到了证实。这一年，盛宣怀将剩下的时间花在办理赈务上，因办赈有功，被李鸿章奏请赏加二品衔。

这年大年初三，正在常州家中与家人欢度新年的盛宣怀，收到了李鸿章发来的函令，命他速往福州，会同福建船政大臣沈葆桢就兵轮改造为新式商船一事商谈具体细则，同时对福州船政局的兵、商船兼造和招商局承领商轮等事情进行细致的调查研究。盛宣怀不明白李鸿章为什么此时派他去福州，但是他来不及多想，立即收拾行囊，动身去了福州。

其实，李鸿章派盛宣怀去福州调研，是给他一个台阶下，他不想冷落盛宣怀，也不想让盛宣怀太难堪，毕竟盛宣怀为轮船招商公局的成立做了很多准备工作。

盛宣怀在福州调查了半个多月，并同福建船政大臣沈葆桢商谈了多次，不久返抵上海，与唐廷枢进行了两次交谈。随后，盛宣怀就这次调查写了一份内容详尽、颇有见解的调查报告，上禀李鸿章。在报告中，盛宣怀谈到了兵商船兼造，改造兵轮为新式商船，购买洋人机器，邀请洋人携送机器来华指导学徒学习、掌握其新技术，雇请洋人教学徒学习轮船驾驶技术，以及练兵，开办新式学校学习科学技术知识，派遣留学生出国留学等与富国强兵有关的问题。这是盛宣怀撰写的第一篇论述如何兴办洋务的文章，内容系统全面，意见切实可行，具有很强的实用性。

这次福州考察，使盛宣怀对中国轮船业的建设和发展有了更进一步的认识，也让他对该行业未来的规划更加深远。

第五节　轮船招商公局首次大改组

在李鸿章等政府官员和上海士绅、商人、民众的翘首企盼中，轮船招商公局开始运营了。然而事情的发展出乎众人意料，轮船招商公局运营不久就陷入了停滞状态。

朱其昂出身于沙船业世家，在建立轮船招商公局之前，他承办漕运已有10余年之久。他经营沙船航运业可谓游刃有余，但是经营新式轮船航运业务则显得非常吃力，对于公司管理更是一窍不通。他所购买的"伊敦号"轮船"船大而旧"，要烧很多煤；"福星号"轮船"舱通而小"，装货量很有限；其他两艘轮船也不甚合用，而购买价反而比洋行新造的头等好船还要贵。他购买的轮船和租用的仓库价格几乎都比市场价高出一大半，花了不少冤枉钱。

李鸿章任用朱其昂，并非因为他有什么过人之才，而是看中他与沙船业深厚的渊源。可惜他的这一背景未能发挥什么作用，尽管他四处奔走，摇唇鼓舌，商人们客客气气地恭听，钱袋子却捂得紧紧的。为了给朱其昂打气，同治十二年（1873年）春，李鸿章以北洋大臣的名义，照会上海士绅、商人，鼓励他们捐献钱财，赞助朱其昂经营轮船招商公局，但是效果并不明显，观望者仍居多数。

朱其昂既招募不到商股，又不善于经营新式航运业务，使得轮船招商公局难以正常运转。同时，由于轮船招商公局的业务以漕运为主，不揽载客货，没有真正进入市场与洋商竞争获利，因此在半年左右的时间内，轮船招商公局便亏损了4.2万两白银。朱其昂的经营能力受到了各界的质疑。

眼看轮船招商公局面临着关门停业，李鸿章不得不改变经营策略，委派丁寿昌筹划改组轮船招商公局，同时给盛宣怀再发去一份公函，命他重新起草一份轮船局章程。朱其昂也算有自知之明，主动辞去了总办一职，之后他仍留在招商局负责漕运事务，直至同治十七年（1878年）去世。

就这样，轮船招商公局进入了改组阶段。

同治十二年（1873年）3月中旬，正在常州家中闭门读书的盛宣怀收到了李鸿章发来的公函，命他"酌拟轮船章程"，并且特别强调要尽快拟定。盛宣怀起初感到很意外，但是思维敏锐的他很快意识到轮船招商公局可能遇到困难了，否则李鸿章是不会自找麻烦让他重拟轮船局章程的。

盛宣怀铺纸研墨，挥笔写就了一份新的轮船局章程。这次，他特地在标题上加了"招商"二字，即为《轮船招商章程》，以突出商办的重要性。新的轮船局章程延续了上一年《上李傅相轮船章程》的大致思路，结合目前轮船招商公局的实际情况，着重强调了只有"顾商情"才能更好地"筹国计"的道理。新章程提出，轮船局改组后，可委派有道、府头衔者二人，代表官府"主持其事"，负责处理轮船局的日常事务。

新章程还重点申明：一、必须多揽载客货；二、官府必须采取维持措施，如多分给漕粮装运，以后逐年递减等，公事也应有必须斟酌变通的地方；三、变"公局"为"商局"。最后，盛宣怀在新章程中掷地有声地提出了轮船局今后运营的十六字方针："气脉宽展，商情踊跃，持久不敝，由渐扩充"。

新章程写好后，盛宣怀长长地舒了一口气，随即叫来仆人将新章程用信件袋装好，然后寄往天津李鸿章的衙署。

新章程寄出后没几天，盛府一家老小离开常州，搬到苏州城里居住。盛宣怀把家安顿好后，特意穿着便装到上海走了一趟。他此行名义上是去会朋友，实际上是想打探一下轮船招商公局的最新情况。到了上海，盛宣怀径直来到轮船招商公局的大门外，只见金字匾额仍牢牢挂在大门门楣上，三角龙旗和双鱼龙旗依旧在旗杆上飘舞。轮船招商公局看起来还是年前成立的那个轮船招商公局，没有丝毫的改变。

在上海住下来以后，盛宣怀又雇人暗中到轮船招商公局去请唐廷枢，想和他面谈，以便了解轮船招商公局下一步的动向。但唐廷枢和朱其昂在三天前就被李鸿章招去天津商量事情了，盛宣怀懊恼不已，只好返回苏州。

几天后，盛宣怀收到了丁寿昌寄来的信。丁寿昌在信中高度赞扬了盛宣怀新拟就的《轮船招商章程》，还在信中透露，李鸿章不仅同意了他的观点，而且决定改组轮船局。盛宣怀心想，既然李鸿章同意了自己的观点，改组后的轮船招商公局就不会没有自己的位置。遗憾的是，他读完信后，也没有看出李鸿章有委任自己担任轮船招商公局总办的意思，这不能不让他大失所望。

筹办轮船局之初，盛宣怀就有意要当总办，因为他的商本商办主张被李鸿章否定，最终未能如愿。现在朱其昂经营轮船局失败，盛宣怀的《轮船招商章程》又得到了李鸿章的认可，其商本商办的主张一定是被认定为挽救轮船局的良方，因此盛宣怀又再度燃起了热情，希望趁轮船局改组之机，当上总办。

只不过，这次他的竞争对手不再是不通文墨、思想闭塞的朱其昂，而是喝过洋墨水、思想先进、管理能力出众的粤商领袖唐廷枢。唐廷枢做买办多年，在上海华洋两界都有较深的背景，在上海商界素有盛望。重组轮船局面临的首要问题就是招商股集商资，与初出茅庐的盛宣怀相比，能沟通中外商界且有办航运经验的唐廷枢似乎更能胜任总办一职，李鸿章更倾向于唐廷枢也就不足为奇了。

同治十二年（1873年）7月，李鸿章委任唐廷枢为轮船局商总办，朱其昂为会办，将"招商公局"改为"招商总局"，"总办"改为"商总办"，下设商董。唐廷枢随即重新拟订了《轮船招商章程》《轮船招商局规》。

《轮船招商章程》指明，轮船局由专人管理。为了防止政府官员干涉轮船局的日常工作，唐廷枢特别强调："轮船局一切事情皆属商办，就应该遵照买卖常规，朝廷请免去添派委员之事，以防掣肘难办事。"唐廷枢所创设的实际上是"商总主政"的管理原则，比盛宣怀所强调的委派有道、府头衔者二员"主持其事"要更为先进，对轮船局乃至洋务事业的发展来说更为有利。

盛宣怀当总办的愿望再次落空。不久他就收到了"被委任为招商局会办，兼管漕运、揽载二事"的札文，旁附李鸿章的批示："一切规画事宜均令会同商办。"

收到札文时，盛宣怀并没有为失去总办一职而太过失望，毕竟与唐廷枢相比，他确实有很多不及之处，更重要的是李鸿章的那个旁批，明显是在赋予他总揽全局的权力。9月，盛宣怀乡试落榜，他也没太沮丧，毕竟平常杂事太多，无暇静心读书。当天，盛宣怀便离开京城，几天后回到父亲盛康在苏州的住处。不久，盛宣怀和父亲用多年的积蓄买下了苏州城内原为刘姓所有的古典名园"刘园"，改名为"留园"，取"劫后遗存"之意，意思是太平军攻陷苏州，此园得以保存下来。随后，盛宣怀将妻子和孩子接到新居留园和自己住在一起。

11月，盛宣怀赶往上海就任轮船招商总局会办，全力投入漕运、揽载事务中。之后，盛宣怀又征得父亲同意，从典当、钱庄中提取部分资金，入股轮船招商局。不久，徐润也被委任为会办。这样，唐廷枢、朱其昂、盛宣怀、徐润四人就构成了轮船招商局的新一任领导集体。

在轮船招商局所有的总办、会办中，代表商人的总办唐廷枢和会办徐润主管揽载等轮运事务，代表官府的会办朱其昂主管漕运业务、盛宣怀则兼管漕运和轮运业务。从李鸿章对轮船招商局的分工来看，盛宣怀的身份非常微妙，既代表官——管漕运，又代表商——管揽载，一人身兼官、商两界的工作。从中也可看出李鸿章对盛宣怀的重视，他将身在官场却对商人、商界比较有成熟看法的盛宣怀安排在轮船招商局，作为联络、调和官商的重要人物，同时也是为了对唐廷枢、徐润、朱其昂等人有所监督，以免他们做出不利于轮船招商局运营的行为。

这一年，盛宣怀这位年轻的传统知识分子，没有再走祖辈、父辈读书入仕的道路，而是走上了一条异常艰辛的兴办实业的道路。

第六节 快刀"斩"旗昌

唐廷枢自入主轮船招商局后，广招股份，扩大经营，使轮船招商局气象为之一新。

唐廷枢带头入股不少于 8 万两白银，并把自己的"南浔号"轮船入局经营；朱其昂股份约 3 万两白银；盛宣怀从自己家族经营的典当、钱庄中提出 4 万两白银入股；徐润为第一大股东，入股 48 万两白银。各地商人也开始跟随入股，加上官款，招商局共募集资本 420 余万两白银。

除原有的上海总局和天津分局外，轮船招商局又在牛庄、烟台、汉口、福州、厦门、广州、汕头、宁波、镇江、九江、香港以及国土外的长崎、横滨、神户、吕宋、安南、新加坡等处设立分局。

冬去夏至，黄浦江潮起潮落。轮船招商局陆续添置新船，它的名字也越来越频繁地出现在中外报纸上。在改组之后的两年里，轮船招商局的轮船就增加到了 16 艘，逐渐有了同美国旗昌公司、英国太古公司等垄断中国航运的外国轮船公司较量的资本。这些外国轮船公司开始坐立不安，想要击败甚至击垮轮船招商局，年轻的轮船招商局即将迎来成立后最大的挑战。

这些外国轮船公司开始从两个方面打击轮船招商局：

首先，打击轮船招商局的外洋航运业务。轮船招商局在创办的前 10 年，曾经数次试图开辟远洋航线，先后派轮船驶往长崎、神户、新加坡、檀香山、旧金山、伦敦等处。但是，由于外国轮船公司从中作梗，以及日本和西方国家推行轮船航运的本国保护主义，上述远洋航线相继停航，到光绪八年（1882 年），远洋航线仅存海防一处。而这最后的一条海外航线，到光绪九年（1883 年），因清政府"值法越多事……不敢造次放船"，也宣告停航。

其次，在运费上大打价格战。旗昌、太古、怡和等外国轮船公司将汉口、宁波、天津、汕头、广东等航线的运价一律减低四成到五成，有些航线甚至削价五分之四。

但是旗昌、太古两家轮船公司在中国水域内的竞争也很激烈，在两败俱伤的情况下，它们不得不坐下谈判。同治十三年（1874 年）2 月，两家公司订立了齐价合同，统一运价，垄断了中国水域内的航运。

外国轮船公司的削价竞争，给刚刚起步的轮船招商局带来了很大的压力，轮船招商局亏损日益严重，难以长久运营下去。但是清政府认为轮船招商局"关系商务，不可半途而废，致为外人耻笑，并堕其得专中国利权之计"，于是开始从各方面扶持轮船招商局：首先，对其贷款采取"分年还本，缓缴利息"的措施，以减轻轮船招商局的压力；其次，通过加拨漕粮、官物承运来增加轮船招商局与外国轮船公司竞争的力量。在光绪三年（1877 年）招商局经济困乏时，清政府又规定："自光绪四年起，苏浙海运漕米必须照四、五成一律加拨，不准再有短少。""沿江沿海各省遇有海运官物，应需轮船装运者，统归局船照章承运。"又准许华商轮船在沿江沿海及内河不通商口岸自行贸易，以扩大轮船招商局的营业范围。

在清政府的扶持和华商的支持下，轮船招商局克服了重重困难和压力，逐渐恢复了生机，并且开始盈利。光绪元年（1875 年）盈利15 万余两白银，光绪二年（1876 年）盈利 34 万余两白银。

而外国轮船公司由于实行削价竞争，所得的利润也十分微薄，有时甚至无利可得。当时实力最强的美国旗昌公司，虽是在中国已经营业 10 多年的外贸轮船公司的巨擘，但是由于轮船招商局的竞争，其地盘日益缩小，亏损很大，经营难以为继。到光绪二年（1876 年）初，以旧式木轮船为主力的旗昌公司意识到它的设备条件已经远在以新式铁轮船组成的太古公司之下，丧失了自己一向拥有的优势，因此，即使挤垮轮船招商局，自己也无法恢复以前的盛况。同时，美国内战结束后，美国国内出现经济繁荣的景象，旗昌公司开始准备转移投资，并在光绪二年（1876年）8月发出收缩、出让的信号。

盛宣怀、唐廷枢、徐润等人得知消息，立即向李鸿章禀报，建议并购旗昌公司。但是李鸿章以巨款难筹为理由，踌躇未许。

光绪三年（1877年）年初，旗昌公司又通过瑞生洋行的经理卜加士达向徐润示意，愿以222万两白银的价格出让它所拥有的轮船、码头、库房等全部财产，其中200万两为旗昌公司的船队及其在上海的栈房、码头、船坞和其他各项资产的估价，22万两为旗昌公司在汉口、九江、镇江、宁波、天津的码头及洋房、栈房的估价，并同意先收100万两作为首付款，其余款项可分年偿还。旗昌公司还以公司经理人即将更换，机不可失为理由，力求早日达成交易。

当时唐廷枢正在福州出差，盛宣怀则在湖北经办矿务，眼见时间紧促，徐润与旗昌公司讨价还价，初步决定轮船招商局出资220万两白银，买下旗昌公司的全部资产。此时，轮船招商局只有11艘轮船在运营，公司的全部资本额也只有75万两白银，要花费200多万两白银买下旗昌公司的全部资产可不是件小事。徐润一时难以定夺，于是一面派人去福州请唐廷枢火速赶回上海，一面亲自去湖北找盛宣怀商量。

徐润将旗昌公司欲出售全部资产的情况向盛宣怀作了详细说明，盛宣怀自然知道旗昌公司撤资收缩的事情，但他也敏锐地意识到，如果旗昌公司被怡和或太古公司买走，那么轮船招商局以后将面临更加惨烈的竞争。

最后，唐廷枢、徐润、盛宣怀三人一致决定，必须抢先买下旗昌公司。然而，巧妇难为无米之炊，收购旗昌公司需要足足 220 万两白银。而因为价格战，轮船招商局的盈利已经非常低，根本拿不出 220 万两白银来。

怎么办？盛宣怀想到了李鸿章，于是马上写信向李鸿章求助，说明收购旗昌公司的重要性，请求李鸿章上奏清政府帮助筹款，在两个月内解决 100 万两白银的首付金。

很快，李鸿章就回信了，他要盛宣怀去找时任两江总督沈葆桢协商筹集资金之事。盛宣怀收过信后，立刻动身赶往福州找到沈葆桢，开门见山地说明来意。他张嘴就要 100 万两白银，让见过世面的沈葆桢也大吃一惊，心中暗想，就凭轮船招商局的利润，根本不可能还完这笔钱，如果答应借钱，只会给自己带来无穷的后患，于是他毫不犹豫地拒绝了盛宣怀的请求。

盛宣怀不肯罢休，继续与沈葆桢软磨硬泡起来。沈葆桢拗不过，同时看在李鸿章的面子上，松口同意从本省银库中借出 50 万两白银，另外 50 万两白银由浙江、江西、湖北等地方政府拨给，这样一共凑齐了 100 万两白银交给盛宣怀。

盛宣怀拿到 100 万两白银后欣喜若狂，马上赶回上海，将 100 万两白银首付款交给了旗昌公司。光绪三年（1877 年）2 月，轮船招商局与旗昌公司签订合同，成功收购了旗昌公司。在 3 月 1 日出版的《申报》上，轮船招商局和旗昌公司联合发表声明，凡是旗昌的旧客户，一律转到轮船招商局旗下，并享受同等待遇。

就这样，成立仅 4 年的轮船招商局，一举收购了财力雄厚的美国旗昌公司在中国的全部产业，一时间轰动了整个航运界。这也是中国公司第一次通过竞争并购庞大的外国公司，还直接从外商手中收回了部分中国江海的航运权。

在接收了旗昌公司的全部产业后，轮船招商局实力和名声大振，与太古、怡和公司形成三足鼎立之势。4 年后，轮船招商局不仅收回了收购旗昌公司的全部本钱，而且拓展了航运范围，开辟了许多新航线，除了上海、天津等大都市外，在整个长江沿岸都有了新码头、新货栈，远洋航线也扩展到了日本、美国、英国等地。

第七节　建言献策，为轮船招商局保驾护航

轮船招商局收购了旗昌公司后，实力大增，营运的轮船数量增加到 29 艘，一跃成为当时中国最大的轮船航运公司。但是随之而来的是，轮船招商局的包袱也加重了：一是欠政府的款项增加到了 190 万两白银，二是尚欠旗昌洋行的未付款 100 余万两白银，三是太古、怡和公司针对轮船招商局展开了更猛烈的削价竞争。

这一切，使扩展后的轮船招商局面临着重重压力和困难。光绪三年（1877 年）冬，为了尽早摆脱困境，轮船招商局与太古、怡和公司进行了谈判，签订了齐价合同。

盛宣怀分析了内外形势，认为轮船招商局要打破困境，在同外商的竞争中获胜，有必要实施改革，进行整顿。针对轮船招商局内部存在的问题，盛宣怀向李鸿章呈递条陈《整顿轮船招商局八条》，提出了 8 条整顿意见，分别是：官本应分别定息、轮船应自行保险、船旧应将保险利息摊折、商股应推广招徕、息项应尽数均摊、员董应轮流驻局经理、员董应酌量提给薪水、总经账应由驻局各员综核盖戳。

这 8 条意见因为符合轮船招商局的实情，为李鸿章所采纳，变成了轮船招商局的章程。一年多后，中国海关总税务司英国人赫德向清政府上呈《整顿招商局条陈》，提出了解决轮船招商局内部问题的最终办法：将轮船招商局改组成一个新的中外合资股份有限公司，轮船

招商局原有资产按三折左右折价转让给新公司。赫德想趁所谓"整顿"之机，达到使轮船招商局为洋商控制的目的。

盛宣怀一眼看穿了赫德的诡计，坚决表示反对，认为这样做只对中外合资的新公司有利，对外商资本有利，而对完全由华人出资的轮船招商局有损，最终会破坏轮船招商局的民族性，直接损害中国的利益。为此，盛宣怀向李鸿章提出了解决轮船招商局问题的具体办法：

第一，关于轮船招商局轮船、机器、房产等固定资产折旧的问题。

轮船、机器、房产等公司的固定资产，在使用过程中会产生损耗，每年都应当计算折旧费。轮船招商局在开办的最初三年里，对轮船、机器、房产等固定资产并没有计算折旧费，这是违反航运公司经营规律的。盛宣怀认识到了这一点，指出"洋商轮船公司局章，每年递折船旧，原因轮船值本新旧迥殊，如一船十年之后，价必不值十之五六，是以不折船旧，名虽有利，实则蚀本"，他主张"应逐年递折船旧，以固本原"。盛宣怀提议用轮船招商局"自保轮船所得保险利息，专备摊折船旧"费用。盛宣怀用轮船招商局轮船自我保险的利息作为固定资产的折旧费，不能算是很科学的固定资产折旧费的计算方法，但在轮船招商局创办之初与洋商竞争盈利不多的情况下，却是比较实际的可行之策。

第二，关于轮船招商局是否要购买新式轮船的问题。

盛宣怀指出，轮船招商局历年购买的船只存在很多弊病，比如价格昂贵、船只陈旧、耗煤多、行驶慢、装货量有限等，这样一来，船只的运营和修理费用非常高，难以获利。针对这种情况，盛宣怀认为，不如将成本高昂且不能获利的船只陆续减价出售，将出售所得的钱款存起来，以备随时购买耗煤少、行驶快、装货多的新式轮船。他甚至还说："即以二十条号之旧船，换成十条号之新船，亦尚合算。"因为目前看似吃亏，久后终能获益，这也是盛宣怀主张的"贵精不贵多"

之说。这种补救方法，就是降低消耗、增加利润，以达到战胜竞争对手的经营方法，在当时无疑是正确的、先进的。

第三，关于官款问题。

收购旗昌公司前，轮船招商局欠的官款有近百万两白银；收购旗昌公司时，轮船招商局又筹垫官款百万两白银，两者相加，共欠官款190万两白银。这样，官款大大超过了商款，轮船招商局既要筹还旗昌公司的122万两白银的欠款，又要对190万两白银的官款还本付息，实在是不堪重负。诚如盛宣怀所说："就现在局势而论，即使生意可保，而欠项累累，年复一年，终恐支拄万难。且当洋商争挤之日，既须外揽生意，再加内筹垫款，获利固无把握，归本更无定期。"照这样下去，轮船招商局将被欠款拖垮。

如何才能解决这一问题呢？盛宣怀提出了缓缴官款利息的具体意见：以5年为一期限，5年之内，逐年缴还官款的十成之一，免缴利息；5年之后，逐年缴还本官款的十成之一，利息按照商款均派。盛宣怀还解释说，这样做，"在商局缴本一成，譬缴一分之官息，在公中拨本一成，可望十年而归款，则官本之虑可释矣"，而且会打消一些洋人的不轨之心，使局员专心工作，股东们也会更有信心，可谓一举数得。

第四，关于轮船招商局是否任用洋人办事的问题。

在轮船招商局创设之初，盛宣怀就建议"戒洋人管事"，极力主张不要任用洋人来局中办事。收购旗昌公司之后，旗昌公司的船员也跟随船产一并移交给了轮船招商局，这些洋人船员在局中不仅担任重要职务，而且待遇非常优厚。盛宣怀以"怀远号"轮船的修理为例，指出该船成本只有4万两白银，而修理费竟高达10多万两白银，其他各船的修理也有类似的浪费情况。盛宣怀认为，这与原先旗昌公司的人员结构和当今商家的结构相冲突有关系，因此他主张精简外国员工，留下那些有一技之长的外国人，及早辞退那些没什么本事又拿高薪的外国人。

第五，关于轮船招商局用人的问题。

盛宣怀指出："局中司事，半属局员本家亲戚，虽其中非无有用之才，而始而滥竽，继而舞弊，终且专擅者不乏其人。"他认为对这些人的处理比较棘手，留之则有尾大不掉之虑，去之则又恐惹出其他祸患。但盛宣怀最终下定决心，不管怎样，这些人是非处理不可的，因为他们阻碍了轮船招商局的发展，对此他提出了解决办法：凡是轮船招商局职员的亲戚本家，无论才能如何出众，为了避嫌都应当予以辞退。这些人离开轮船招商局后，如果有对轮船招商局造成危害者，还要对在轮船招商局的亲戚追责。

尽管盛宣怀自光绪元年（1875年）开始分心湖北武穴煤矿的事务，但他仍密切关注轮船招商局的发展并参与轮船招商局的大事，因此他提出的解决轮船招商局问题的办法也就多为轮船招商局管理层采纳，在唐廷枢、徐润等人的配合下，轮船招商局一改旧日死气沉沉的局面，焕发了生机，业务越来越有起色，到光绪七年（1881年）就完全偿清了收购旗昌公司的欠款，从该年起开始偿还官府的欠款。

第八节　坚请督办

盛宣怀投身洋务运动，为轮船招商局的建立四处奔走、献计献策。他曾说自己最大的理想就是办大事、做高官。出身官宦世家的他，深知权力在社会上不可替代的作用，他从不避讳对权力的追求，因此一入官场就紧紧追随李鸿章的步伐，希图依靠李鸿章这棵大树获取更高的地位、更多的财富。

盛宣怀担任轮船招商局的会办，兼管漕运、揽载业务，比别的会办权力要大，但他并不以此为满足，想凭借会办的地位攫取更多更大的权力。

轮船招商局创办之初，大权一直掌握在唐廷枢、徐润的手中。盛宣怀明白，如果自己不掌握大权，不仅"大事"办不成，而且"高官"也无从做起。为了在轮船招商局中获取更大的权力，他开始了一系列的行动。

盛宣怀的第一步棋，是联合朱其昂兄弟共同对付唐廷枢、徐润。

本来，对于轮船招商局的经营，盛宣怀与朱氏兄弟对于是商本商办还是官本官办或商本官办的主张并不一致，但是当他打算向唐廷枢、徐润发难并企图夺权时，他就只能与朱氏兄弟站在一起。

盛宣怀与朱氏兄弟大力制造舆论，一唱一和地诉说自己无权。朱其诏毫不遮掩地说轮船招商局"主政为景（唐廷枢）、雨（徐润）二君……局中事宜全仗景翁、雨翁，诏亦不过随声画议"。盛宣怀还把自己在轮船招商局中"无权"的事实直接捅到李鸿章那里，说"职道在局除却为难之事，绝未一语会商。局内（被）视为无足轻重之人"。这句话表明了盛宣怀对自己在轮船招商局中的地位是非常不满意、不甘心的。

其次，盛宣怀控告唐廷枢、徐润办事不力，却对他人多方掣肘。

盛宣怀写信给李鸿章，诋毁唐廷枢、徐润办事无能。他认为唐廷枢、徐润有两大罪状：一是任用洋人管事，不合大清体统，应当"急宜及早斥退，以符定章而免后悔"；二是任用私人办事，轮船招商局中的职员多是二人的亲戚，"始而滥竽，继而舞弊"。

再次，盛宣怀对唐廷枢、徐润进行了笔伐，朱氏兄弟则在行动上对唐廷枢、徐润进行刁难。

有一段时间，朱其昂、朱其诏和盛宣怀因外出处理业务都不在轮船招商局，轮船招商局的关防印章交由朱其昂的胞弟朱粹甫管理。但朱粹甫手握关防印章，却经常不到局里办公，甚至屡请不到，使公事难办，弄得唐廷枢、徐润苦不堪言。

本来轮船招商局名为官督商办，实际上官府并未派"督办"，只有代表官方的朱其昂、盛宣怀两位会办。盛宣怀抓住这一空档，为自己谋取督办一职。

早在光绪三年（1877 年）初，盛宣怀就禀告两江总督沈葆桢，一方面借自己开采湖北煤铁矿"免致兼营两误"为由，请求免去他的轮船招商局会办一职，使他能够专心开采煤铁矿；另一方面又请求在轮船招商局中增设督办一职。他向沈葆桢建议，唐廷枢调赴福建、天津办理洋务，是否要添派大员督办主持局中大事。

沈葆桢在给盛宣怀的批示中写道：

> ……招商局甫将旗昌公司归并，置本较前更多，事务较前更繁。当此扩充精进之际，该道明敏干练，才识兼优，亟应督率经理，以裨局务而广财源。湖北开采煤铁，虽亦该道管理，然一水可通，常川往来，两事尽可兼顾，岂宜遽存去此就彼之心。即使李伯相（李鸿章）准另派大员，亦须该道为之引翼……所有招商局务，仰仍照前认真筹办，以副委任。

这个批示中的"仍照前"三字，虽表明不会提高盛宣怀的地位，但盛宣怀对于轮船招商局的重要性却得到了确认，尤其是"即使李伯相（李鸿章）准另派大员，亦须该道为之引翼"一语，更显出盛宣怀在轮船招商局中的分量。如此看来，盛宣怀升任督办一职只是时间迟早的问题了。

盛宣怀从沈葆桢的批示中也意识到了这一点，随即又请当时在天津的朱其诏代他当面征询李鸿章的意见。但李鸿章公务繁忙，朱其诏一时未找到机会向李鸿章禀报此事。

光绪三年（1877年），代表官方管漕运的朱其昂去世，盛宣怀趁机写信给李鸿章，坚请督办之任。盛宣怀在信中解释说，他之所以要"坚请督办"，一是"鉴于此局之难支，自求脱卸"（意为请别人来当督办），二是"鉴于工商之有成，故求拔擢"（请派盛宣怀本人来当督办）。盛宣怀进一步解释说，前者是求退，后者是求进，二者都不是他的本意。他在信中振振有词地说道："……创办以来，无日不危如卵石，未尝稍避劳怨，目前稍有效验，正可奋发有为，而何敢退葸也……自知诸事未谙，到处甘居人下，此后驾轻就熟，益思坐观成效，而何敢进求也。"

这话无论从情理还是逻辑上看都是矛盾的，尤其是在"进求"与否问题上更是如此。盛宣怀自评"诸事未谙""甘居人下"，其实是言不由衷的，实际是想说，我要么进，要么退，绝不久居他人之下，妥协停留。要么唐廷枢、徐润离开轮船招商局，让我大权独揽；要么唐廷枢、徐润留在轮船招商局，我选择离开。

盛宣怀在信中还向李鸿章表达了自己"一统商局"的决心："远则事无结束，近则机有转圜，奋身独任其艰难，未始不可挽救全局。南洋大臣谓：军营中常于营官中拔一人为统领，正名定分，何各不相下？然商务宜联以情，非如营物可绳以法，等而齐之，则名不正者事不成，驾而上之，则心不降者气不协。故中立不可，进更不可。"

在盛宣怀看来，他与唐廷枢、徐润已经到了"各不相下"的程度，这种情况会出现"名不正者事不成"，而擢拔他为督办，来驾驭这二人，协调轮船招商局，实在是势在必行。

光绪四年（1878年）11月，盛宣怀接到家中来信，告知他夫人董舜畹病危，盼他速归，董舜畹期望能见他最后一面。盛宣怀立即向李鸿章请假，赶回苏州家中。在接下来的日子里，盛宣怀悉心照料、陪伴妻子，一心盼望妻子的病情能够有所好转。

12 月，病魔还是无情地带走了董舜畹。此时盛康年岁已大，而盛宣怀的几个孩子尚年幼，无人照顾，于是盛宣怀奉父命让继室刁玉蓉主持家政。

夫人的去世，给盛宣怀的心头蒙上了一层阴影。因过度悲伤，没几天他也病倒了。在苏州卧病半个月之后，因唐廷枢等人 7 次来函催他返回轮船招商局，他不得已再次离开家人，回到轮船招商局，继续他繁忙的商务工作。

第九节　遭遇弹劾，离开轮船招商局

光绪六年（1880 年）11 月 28 日，时任翰林院侍讲的大儒王先谦等人向朝廷上疏，弹劾唐廷枢和盛宣怀，指控他们"营谋交通，挟诈渔利""以公款私自收买旗昌股票""恣意侵挪，略无顾忌"等。王先谦还特别指控盛宣怀在收购旗昌公司时"扣帑入己""侵渔中金"，若任其逍遥法外，是无国法也。他建议由南洋大臣、两江总督刘坤一查办此事。

王先谦不仅弹劾唐廷枢和盛宣怀，还请求清政府再次将轮船招商局收为官办，认为轮船招商局归商不归官，政府便无法对轮船招商局进行有效的控制，轮船招商局中的贪污舞弊之风就会愈演愈烈。

王先谦关于轮船招商局收为官办的提议没有掀起太大的波澜，但是他针对盛宣怀本人的弹劾却在社会上造成了巨大的轰动。这件事最终惊动了慈禧太后，慈禧太后下令李鸿章和时任两江总督刘坤一一同查办此案。

李鸿章清楚地知道，这件事牵涉的不仅是人事任免，还有一系列相关的经营管理制度，甚至轮船招商局的基本运营原则，而所有这些都对自己构成了威胁。李鸿章打算派人到轮船招商局查账核实，但是遭到了唐廷枢、徐润的抵制。

他们直截了当地对李鸿章说，轮船招商局是商股商办，与官府无关，如果说因轮船招商局借了公款未还而来干涉，那就显得不合理了。并进一步指出：“官商本是两途，名利各有区别，轮船揽载是为利，非为名，生意一端未有利不敷而能持久也……夹杂官商，实难全美。”进而请求撤销对轮船招商局的核查。

李鸿章虽然不高兴，但一时也不好拿唐廷枢、徐润怎么样，毕竟二人都是自己选定委派的。李鸿章也知道以盛宣怀的为人，不会做出让他难堪的事，但是为了服众，他还是请美国驻上海总领事作为第三方，到旗昌公司查账。事实证明，盛宣怀的确没有私拿回扣。

但是，与李鸿章一同办案的刘坤一却执意要查处盛宣怀。此时，刘坤一正处于和李鸿章争权的关键时期，他认为趁此机会把李鸿章的这个得力助手打压下去，对于自己未来仕途的发展大有裨益，所以他一口咬定盛宣怀有侵吞公款的行为。

很快，刘坤一就给出了自己的“调查结果”。但是与王先谦将唐廷枢、盛宣怀二人一概而论不同，刘坤一主张将二人区别对待。对于唐枢廷，刘坤一先贬后扬，“先买旗昌洋行股票一节，亦难保其必无。至谓如何侵吞，则尚无实迹”；“创办轮船招商局，唐廷枢颇费苦心”；“唐廷枢仍守旧章，渐收成效，事资熟手，素习外国语言文字，为招商必不可少之人”。

对于盛宣怀，刘坤一就没那么客气了，而是言辞激烈地加以指责：“……至盛宣怀之收买旗昌洋行轮船，人皆知为失算……盛宣怀面禀前督臣沈葆桢，捏称已集商股一百二十二万两，其实均为子虚，几至贻误。后虽多方借垫，始克弥缝，而所认息银益滋耗费……盛宣怀于揽载借款无不躬亲，而又滥竽仕途，于招商局或隐或跃，若有若无，工于钻营，巧于趋避，所谓狡兔三窟者。此等劣员，有同市侩，置于监司之列，实属有玷班联，将来假以事权，亦复何所不至！"①

最后，刘坤一建议立即将盛宣怀革职，不准其干预轮船招商局事务，以肃纪纲；而唐廷枢功过相抵，仍令他会同徐润，照旧经理轮船招商局。

刘坤一对待唐廷枢和盛宣怀的态度为何会有如此大的差别呢？其实这正是他的高明之处。他真正的用意是再度激化两人之间的矛盾，这样他就能联合一方对付另一方，等到一方被打垮后，剩下的一方势单力薄，只能俯首听命于自己。

可唐廷枢也不是等闲之辈，他看出了刘坤一的险恶用心，于是自告奋勇地站出来为盛宣怀辩护。他指出，收购旗昌时，"画押之日，盛道已回湖北"，付款是在画押之后，盛宣怀没有机会染指，此其一也。所谓"中金"，"即系酬劳中人经手奔走之费"。收购旗昌，买家与卖主面对面成交，绝未假手于人。可见其间并无所谓"中人"，无"中人"又何来"中金"！而且"中金"均在正价之外由卖主或买家或买卖双方均摊另给。既然不在正价之内，"弹劾"和"查复"所说在正价之内扣成入囊是没有根据的，此其二也。"查复"误以"花红为中金"。所谓"花红"即官府所说的"津贴"。被旗昌公司索要津贴10万两白银一事，是"因该行向办金利源公司每年得行用十万两，若将全帮轮船归并职局，那该行年中固少十余万两进款，而各口所用办事人等，又不能不津贴薪水盘川令渠回国，或另谋事业。所以议及花红一款"。而此项"花红"，均包含在220万两白银正项之内。此其三也。由此可见，"中金"固属子虚乌有，别人更不能沾染毫厘，诚所谓"以风影之词，生猜疑之柄"。

---

① 《刘坤一集》（第2册），（清）刘坤一著，陈代湘校点，2018，岳麓书社。

最后，唐廷枢强调："职道经手之事，固不便使盛道受不白之冤。总之，盛道于收买旗昌一事，仅与职道等主其议，而领款付款，盛道皆未经手，其因公而未因私，不言可知。且其在局从未领过分文薪水；凡遇疑难事件，顾公商酌，无不踊跃，向为各商所钦服。今以清白之身，忽遭污蔑，亦不得不代声明。"

唐廷枢为盛宣怀辩护的理由基本上是符合实际情况的。从中也可以看出，唐廷枢和盛宣怀分别作为轮船招商局中"商"与"官"的代表，虽然彼此存在分歧和矛盾，但是他们毕竟都在轮船招商局供职，也是轮船招商局的经办者，无论谁遭受"弹劾"对对方都是不利的，对轮船招商局的声誉和长远利益也是非常不利的。如果盛宣怀被判有罪，作为商总办的唐廷枢也难辞其咎。因此，唐廷枢选择了摒弃前嫌，为盛宣怀，也为轮船招商局，更确切地说是为他自己辩解、申诉。

光绪七年（1881 年），清政府又派江南制造局总办李兴锐、津海关道郑藻如、江海关道刘瑞芬调查此案，结果证实了唐廷枢的说法。当初旗昌公司画押的时候，盛宣怀已回到湖北而不在上海，而付款是在旗昌公司画押之后，所以盛宣怀根本没有机会染指其中，而且付款是双方面对面成交的，根本没有中间人，所以也就谈不上有回扣。所谓"中金"实为"花红"（赏金）。因旗昌公司向轮船招商局索要 10 万余两白银，用于遣送在中国各通商口岸所用的办事人等。三人还向朝廷上奏折，为盛宣怀辩白："前派会办招商局，证明不经手银钱，不支领薪水，嗣以屡次代人受过，坚辞会办。臣严密考察，该道勤明干练，讲求吏治，熟习洋情，在直有年，于振务河工诸要端，无不认真筹办，洵属有用之才，未敢稍涉回护。"

事后，有不少人为盛宣怀鸣不平。他们说，轮船招商局创办"系盛之力，以后俱是唐廷枢、徐润二人经理"，对盛宣怀受此不白之冤深表同情。

光绪八年（1882 年），历时两年之久的"招商局弹劾案"最终不了了之。经此打击，盛宣怀一时兴味索然。为了自证清白，他坚辞会办职务，李鸿章只得准许他不干预局务。

盛宣怀黯然离开了自己付出很多心血的轮船招商局，所幸此时实业界呼声很高的矿务业正在吸引着他，而发展实业迫切需要的电报、电讯业也在呼唤他去开拓一片崭新的事业天地。

第四章

湖北办矿，当『天下第一败家子』

在创办轮船招商局的同时，盛宣怀还兼管湖北煤铁矿的开采事务。同创办轮船招商局一样，盛宣怀对湖北办矿也投入了极大的热情。在长达8年的时间里，他在办矿的道路上筚路蓝缕，栉风沐雨，备尝艰辛。由于经验不足、资金短缺等原因，这次办矿活动最终失败了，盛宣怀为此变卖家产赔垫巨款，被父亲指责为"天下第一败家子"。

第一节　奔赴广济勘查煤矿

在同治十三年（1874年）、光绪元年（1875年），盛宣怀先后参与了两次外事活动：一次是作为淮军后路粮台参与台湾防务，奉命与日本大使柳原前光两次晤谈，积极发表对日本侵台的看法；一次是发表对"马嘉里案"的处理意见。

这两年，盛宣怀最大的收获莫过于实现了自己多年的愿望——开采湖北煤矿和独当一面地经办矿务。此前他参与轮船招商局的筹办活动，两次都未能当上总办，才能也得不到充分的发挥。自光绪元年（1875

年）起，他开始负责开采煤矿、铁矿，后来发展到统管煤、铁的开采和冶炼，终于开始施展自己的抱负。

盛宣怀从事煤矿开采活动，是适应了当时的时代需求的。

19世纪60年代初，西方列强利用不平等条约，开始向中国大量输入原料和商品，外国船只结队而来，频繁出入中国沿海各大港口，对煤炭的需求也随之增大。同时，西方列强在中国沿海通商口岸经营的工厂和企业也需要大量的煤炭。19世纪50年代后期到70年代初期，输入上海以供应外国工厂和企业的煤炭就从约3万吨增长到16万吨左右，而输入上海的煤炭大部分又是供应出入中国通商口岸的外国轮船所需。煤炭需求量的激增，使得西方列强开始考虑在中国就地取材开采煤矿，它们开始染指中国各地的矿藏，甚至公开派人擅自勘探。早在同治元年（1862年），美国驻华大使蒲安臣就利用其与总理衙门的关系，向恭亲王奕䜣推荐美国人庞伯里到京西矿区调查煤炭的蕴藏量。

随着洋务运动的深入开展，中国的军工和民用企业也得到了迅速的发展，对煤炭的需求量越来越大。清政府只得向外国购买煤炭，以维持军工和民用企业的正常生产。同治六年（1867年），清政府从外国进口的煤炭达10多万吨，支付白银100余万两；同治七年（1868年），从外国进口煤炭15万余吨，支付白银150多万两。清政府用于购进煤炭的款项逐年增加，负担越来越重，而且海上如果发生战事，外国轮船不能与中国通航，就无法从外国进口煤炭，于是清政府萌生了自己开采矿藏的想法。

同治十一年（1872年），李鸿章上奏折阐明了通过开矿以自强富国的想法。同治十三年（1874年），日本派兵侵犯中国台湾，李鸿章趁机再上《筹议海防折》，更为详细地讨论了如何通过开矿、造船等手段以图自强的问题。同年，李鸿章又与船政大臣沈葆桢共同上折，请开煤铁矿以济军需，获准先在磁州、台湾试办，从而在全国掀起了一场谋划已久的兴办矿务的大潮。

同治十三年（1874年）12月，李鸿章又一次向朝廷上折，建议在南方各省的滨江近海一带设法兴办煤铁矿务，随即密谕盛宣怀查勘中国地面产煤产铁之区。

光绪元年（1875年）春，李鸿章委任盛宣怀试办湖北煤铁矿务。5月23日，盛宣怀以轮船招商局的名义用密函告诉富有探矿采矿经验的同知衔候选知县张斯桂，前往湖北广济县武穴盘塘（今湖北武穴市盘塘村）一带的山脉勘查煤矿资源及相关情况，并且采集煤块带回上海化验。

张斯桂是慈溪庄桥马径村（今浙江宁波市江北区马径村）人，秀才出身，曾与美国传教士丁韪良互为师生，学贯中西，被丁韪良视为"中国文人阶层中最优秀的一类典型"。咸丰四年（1854年），浙江漕粮改由海运，宁波北号船帮集资向英国购买了中国近代第一艘轮船"宝顺轮"，张斯桂担任"宝顺轮"的船长。洋务运动期间，张斯桂先后进入曾国藩、沈葆桢等人的幕府，受到重用。

张斯桂接到盛宣怀的密函后，随即赶赴湖北广济县阳城山一带访查。20天后，盛宣怀收到了张斯桂的回信。张斯桂在信中评价盛宣怀选择的这个地方说："真属产煤处所，随处都有，开挖亦易。且距沿江水际，近在三四里，远不过七八里，运载亦不费力。"

盛宣怀读信后兴奋不已，赶紧将张斯桂的勘察结果写信禀告李鸿章。李鸿章也很兴奋，随即复函谕令盛宣怀先集股本，酌议章程，会同湖北汉黄德道台李明墀筹划煤矿开采事宜。

但广济县这边出现了一些新的状况，当地的士绅、乡民听闻官府要派人来开采煤矿，认为这种行为会破坏风水，引发灾难，于是出面阻挠。5月，广济士绅、乡民数十人向广济知县上呈禀状，声言阳城山的煤矿万万不可开采。广济知县收到禀状后，并未直接出面干涉，而是写信给盛宣怀，要求他到达广济县后对士绅、乡民加以开导，尽快解决问题。

光绪元年（1875 年）7 月初，盛宣怀赶赴湖北，联络省里的相关官员开导广济地方官员、士绅，强调开采煤矿后会与地方官民利益共享。7 月 19 日，盛宣怀从武昌赶赴武穴勘查，士绅们仍然坚持说开矿会引发灾难，极力阻止盛宣怀开矿。盛宣怀一面要求广济知县出示文告，晓谕官民不得阻挠开矿，一面暗中嘱托武穴地方有声望的士绅劝说民众，并承诺将捐资在当地修建堤防、兴办书院，另外还推举有声望的士绅为董事。这样，人们才改变了态度，同意盛宣怀在本地开采煤矿。

7 月 24 日，盛宣怀雇用当地民工先在盘塘试挖煤矿，两天后挖出了煤块，继续深挖三丈许、横挖两丈许，清楚地看到了煤脉。盛宣怀大喜过望，长长地舒了一口气。

8 月 31 日，盛宣怀从武穴返回上海，随即将在湖北勘查、开挖煤矿的情况详细禀告了李鸿章。李鸿章对他嘉许了一番，勉励他再接再厉，做好大规模开采煤矿的准备工作。

第二节　陪同洋矿师马不停蹄勘矿

兴办矿业在当时是一项前无古人的首创之举，没有现成的经验和技术可以借鉴，无人知晓如何科学地勘探矿藏，使用何种机器开采，突然间要大规模地开采煤、铁等矿藏，其难度可想而知。

当时，可供选择的开采矿藏的办法有两种，一种是采用土办法开采，一种是进口外国的新式机器来开采，而这两种办法都被朝廷和一些洋务官员否定了。李鸿章在任湖广总督时曾向朝廷上呈奏折，提出由地方官府负责、由洋人主持兴办矿业，但是招来一片反对之声。所以只有一条路可走，那就是聘用洋矿师，依靠洋矿师勘矿和指导中国人开矿。

盛宣怀从湖北返回上海后，李鸿章就密令他物色、聘请洋矿师。对于需要聘请的洋矿师，李鸿章给盛宣怀的批示是，雇用洋矿师要"妥立合同，试验有效，权操自我"。盛宣怀按照李鸿章的批示，开始了聘用洋矿师的工作。

光绪元年（1875年）12月19日，盛宣怀通过徐黼升用重金从日本请来了英国矿师马立师。盛宣怀第一次见到马立师时，马立师说话含糊其词，表现得不甚自信，这使盛宣怀对马立师的能力产生了怀疑。但他一时又请不到更为合适的洋矿师，再加上急于开矿，最终还是与马立师签订了合同，但合同期限仅为半年。合同规定："该洋人既充本局监工，无论大小事体总当听从本道主使，谨慎妥当，诚实办事。礼拜日仍应照常办公。并经随时随事先行禀明本道，斟酌妥当，方准照办，不得擅自主张。"合同体现了盛宣怀自主办矿的决心，也表现了他审慎的态度。

光绪二年（1876年）3月中旬，徐黼升陪同马立师从上海来到武穴盘塘。马立师随即在广济仙姑山莲花庵附近开工打钎，接着又到兴国、广济勘查矿藏情况。6月，马立师致函盛宣怀说："在莲花庵之左近，似乎可冀得有煤苗……照洞中现能鉴出之石色，当可有煤，但须深至三百尺方可定夺。"这时按照合同规定，马立师的聘用时间恰好到期，马立师要求延长期限，并对盛宣怀说，如果还挖不出煤就马上停业。盛宣怀答应了他的这一要求。然而到了9月，莲花庵处打钎已到370尺，还未见到煤层。马立师要求另寻别处打钎，盛宣怀没有同意，当即辞退了马立师。

马立师勘矿不但没有成功，而且耗费了不少资金，给湖北矿务的前景蒙上了一层阴影。外界有人开始指责盛宣怀，李鸿章也心中不快，但考虑到湖北矿务处于初创阶段，他还是以安慰的口吻对盛宣怀说："中国用西法开矿，事系创办，洋匠高下访询殊难确实，此皆不足引咎。"同时他也告诉盛宣怀："局面不必阔大，必须试办有效，再行逐渐开拓。"

面对失败，盛宣怀没有气馁，而是更加坚定地投入到勘矿的工作中。光绪二年（1876 年）6 月，在李鸿章的授意下，盛宣怀在盘塘建造房屋，正式设立湖北开采煤铁总局，下设广济官煤厂。盛宣怀又费尽周折，委托清政府驻欧洲的几位驻外使节帮忙寻找合适的勘矿人才，几经周折，终于在 9 月中旬从英国聘请了一位名叫郭师敦的洋矿师。光绪三年（1877 年）1 月，经过严格的考核，盛宣怀与郭师敦签订了为期 3 年的聘用合同，另外又聘用派克、谭克两名矿匠作为郭师敦的助手。

这一次，盛宣怀算是找对人了！郭师敦不仅精通矿务，而且熟谙机器原理，曾在同治十年（1871 年）赴美国煤矿公司襄理矿务，具有丰富的实地勘矿经验。盛宣怀对郭师敦的到来非常高兴，希望他能勘到好矿，为湖北矿务带来转机。矿师问题解决后，接下来就是积极勘矿、开采和冶炼了。盛宣怀提出要依照"先煤后铁""以铁为正宗"的思路进行勘矿、开采和冶炼。李鸿章表示赞同。同时决定购买国外新机器，采用新法开采和冶炼铁矿。

随后，盛宣怀陪同郭师敦马不停蹄地到各地勘矿，先后勘查了兴国（今湖北阳新县）、广济、大冶、兴山（今湖北宜昌市兴山县）、归州（今湖北宜昌市秭归县归州镇）、荆门、当阳等地。经过勘查，郭师敦认定兴国、广济、归州、兴山等地均无好煤矿；荆门当阳观音寺的窝子沟和三里冈两脉煤层厚度为一尺七寸到二尺，蕴藏量有 200 万吨，煤质坚好，属于优等；兴国蕴藏锰铁矿，质量比欧美的要好。

大冶的铁矿是好的，蕴藏量有 500 多万吨，含铁率高达 62%，能炼出上等好铁。此外，武昌滨江的西山、樊山等地也发现有铁矿。郭师敦不愧是一位优秀的勘矿师，经他勘定的矿藏，为中国近代矿业的兴办提供了科学依据，特别是荆门、当阳煤矿和大冶铁矿的发现，为后来张之洞在汉阳创办铁厂奠定了基础。

盛宣怀对湖北办矿投入了极大的热情，在陪同郭师敦勘矿的过程中，每到一地，他都在郭师敦身边仔细认真地学习如何勘查考证，如何辨清矿藏的位置、质量、含量。

在郭师敦发现兴国的金属矿矿脉多源自大冶，请求盛宣怀到大冶验矿脉时，盛宣怀立即查阅大冶县志，得知大冶县北的铁山、白雉山一带皆产铜铁，自三国至隋唐屡经开采。盛宣怀欣喜万分，立即向湖北巡抚翁同爵呈交报告，请求准许洋矿师到大冶勘查。经翁同爵批准，盛宣怀陪同郭师敦从宜昌出发，到武汉沿线探寻煤铁矿。

光绪三年（1877 年）11 月 23 日，盛宣怀和郭师敦先到白雉山选取了矿石标本，接着又来到铁山，选取了一些矿石标本，带回宜昌化验。郭师敦对矿石标本进行化验后，写了一份详细的勘矿报告，他在报告中指出："大冶县属铁矿较多，各山矿脉之大，惟铁山及铁门槛二山为最……验诸四周，矿石显露，足征遍山皆铁……探见铁层铁脉约有 500 余万吨之数。若以两座熔炉化之，足供 100 余年之用……统计净铁质 60 分至 66 分，通计净质 63 分之多。"

这次，盛宣怀吸取了上次聘任洋矿师马立师的失败教训，看了郭师敦的勘矿报告后，他又和郭师敦会同大冶知县林佐到铁山复勘铁矿，并雇人在铁山四周试挖，最终确认该山确实遍山皆铁。盛宣怀马上通过林佐买下了老铁山及附近有矿的山地，接着又与林佐、郭师敦等人勘查水陆运道及适合建厂安炉的地址，打算兴建新式铁厂。

盛宣怀与林佐、郭师敦一行从铁山起程，勘遍大冶县沿江一带上自黄石港、下至石灰窑等地，又勘武昌（鄂州）、黄冈所属南北两岸上下百余里的地方。郭师敦经过再三比较，认为只有黄石港东一里许的吴王庙（今沈家营）圩内较合适建厂安炉。这里有田地数百亩，地势宽敞开阔，附近的白石山上有煤、铁、锰等矿藏，运煤、炼铁都较方便。盛宣怀采纳了郭师敦的意见，决定在大冶黄石港东兴建中国第一家新式铁厂——湖北铁厂。后因经费难筹，未获李鸿章批准，在黄石港东兴建湖北铁厂之议被搁置。

随后，盛宣怀又和郭师敦带着从铁山选取的矿石样本，到上海制造局用铁炉试炼，通过对炼出的铁样进行检验，证实大冶铁山的铁矿石可炼出上等生铁。此时距离盛宣怀于光绪元年（1875年）开始经营湖北矿务已过去了三年，现在终于炼出了合格的铁样，湖北煤铁矿务初见成效，前景一片光明。

光绪四年（1878年）春，中国北方遭受了有史以来最大的一场旱灾——"丁戊奇荒"，1000多万人被饿死，2000多万人逃荒，被称为"二百年未有之灾"。清政府命令李鸿章全权负责赈灾事务，李鸿章急令盛宣怀从湖北赶赴天津协助办理河间府（治所在今河北河间市）的赈灾事宜。盛宣怀不辞辛劳，勤勉办赈，还带头捐款、筹措钱款、物资救助难民，并筹建广仁堂、戒烟局等慈善机构，收养老幼孤寡，劝民戒烟。他不顾受灾村庄的疫情，进入灾民家中调查受灾情况，因此感染疾病，落下了哮喘的病根。

办赈期间，盛宣怀结识了江南慈善名士李金镛，并与之建立了深厚的友情。李金镛是江苏无锡石塘湾陡门李巷村（今江苏无锡市惠山区洛社镇天授村）人，晚清新型义赈活动的创始人之一。他早年随父经商，后赴上海经商，开设招商客栈。咸丰六年（1856年），李金镛奉父命随江苏名医谢元庆在金陵一带赈济难民，深得谢元庆赏识。咸丰十年（1860年），李金镛捐得候补同知衔，投效淮军，其间多次筹集资金，帮助穷苦百姓。

光绪四年（1878 年）7 月，盛宣怀以"矿务既属兴利之大端，而得人尤为办事之先务"，以及自己事务繁忙为由，向李鸿章举荐李金镛出任湖北开采煤铁总局总办，并且建议调派苏州绅士金德鸿随同李金镛一道前往湖北开采煤铁总局办事。李鸿章经过审察，批准了盛宣怀的建议。

第三节 资金断裂，办矿梦破灭

煤矿、铁矿相继找到了，铁样也炼出来了，盛宣怀信心十足、意气风发，准备在湖北大干一场，兴办湖北煤铁矿务，做出一番令人刮目相看的成就，好让朝廷上上下下知道他盛宣怀不是一个等闲之辈，同时也借此洗刷自己以前在轮船招商局蒙受的耻辱。

然而，接下来出现的一个巨大难题，击碎了盛宣怀的美梦，使他一下子从云端跌入了深渊。

光绪五年（1879 年）4 月 25 日，郭师敦对矿区范围内的煤层煤质、开采规模、使用机器、人力使用及所需资本等作了详细核算，并向盛宣怀做了汇报。盛宣怀一听如同当头挨了一棒，睁大着双眼，一句话也说不出来。

原来，根据郭师敦的估算，开采煤铁矿需要一笔巨大的资金，单是荆门煤矿机器设备一项就要花费 5.5 万两白银，还不包括其他的人工、安装、运输等费用；煤炭出口运输到长江通商口岸极为困难，从煤炭产地往长江通商口岸运煤，先要用牲畜将煤运到观音寺，再由观音寺用小船装运，随后换大船装载，这段路程不但运输成本昂贵，而且在河水干涸期无法运煤。如果想降低运输成本，不受河水干涸的影响，那么从煤炭产地到江边就必须修建铁路，修建费用至少得 40 万两白银。如果不修铁路，产矿规模就得缩小一半。如果想实现荆门的煤与大冶的铁同时产出，荆门的煤供大冶炼铁之用，各式设备添置齐全约需 12 万两白银。总的来说，开矿加上修建铁路，需不低于 50 万两白银；不修铁路而煤铁同时生产，也需 20 万两以上白银。而湖北开采煤铁总局在创办时领取的官款只有 30 万串铜钱（折银 18.5 万两），不足 20 万两白银，并且目前已用去一半以上。

不管采用哪一种方案，资金都远远不足，怎么办？摆在盛宣怀面前的只有两条路：一是停办，二是继续办下去。

停办？这是不允许的，办矿前期已经花费很多人的心血，投入了不少钱财。贸然停止，违背初心，无法向朝廷、李鸿章和百姓交代。

继续办下去？那就必须解决资金问题。而清政府财政亏空，是不会再拨款给湖北开采煤铁总局的，那么钱又从何而来？

盛宣怀心急如焚，找来在局中总办局务的李金镛等人，一起商议如何解决开采湖北煤铁矿所需的资金问题。

经过一番商讨，盛宣怀向湖广总督李瀚章提出了两个解决方案，请求他定夺。

> 如仍归官办，拟请在制造、海防项下每年拨款，以煤熔铁，以铁供制造，联为一气。而以前首五年用款，援照制造局奏销。此一策也。如谓矿务与制造有别，拟请截止官本，另招商股，遣撤洋匠，专办煤矿，一听商之自为成否。而已用之官本若干，不得已请就截存之官本生息弥补，毋庸奏销。此一策也。

盛宣怀的真实意思是，湖北开采煤铁总局要像上海制造局那样官本官办，所需款项均由官府拨给；如果不官本官办，就招商集股，缩小规模，专办煤矿，将剩下的官款存入钱庄、典当行，用利息慢慢归还官款。盛宣怀确实聪明过人，想出了这样的"万全之策"。这样一来，他就将问题全推开了，让外界来解决，自己一点损失和责任都没有。

前一策，实际上是把煤铁的开采与冶炼生产作为军事工业的附庸，这是扼杀煤铁生产的办法，从盛宣怀当时的思想水平看，前一策并非他的本意，而且也行不通。这样，湖北开采煤铁总局要办下去，只有实行后一策——招商集股、商本商办。

对于盛宣怀的提案，李瀚章不置可否，没有做出批复。

盛宣怀又将提案上禀李鸿章，请求他批示处理。很快，李鸿章就给盛宣怀发来批示，明确指出："所请各拨一万五千两，均毋庸议。"看来，李鸿章也很赞成后一策。他指示盛宣怀："若因经费不继，中道而辍，未免可惜。应照所拟招商开办之一法，较为便捷"，责成盛宣怀、李金镛招商集股，筹办湖北开采煤铁总局。对于湖北开采煤铁总局原领的 30 万串铜钱官款，李鸿章作了如下规定：剩余的 14.2 万串铜钱停止使用，存入胡雪岩在江苏、汉口等地设立的各个典当行中，以利息逐年归还官款。李鸿章责成盛宣怀一人清理债务，以恪守信用，做到有始有终。

遵照李鸿章的批示，盛宣怀于光绪五年（1879 年）5 月停办湖北开采煤铁总局，另外开办荆门矿务总局（又称湖北矿务总局）。实际上，荆门矿务总局只不过是将湖北开采煤铁总局的名字换了，由官办改为商办，仅此而已。8 月，荆门矿务总局在当阳观音寺正式开局营业，由盛宣怀与李金镛共同主持。

由于所勘煤矿运输艰难，一时又难以修建铁路，勘煤工作只得暂时停止。郭师敦向盛宣怀提出了返回英国的请求。盛宣怀给郭师敦开了证明单，对这位英国矿师高超的技术水平、认真负责的服务态度及所取得的成绩给予了高度评价。之后，郭师敦离开荆门矿务总局，乘船回国了。

由于此前盛宣怀在河北办理赈务成绩卓著，李鸿章也就原谅了他在湖北办理矿务的过失。在李鸿章的示意下，轮船招商局总办唐廷枢上书力保盛宣怀，将他描述成创办轮船招商局的大功臣。这年11月，经李鸿章保荐，盛宣怀代署天津河间兵备道（明清道台之一，负责管理地方兵马、钱粮，维持地方治安等）。

第四节　变卖家产，赔垫巨款

荆门矿务总局开业后，盛宣怀与李金镛积极开始了招商集股的工作。

盛宣怀与李金镛商议制订了《湖北荆门矿务招股简明章程》，商定招募商股10万两。然而这次的招股工作却不那么顺利，毕竟矿务不比船务，招股难度要大得多，经过两次招股，也只招到500股实银5万两，这和煤铁同时开办需用的资金相差甚远。

无奈之下，盛宣怀决定采用土办法采煤，并将情况向李鸿章做了汇报。李鸿章也考虑到资金严重不足的问题，在批示中吩咐盛宣怀："先用土法开采，洋法炼铁……待煤无匮乏之虞，方敢议于铁矿"，他主张规模应由小而大，由浅入深，将来能见利益，再议扩充。

因此，荆门矿务总局这段时间的工作主要是采买当地百姓自行开挖的劣质煤，然后转运到沙市以下各口岸销售，从中牟利，实际上并未开采荆门、当阳矿区窝子沟一带的上等好煤。盛宣怀自己也曾说："名虽开采，实则签地未动。"而百姓开采的煤，质量不好，并不符合上海制造局的火炉和轮船招商局的轮船的用煤标准。

光绪六年（1880年）12月，盛宣怀继续招商集股，但是情况仍然不佳，响应者寥寥无几。结果荆门煤矿未能扩充，大冶熔铁炉也未能开办，预期的目标均未实现。

湖广总督李瀚章对此极为不满，他在光绪七年（1881年）总结荆门矿务总局三年来运营不佳的原因时指出，荆门矿务总局没有实现"兴久经未开之地利，收外洋之利权"的目标，反倒是滋生了很多弊端：管理不善；不事生产；贩卖民煤以转售，以垄断的行为掠夺平民百姓的利益，损害平民百姓的生计。他还指责荆门矿务总局"上损国税，下碍民生，而于洋煤无毫末之损，于公亏无涓滴之益"，要这样的矿务局干什么？因此他建议裁撤、停办荆门矿务总局。李瀚章由盛宣怀的支持者变成了盛宣怀的反对者。

闻知湖北煤铁开采工程失败，李鸿章大为恼火，他对盛宣怀的一腔热望化成了冰水。李鸿章坐在天津直隶总督府大堂的太师椅上，脸色阴沉。他给盛宣怀发去公函，严厉训斥盛宣怀，先是批评盛宣怀"前办武穴煤矿数年，既无丝毫成效，反多亏累官帑。此次开采荆煤，未几交金董接手，皆官气太重，事不躬亲，一任司事含混滋弊……实属办理荒谬"，后又斥责他"前办武穴煤矿，迄无成效，反亏官本，本系自不谨慎……何其好为大言也"。作为盛宣怀最大和最有力的支持者，李鸿章的态度意味着盛宣怀的洋务事业已经处于十分危急的关头。

对于李鸿章的训斥，盛宣怀并不服气，写信给李鸿章为自己分辩。

关于广济煤厂经营失败的原因，盛宣怀解释说，广济的煤散而不聚，松而不坚，无法利用，煤质如此，不是人力所能改变的；广济开矿失败，虽然对于官商来说不利，但对于当地百姓来说还是获得了许多益处，因此不能认为广济开矿只是有害无益。至于荆门矿务总局经营失败，盛宣怀认为司事金德鸿要负主要责任，他并没有什么过失。

结果，盛宣怀又遭到李鸿章的严厉训斥，李鸿章批评他只会作口舌之争，不能实现既定目标，又不能主动担责，并勒令裁撤荆门矿务总局。

这时，原本对李鸿章大办洋务而眼红无比的顽固守旧大臣们，抓住盛宣怀开采湖北煤铁失败的事情不放，指责李鸿章包庇、袒护盛宣怀，对李鸿章进行口诛笔伐。攻击李鸿章的恶浪一浪高过一浪，一浪凶过一浪，李鸿章几乎要被这股恶浪吞噬。

盛宣怀开采湖北煤铁失败的消息最终传到了慈禧太后的耳朵中，慈禧太后大为震惊，立即派专人清查、盘核账目。盘账的结果是盛宣怀需赔垫 1.6 万余串铜钱，至光绪十年（1884 年）结案。

实际上，因为钱庄破产，存入钱庄生息的矿务本金化为泡影。盛宣怀赔垫的数额远超过这个数字。光绪十六年（1890 年）5 月，盛宣怀致电张之洞，说自己"徒抱苦心十五年，空赔公款十五万（两）"。

当一份亏损高达 15 万余两白银的账单送到李鸿章手中时，李鸿章恼怒不已，这时他也顾不上自己与盛家昔日结下的情谊，责成盛宣怀自己想办法，自己掏腰包赔垫所有亏空。

对于李鸿章这一决定，盛宣怀非常不满，后来他向当时的户部尚书阎敬铭诉苦："俸自李傅相奏调十四年，差缺赔累，祖遗田房变卖将罄，众皆知之。今再被此重累，恐欲求吃饭而不能。父年古稀，无田可归。从此，出为负官债之员，入为不肖毁家之子。"

15 万余两的白银上哪去凑？官府是不用指望了，找亲朋好友借，这么多的白银谁又能拿得出？盛宣怀只好回到家中，与父亲商量，变卖了家中的大部分田地、房产、店铺，用来偿还巨债。盛宣怀也因此被父亲指责为"天下第一败家子"。

盛宣怀经办湖北矿务，以轰轰烈烈开场，以几近倾家荡产告终。其间他屡经波折，饱经风霜，备受各方指责，承受了常人难以承受的压力和痛楚，以致很多年后他对这段经历仍然难以释怀，时时提及。

公平而论，盛宣怀对湖北煤铁矿开采工程的失败应负有一定的责任，但是事属创始，加上洋矿师马立师技术低劣，勘矿失误，后虽改聘技术精湛的郭师敦，但运输困难、资金短缺等问题一时无法解决，不能完全算作盛宣怀一人的过错。而此次办矿失败所获得的经验教训也是盛宣怀今后办矿及兴办其他洋务不可缺少的，在踏足一场变革之初，交一些学费是不可避免的，也是值得的。

第五节　辗转千里，指导办矿

由盛宣怀主持的湖北煤铁矿务虽然夭折，但是却引发了全国投资办矿的热潮。

19 世纪 80 年代初，中国官商阶层的一些人士纷纷仿效外国人创办公司，集资兴办矿业的热潮此起彼伏，主要集中在煤炭开采、金属采掘和冶炼行业。这股热潮的兴起，有着特定的历史原因：一是近代军事工业进一步发展，对煤炭和金属的需求日益迫切；二是轮船招商局已经开办了近 10 年，带动了纺织、食品、缫丝等行业的发展，对煤炭和相应原材料的需求增大；三是要抵制外国人的公司对国内煤炭和金属等矿产资源的掠夺，就要兴办自己的公司；四是鸦片战争已经过去几十年了，商人和买办们通过经商积累了比较厚实的资金，希望从流通领域转向生产领域，而社会风气的渐渐开放也令地主、官僚们萌发了投资工矿业的想法。

当时，各种类型的公司如雨后春笋在全国出现。以上海为例，从光绪七年（1881 年）至光绪二十年（1894 年），建立的公司或工厂有 24 家之多。每逢一家新公司成立，都有大量的人疯狂抢购股票。在上海、徐州、长乐（今福建福州市长乐区）、鹤峰（今湖北鹤峰县）、池州（今安徽池州市）、金州（今辽宁大连市金州区）、荆门等地，开矿公司一经批准可以招商集股，人们就蜂拥而来，争先恐后地抢购股票，公司的创始资金一下子就集齐了。

盛宣怀办理湖北煤铁开采事务虽然失败了，但是他并没有因此气馁消沉、裹足不前，而是振作精神，以满腔的热忱投入到随之而来的全国性的投资办矿的大潮中。

早在光绪四年（1878 年），盛宣怀就注意到长乐、鹤峰地区紫铜、白铅含量丰富，并挖取了不少矿样请英国的矿师化验。他本来打算在这两地试办矿务，并且已经制定了成熟的办矿章程，但是由于李鸿章调他去直隶办理赈灾事务，最终没有办成，甚为可惜。

后来，对于如何办好矿业，盛宣怀根据自己在湖北办理煤铁矿务的经验教训，结合实际情况，提出了一套系统科学、切实可行的程序和办法。

第一，招商集资，忌领官款。这是他办理湖北煤铁矿开采事务得到的惨痛教训。盛宣怀指出，在招商集资时，投资人可按股本的十分之一提供试挖资金，试挖成功则投入全部股本，如果失败则按章程结算退还剩余股金。他还提出按资本主义的公司经营原则订立章程，以便科学地管理公司，应对政府的干预，摆脱封建专制政府对矿业的干涉和控制。

第二，因地制宜，开矿冶炼。比如，长乐、鹤峰地处山区，远离水道，矿石运输不便，"若就山中开炉，机器既不易盘入，且恐产矿之处散而不聚"，因此，不如用本地土法，随处设小炉子，随挖随炼，但求去其泥石，不求分提干净，然后选择靠近水源的地方，仿照西法用大炉细细冶炼。若用土法，可用本地人；若用西法，"欲求其精，非雇一洋人不可"。

第三，科学勘矿，持之以恒。盛宣怀认为，勘到好的矿源是办矿的前提，但仅仅这样还不够，还需要有持之以恒的精神。他以长乐、鹤峰两地百姓开矿的情况为例加以说明，这两地矿藏丰富，但是刚开始只是探出一线如藤丝般的矿源，谓之"藤苗"；再加深、加宽挖掘，矿积聚甚广，谓之"瓜苗"。当地人有的祖辈、父辈只挖到"藤苗"，到儿孙辈才挖出"瓜苗"。因此办矿不能急于求成，要耐住性子，持之以恒，才能有所成效。

概括而言，盛宣怀的办矿思想包括筹集社会资本、科学勘矿、降低成本、保证质量、提高生产效率等内容，这是符合近代民族工矿业发展要求的。

光绪八年（1882 年），盛宣怀拟订《试办山东滨海各铅矿章程》，并率矿师池贞铨等人到山东登州（今山东烟台市蓬莱区）等地勘查铅矿。之后，他又奉李鸿章之命成立金州矿务局，自任督办，郑观应任总办；接着他又率人到辽宁金州勘查煤铁矿。

由于盛宣怀当时正忙于处理津沪电线架线事宜，因此直到光绪九年（1883 年）春才开始购办探扦的机器。之后，盛宣怀一边着手聘请英国矿师，派冯颂南、张逸卿、池贞铨、林日章等人从烟台前往骆马山勘矿，一边着手招股 20 万两白银。郑观应首先认股，其他商人也踊跃认股，不数日，20 万余两白银就顺利筹齐。此时，盛宣怀又忙于闽浙电线架线分头开工事宜，并奉李鸿章之命与英商大东电报公司交涉，分不开身，只好另派上海电报学堂毕业生姚岳崧会同冯庆铺坐办金州矿务。

不久，金州等地矿藏勘查的初步结果出来了，铁矿质量最好的是苏家屯，储量也极为丰富。煤矿质量最好的是茶叶沟，铅矿以登州为最佳，骆马山虽产煤，但煤质远不如鸭绿江所产。矿师提议运鸭绿江之煤就苏家屯之铁，盛宣怀提出运苏家屯之铁就开平之煤，这两个方案均未得到同意。

光绪九年（1883 年）春夏，正值中法战争期间，电线事关军务大事，必须早日架好。但当时市场清冷，商人们对电报持徘徊观望的态度，盛宣怀只好暂时挪用金州矿款 20 余万两白银，以解燃眉之急。为此盛宣怀受到弹劾，清政府认为他办事含混，铺张失实，准备对他降级调用。

清政府责成曾国荃查处此事。曾国荃经过调查，向清政府上呈《查覆盛宣怀处分疏》，对盛宣怀作了较为公正的评价。他说："盛宣怀禀办苏浙闽粤省电线，系为抵制洋线侵入各口，以保自主利权起见"，因官款缺乏、商股观望，只得暂挪金州矿款以应急需，于国有利。另外，当时金州矿务处于搁浅状态，而沿海各省及长江电线系已成之局，以矿易电，股本无虑亏耗，于股民有利。再者，又值海疆戒严，而电线有关军务，比矿务更为紧急，盛宣怀"挪矿股归入电股皆据一再禀详，移缓就急，亦尚非有意含混。且苏浙闽粤电线所以速成，皆得该道移矿就电之力，于军务裨益尤大"。曾国荃的这番评价使盛宣怀免受降调处分，改为降二级留任。

从结果来看，移矿股于电线无论是对军事大局还是对商民都是有所裨益的，盛宣怀办事的灵活性和非同常人的魄力显露无遗。

经历了此次矿股弹劾事件，盛宣怀的办矿活动暂时告一段落。

自光绪元年（1875 年）受李鸿章委派办理湖北煤铁矿务以来，盛宣怀筚路蓝缕，虽官运也算亨通，但常常风餐露宿，备尝艰辛。为了兴办矿务，他远离家乡，离妻别子，抛弃安逸的生活，辗转各地，勘查矿情，组织人员开采矿藏，可谓呕心沥血、鞠躬尽瘁；办矿失败后，他又遭受众多官员的指责，甚至还自己掏腰包，变卖家产赔垫损失，几乎到了倾家荡产的地步，其中的甘苦唯有他自己知道。

盛宣怀办理矿务屡经挫折，既有主观方面的原因，也有客观方面的原因。盛宣怀后来也在不同场合对自己办矿失败的原因进行过不同的解释，包括资金不足、缺少支持、地形不熟、交通不便、运输艰难等。后人在分析盛宣怀办矿失败的原因时更是各抒己见，有人认为是管理体制的问题——官办或官督商办存在严重的弊端，盛宣怀未能处理好错综复杂的官商关系；有人指出盛宣怀矿址选择不当，缺少科学考证；还有人认为盛宣怀聘请矿师失误，浪费资金，经营活动偏离办矿宗旨，等等。

不管后人怎样评价，盛宣怀为兴办矿务所做的努力是值得肯定的。无论是从振兴工矿实业和军事工业以抵御外侮的出发点来看，还是从他本人在办矿过程中的积极表现来说，盛宣怀的早期矿务活动都应该获得充分的肯定。

长达 8 年的早期办矿实践，使盛宣怀获得了许多重要的经验教训，总结出了一套比较成熟的勘矿开矿的方法，探索出了兴办矿业的一般规律，并由外行逐渐转为内行。更重要的是，他为兴办矿务所做的开创性的工作，为中国近代矿业的大规模兴办奠定了基础，指明了方向。

第五章

重整旗鼓，进军电报业声名鹊起

参与创办轮船招商局被"踢"出局，经办湖北矿务失败又赔款垫上家产，但盛宣怀没有气馁，而是重整旗鼓，朝另一个崭新的行业——电报业进军。这次好运终于光顾了盛宣怀，在他主持中国电报局期间，电报线遍及中国大江南北，电报局盈利累累。作为中国电信业的鼻祖，盛宣怀在中国电信史上写下了浓墨重彩的一笔。

第一节　中国"电报梦"时代来临

自 19 世纪 60 年代开始，西方列强为了争夺中国的商品市场和原料供应地，以及进一步了解和传递中国的军政情报，制定侵华政策，竭力迫使清政府同意他们在中国架设电报线。从同治元年（1862 年）至同治五年（1866 年），俄、英、美等国陆续向清政府提出在中国内陆架设电报线的要求，但都遭到清政府的拒绝。

当时，清政府中的保守派官员坚决反对架设电报线。其中，态度最坚决的是时任直隶总督、三口通商大臣崇厚，他认为架设电报线于中国毫无所益，反而贻害无穷，洋人是想破坏大清王朝的风水，把大清王朝的地气全都吸走。

即使是发起洋务运动的改革派官员，意见也很不统一。两江总督曾国藩便反对架设电报线，认为架设电报线将使"小民困苦无告，迫于倒悬"，导致中外商人进一步"以豪强而夺贫民之利"的结果。

而时任江苏巡抚的李鸿章则支持架设电报线，并且非常看好电报的潜在价值。他认为："铜线（电报）费钱不多，递信极速，洋人处心积虑要办，将来不知能否永远禁阻。鸿章愚虑，窃谓洋人如不向地方官禀明，在通商口岸私立铜线……中国人或亦仿照外洋机巧，自立铜线，改英语为汉语，改英字为汉字，学习既熟，传播自远，应较驿递尤速。"他认为，建设电报线花费少，传递信息快。洋人迟早要在中国境内架设电报线，与其让洋人来建，不如自己建。只可惜李鸿章那时在朝中说话还没什么分量，他的意见未被清政府采纳。

果不其然，没过多久，洋人就开始行动起来了。

同治四年（1865年），英国利富洋行驻上海的负责人雷诺从川沙厅（今上海浦东新区）小岬到黄浦江金塘灯塔，偷偷建起了一条长21千米的专用电报线，埋设电线杆227根。没过多久，时任上海道的丁日昌秘密下令，让当地民众在夜间将这些电线杆全部拔掉。

同治八年（1869年）10月11日，沙俄政府与丹麦大北电报公司订立合同，准许丹麦大北电报公司从西伯利亚中部架设陆线通达海参崴，然后铺设海线到日本的横滨、长崎和中国的上海、福州、香港。丹麦大北电报公司由丹挪英电报公司、丹俄电报公司和挪英电报公司合并组成，表面上由丹麦人经营，实际上它的大部分投资来自英国、俄罗斯，大股东是沙俄皇室。丹麦与沙俄两国皇室有姻亲关系，邦交甚深，所以，大北电报公司的后台是英国和沙俄帝国。

同治九年（1870年）9月，大北电报公司获得在日本的海线铺设权与登陆权，开始铺设海参崴—长崎—上海—香港的海线，年底从香港往上海铺设的海线由轮船牵引到达上海吴淞口。同治十年（1871年）6月3日，大北电报公司擅自在长江口外的大戢山岛设立海线房，然后又在黄浦江右岸仓房头设立了第二个海线房，并把电线牵引至该公司设在租界的电报房。从此，中国与世界各地的电信联络正式开通了。与大北电报公司在上海开通电报时间相仿，英国大东电报公司从印度半岛东海岸马德拉斯铺设海线，经马来半岛的槟榔屿、新加坡等地到达中国香港，于同治十年（1871年）6月开通电报。至此，中国被纳入世界电报网络之中。

海线铺设成功并没有满足洋人侵夺中国电信权的欲望，为了便利陆上通信，他们又加紧攫取上海、福州、厦门等通商口岸的海线上岸权。洋人的种种行为，终于引起了清政府的高度重视，也认识到自主开设电报业务的重要性。

清政府真正痛下决心自办电报，是由一起海疆战事引起的。同治十三年（1874年），日本借口"琉球渔民事件"（1871年12月，琉球一渔船在海上遇飓风漂至中国台湾东南部，与当地高山族居民发生冲突，50余名琉球渔民被杀），悍然出兵中国台湾，我国东南沿海顿时警报频传。清政府委派福建船政大臣、督办南洋海防事宜的沈葆桢为钦差大臣，前往台湾巡视海防情况。

沈葆桢到达台湾后，深感台湾孤悬大洋之中，与福建交通阻隔，消息极不灵通，若真有大的战事，根本无法与朝廷保持联络，于是清政府上呈《会筹台湾大概情形折》，建议在台湾设立电报。他在奏折中说："台洋之险，甲诸海疆，欲消息常通，断不可无电线。"眼见国家危机日益加深，清政府终于摒弃了先前对国外电报技术的排斥态度，批准沈葆桢在台湾海峡设立电报线。不久，日本取消进攻台湾的计划，沈葆桢被调职，在台湾设立电报线的计划没能付诸实施。

大北电报公司侦知清政府有设立台闽电报线的计划后，向福建当局提议，要求承办福州至厦门的电报陆线，并附上一份有利于大北电报公司的合约草案。福建当局没有仔细审查合约草案条款，就与大北电报公司签订了合同，结果陷入被动的境地，骑虎难下。大清通商总局只得终止合同，最终引发了清政府与大北电报公司关于福建电报线的纠纷。

光绪二年（1876年）2月，丁日昌就任福建巡抚后，奉命处理这起纠纷。他亲自与大北电报公司交涉，将大北电报公司电报线、器物全部买回，并收购了福州至马尾港罗星塔的电报线，这条电报线最终成为中国自营的第一条电报专线。光绪三年（1877年），丁日昌利用去台湾巡视的机会，再次向清政府提出设立台湾电报局的请求。他亲自拟定了修建电报线的方案，并派电报学堂学生苏汝灼、陈平国等人负责落实。8月，旗后（即今高雄）——台湾府（即今台南）的电报线正式开工建设，同年10月11日工程竣工，全线长47.5千米。

中国电报线的迅速拓展是由李鸿章倡导发动起来的。在光绪三年（1877年）后，已经升任直隶总督兼北洋大臣的李鸿章继续推动着他的"中国电报梦"。

光绪五年（1879年）3月至5月，李鸿章在天津鱼雷学堂教习贝德斯的协助下，派盛宣怀、郑观应在大沽炮台和天津之间架设了一条长约64千米的军用电报线，接着又在天津兵工厂至他的衙署间架设了一条长约8千米的电报线，雇佣本地人做电报员。

天津的电报线架设完成后，李鸿章邀请光绪皇帝的亲生父亲醇亲王和其他皇室大臣到现场观看，这些人以前从未见过这么神奇的通信方式，纷纷赞叹不已。李鸿章趁机上书要求开设电报局和电报学堂，并保举盛宣怀为电报局总办，得到清政府的批准。

就在李鸿章在天津架设电报线的同时，胡雪岩和他的靠山左宗棠也产生了创办电报局的念头。当左宗棠被清政府委任为两江总督即将赴任时，胡雪岩趁机建议他创办电报局，并详细解释了电报的作用及对军事、经济的益处。

左宗棠当即向清政府上奏，提出开设电报局以通商救国。李鸿章得知左宗棠捷足先登，十分生气。盛宣怀安慰他说："现在太后对中国自主办电报一事一直犹豫不决，一些王公大臣和各地巡抚也都表示修电报惊民扰众，变乱风俗，此时上奏会令大家把矛头都对准他，而我们正好趁此机会多做准备工作，这样岂不更好？"李鸿章对此表示赞同。之后，盛宣怀悄悄地带着李鸿章的亲笔信来到上海，请在太古轮船公司任总经理的郑观应出山，共商创办电报局一事。

正如盛宣怀所料，大臣们为办不办电报局的事吵个不停，慈禧太后也拿不定主意，最后决定从长计议。左宗棠最后两手空空地南下，胡雪岩也只好将全部精力投入茶叶、丝绸生意。而郑观应看了李鸿章的信后大受感动，离开太古轮船公司，与盛宣怀一起开始了创办电报局的准备工作。

盛宣怀和李鸿章先抑后扬，谋定而后动，干净漂亮地赢得了开设电报局的胜利。

接着，李鸿章以中俄伊犁谈判一事为契机，进一步推动了中国电报线的建设。

光绪五年（1879 年）10 月，崇厚作为钦差大臣赴俄罗斯谈判，要求俄罗斯归还其在同治十年（1871 年）强占的中国伊犁地区。崇厚身为钦差大臣，却卑躬屈节，在俄罗斯的胁迫下擅自与其签订《中俄交收伊犁条约》（又称《里瓦几亚条约》），将大片领土拱手让与俄罗斯。消息传到国内，朝野震惊，舆论哗然，慈禧太后将崇厚革职拿问，改派曾国藩之子曾纪泽出使俄罗斯重订条约。

曾纪泽在俄罗斯与俄国人谈判，需要与清政府随时保持沟通。可北京没有电报，所以清政府与曾纪泽进行沟通时，先从上海拍发电报直通莫斯科，然后北京到上海这段是通过轮船传递消息，这样来回传递消息需要 10 多天。清政府深感消息传递不便带来的诸多麻烦，急于架设一条贯通南北的电报线。

李鸿章趁机上奏清政府，请求架设从天津至上海的陆地电报线，获得了批准。其实，李鸿章的这个设想是出自盛宣怀的建议。盛宣怀的儿子盛同颐在其所撰的《盛宣怀行述》中说："庚辰秋，府君亟请于文忠（李鸿章），照轮船局办法召集商股，奏设津沪陆线，通南北两洋之邮，遏洋线潜侵之患。"盛宣怀请办津沪电报线的建议显然被李鸿章采纳了。

获批架设津沪电报线后，李鸿章随即召盛宣怀入直隶总督府商量设立电报局的事。光绪六年（1880 年）9 月 18 日，李鸿章在天津设立津沪电报总局（中国电报局的前身），任命郑藻如、盛宣怀、刘含芳三人为总办。

在盛宣怀的提议下，李鸿章在天津设立电报学堂，聘请丹麦人博尔森和克利钦生为教师，委托大北电报公司向国外订购器材，为架设津沪电报线做准备。盛宣怀的机会终于到来了。

第二节　架设中国第一条长途电报线

光绪七年（1881 年）3 月，郑藻如奉命出使美、日等国，之后刘含芳也辞职，津沪电报总局的电报经营事务遂由盛宣怀一人负责。盛宣怀委任郑观应为津沪电报总局上海分局总办，着手筹划津沪电报线架设的具体工作。

津沪电报线架设工程是盛宣怀独自承担负责建设的第一项大型工

程。对盛宣怀来说，这是一项艰巨的任务，也是一次难得的机会。

就工程技术知识而言，盛宣怀从来没有接触过，一切对他来说都是全新的、陌生的。这项工程不仅距离长，而且从南到北地理环境、气候条件差异大，另外施工人员大多是新手，缺乏专业知识，其难度可想而知。能否圆满完成线路架设的重任，对盛宣怀来说确实是一次严峻的考验。

为此，盛宣怀向在电报工程与技术上有实践经验的郑观应请教电报知识和技术。郑观应曾参与大沽北塘海口炮台与天津之间的短途电报线的架设和试运营工作。为了便于用汉字发报，郑观应还将法国驻华人员威基杰编成的第一部汉字电码本《电报新书》改编成《中国电报新编》，为电报业务在中国的开展创造了条件。

郑观应成了盛宣怀完成津沪电报线架设工程的主要依靠对象。与此同时，盛宣怀也认真向丹麦工程师学习与请教，他还要求在电报学堂学习的每一个学员都必须认真完成学业。

为了尽快架设津沪电报线，盛宣怀聘请有经验的丹麦大北电报公司洋监工霍洛斯制定了详细的工程进度计划。盛宣怀与霍洛斯进行了反复的商讨，认为"材料及应用器具，必须分布各段以便临时取用，拟以二百里左右为一段，分作十六段为存材料处，除天津、临清、济宁、清江、镇江、上海、苏州七处本须设局外，其余兴济、连镇、故城、史家口、夏镇、台儿庄、宿迁、高邮、常州九处设存放物料栈房九处，已经酌妥，二等分局应设几处，再行随时督定"。对于施工技术人员及工人，盛宣怀也请洋匠做了培训。

为了便于施工及日后的日常管理，盛宣怀在与霍洛斯商议后，确定每50里设一巡电房，并选派本处巡兵2名，每月酌给津贴银数两，负责50里之内的电报线的巡逻。再由霍洛斯及各洋匠教会巡兵接线通电之法和日常维护、修理之法，以便遇损即修，避免耽搁。并由地方严谕各地段的地保认真看守，勿使损失。

为了电报传送与设施维护，盛宣怀在津沪电报总局下设立 7 个分局。据光绪七年（1881 年）12 月 4 日《申报》记载："自总局外，紫竹林、临清州、济宁府、清江府、镇江府、苏州府、上海县共立七分局，计共总分八局，每局各延洋人一名总司报务。"由于大沽分局早于津沪电报线而存在，津沪电报总局决定，在津沪电报线建成后将大沽分局也纳入其管辖范围。

为了提高工程效率，津沪电报线架设采取南北两地同时开工的方案，盛宣怀设立了南北两个督造津沪电报线架设工程的委员会，任命佘昌宁为北路负责人，王锦堂为南路负责人。王锦堂的两位助手俞书祥、黄文海都是从天津电报学堂选出来的。

光绪七年（1881 年）4 月，所有的器材都运到后，在盛宣怀的主持下，中国第一条长途公众电报线架设工程比预定的开工日期提前了一个多月，从上海、天津两端同时开工架设。

为了保证工程顺利进行，李鸿章除用淮军军饷垫付建设费用外，还动用军队协助施工，并逐段派兵巡逻保护，责令地方政府颁布晓谕，令"民人一体知晓，庶设线到境，不致阻碍耽延"，完全按照盛宣怀的建议开展建设。

7 月 5 日，上海的第一根电线杆在南京路上的大北电报公司门前竖立，这项浩大的工程开始了，约 50 步设一根电线杆，一路向北方铺设。8 月，电报线架至苏州。这时，新式的植杆工具挖洞铁钎派上了用场，将铁钎插入土中左右旋转，片刻即可挖成一洞，操作自如，观者啧啧称奇，再次提高了铺设线路的效率。

由于刚开始选定的苏州城内的施工路段狭窄，而且店铺林立，因此立杆工作非常困难，于是施工队调整施工路段，改在宽阔路段施工，工程进度明显加快，每日可架设 5 千米左右。施工时采取每建成一段即试通一段的办法，也为电报线的全线畅通提供了保障。8月中旬，上海—苏州段完工，当即试行通报。

8月18日，上海《申报》报道了电报线在苏州试通的情形："苏州电局员董以自申抵苏各处工程已竣，恭请抚藩臬三宪赴局试验。三宪均于午前亲自驾临发报至沪，即赴七襄公所午膳。膳毕，申局回信已到，时刻不爽锱黍。"也就是说，从苏州往上海发报，往返只需一顿饭的时间，与传统的驿递传送信息相比已是极大的进步，因此获得人们的赞叹。施工进程虽按最初的规划陆续展开，但是在施工过程中还是遇到了不少麻烦。

在有些地方，一些乡绅带领部分百姓阻拦施工人员，他们造谣说，工程队架设电线杆破坏了当地的风水，亵渎了庙里的神明，会给当地带来灾难。更为严重的是，施工队白天架设好了电线杆及相关器材，晚上就遭到百姓的破坏。

盛宣怀了解情况后，与地方官员联系，要求地方官员严肃查处破坏电报线事件，杜绝再犯，同时还请求地方官员在各地段安排地保，教育百姓，让百姓们认识到架设电报线的意义和作用。由于盛宣怀态度强硬，地方官员不得不照办。在经过一番劝导和惩罚之后，反抗的声音被压了下去，破坏电报线的事件也逐渐平息了。

为了确保工程如期完成，工程技术人员及施工工人风餐露宿，不惧恶劣的气候条件，冒着日晒雨淋加紧施工，克服各种困难抢赶工期。盛宣怀多次到有关工段视察，看望工程技术人员和施工工人，检查施工质量，与一线工人同吃同住，确保工程质量达到标准。

9月，南路电报线架设至江苏镇江，北路电报线架设至山东临清。11月，北路电报线架设至台儿庄。12月，南、北两路电报线在山东境内连成一线，工程基本完毕。

12月3日，总理衙门发出的一封电报由津沪电报总局传送至上海，再转由上海外国电线行转至德国公使署，这是中国第一封传送到外国的电报，是为"中国电报试传外洋之第一信"。

12月8日，津沪电报线架设工程宣告竣工。由于清江浦、济宁两处分局的机器尚未安装好，因此延迟至12月24日，全线才开始试通电报。在向公众开放之前，津沪电报线先由政府试用。12月28日，电报沿线各分局正式向公众开放营业，津沪电报线按时完工与运营。整个津沪电报线架设工程历时250多天，在盛宣怀的督促、协调及工程技术人员、施工工人的共同努力下，全长1537.5千米的津沪电报线全线贯通。

津沪电报线是中国第一条长途电报干线，它沟通了中国政治中心（京津）与经济中心（上海），还让中国联通了世界。

第三节　中外电报权争夺战中显身手

津沪电报线架设完毕后，受到了多方的高度赞扬。盛宣怀在观察国外的电报事业后开始意识到，电报事业不仅是一项可以用于军政大事的事业，自己还可以从中谋利。光绪八年（1882年）4月，为了扩大规模、提高工作效率，也为了从这庞大的事业中分一杯羹，根据盛宣怀的建议，津沪电报总局正式由官办改为官督商办，开始招股集资，盛宣怀、郑观应、经元善、谢家福、王荣和等人集股银8万两，成为股东。

此外，津沪电报总局还获得了架设国内电报线的专利权。这个消息一经《申报》报道，津沪电报总局及各地分局的股票一路飘红，价格暴涨，人们争相购买，盛宣怀、郑观应等股东也因此一夜暴富。这年冬天，盛宣怀将津沪电报总局迁驻上海，并改名为中国电报总局，盛宣怀仍任总办。

津沪电报总局成立后，洋商电报公司也加紧了瓜分中国电报市场的步伐，逐渐将电报线从海底向中国内陆延伸，对津沪电报总局的经营和发展构成了巨大的威胁。面对洋商的侵略行径，盛宣怀没有沉默，为捍卫中国电报专利权、振兴民族工商业，同洋商进行了一系列的斗争。

为了禁止洋商在中国内陆架设电报线，早在同治九年（1870 年）清政府曾做出"电报海线沉于海底，其线端不得牵引上岸，以分华洋旱线界限"的规定。但是丹麦大北电报公司无视清政府的规定，于同治十二年（1873 年）偷偷架设吴淞至上海的陆路电报线，清政府发现后，屡次命令大北电报公司拆去该条电报线，但大北电报公司凭借背后的列强势力拒不执行。不仅如此，大北电报公司还在厦门将海线牵引上岸。

为了打破大北电报公司对中国电报市场的独占，英国大东电报公司也向清政府提出要求，强迫清政府允许他们将港粤海线牵引上岸，引入洋行屋内。考虑到英国的坚船利炮，清政府一时难以拒绝，只好应允大北电报公司将海线在黄浦（后改于沙面）轮船停泊处牵引上岸，由广东地方官员酌情选定地方。

光绪八年（1882 年）11 月，英、法、美、德四国公使向清政府提出照会，要求在上海设立万国电报公司，打算增设上海至香港、宁波、温州、福州、厦门、汕头等待通商口岸的电报线，并以准许华商入股为诱饵，吸收中国为万国电报公司会员国，想以此来操纵中国电报市场。四国的要求显然侵犯了中国的主权，其目的在于趁此机会挤垮刚成立不久的中国电报总局，独霸中国电报市场。

盛宣怀敏锐地觉察到了四国的阴谋，坚决反对中国加入万国电报公司。他会同郑观应等人联名上书李鸿章，指出"现在中国创办未久，虽规模粗具，然未便遽行入约"，"一旦入约，一切电报交涉事件，须按万国通例办理"。最后，清政府以招商自办苏浙闽粤沿海陆线相抵制，四国才作罢。

光绪九年（1883 年）初，大东电报公司开始架设由上海至香港的海线，它援引大北电报公司架设吴淞陆线与厦门上岸之线为例，坚持要从福州、上海两地将海线牵引上岸。清政府拒绝大东电报公司的海线在中国上岸，并责成中国电报总局与大东电报公司谈判交涉。

盛宣怀会同邵友濂、郑观应等人与大东电报公司总办滕恩谈判。盛宣怀紧紧抓住清政府关于外国海线不准牵引上岸的规定，与滕恩交涉。盛宣怀清楚地认识到，要阻止大东电报公司的海线在中国上岸，就要讨论拆除丹麦大北电报公司的旱线，以保中国自主之权，并服各国商人之心。对于大东电报公司，也要按此原则订立合同。

3 月 31 日，盛宣怀与滕恩签订合同，合同内容要点如下：

一、大东电报公司遵照同治九年（1870 年）原议，安设上海海口至香港海线，线端设于趸船上，不得上岸。

二、大东电报公司在上海一处将海线铺至大戢山岛对面的洋子角为止，并设陆线一条由上海至洋子角，与大东电报公司海线相接。

三、大东电报公司不再设海线于宁波、温州、厦门、福州、汕头、广州及海口。

四、中国电报局可将电报线自广东迁至香港，与大东公司陆线相接，应照大东公司电报线至上海与中国电报线相接之例，一律办理。

这份合同虽然允许大东电报公司与中国的陆线相接，但是由于该线远离上海陆地，从而保住了中国电报线陆线的主权。合同反映了盛宣怀关注中国电报线的自主权，以及对外国侵权行为的清醒认识，是可嘉的。

大东电报公司认为这份合同有失公允，重新提出要求。盛宣怀与滕恩多次辩驳，反复交涉。5 月 7 日，盛宣怀与滕恩签订续订合同。合同规定大东电报公司在福州、汕头两处通商口岸中择定一处，在通商口岸外设立趸船，安置线头；大东电报公司的海线在吴淞牵引上岸，中国电报局设淞沪陆线一条同大东电报公司的海线相接。

为了彻底打消大东电报公司将海线牵引上岸的企图，盛宣怀决定购回大北电报公司的淞沪陆线，让英国人彻底没有说辞。在清政府的干预下，5月9日，大北电报公司与中国电报总局订立《大北售与中国淞沪旱线章程》，中国电报总局照原价缴付大北电报公司现银3000两，购下大北电报公司的淞沪陆线。大北电报公司虽然把淞沪陆线出售给中国电报局，但拒绝拆除厦门的上岸海线。英、法、美、德四国联合在上海设立万国电报公司的阴谋没有得逞后，大东、大北电报公司又降低电报费，开展减价竞争，企图以此挤垮中国电报总局。

当时，大东、大北电报公司在中国东南沿海一带城市的资本远比中国电报局雄厚，减价竞争使中国电报总局处于明显的劣势。光绪十一年（1885年），厦门分局由于减价竞争，局务愈趋愈下。为了摆脱被动局面，盛宣怀于光绪十三年（1887年）7月7日与大东、大北电报公司签订了一份齐价合同——《华洋电报三公司会订合同九款》。合同规定：

> 一、外洋电报，香港、上海、福州、厦门与欧洲过去诸国来往者，不论由海旱线传递，俄国不在其内，均归两水线公司所得。两水线公司将上海、福州、厦门寄至欧洲并欧洲过去诸国，寄至该三口之报费，分与华公司一百分之十分，如海线断一年内不出六十日之外，华公司代寄前项电报，仍归还水线公司应得之全报费；如出六十日之外，则于第六十一日为始，全报费归华公司得。

> 二、外洋电报，除沪、福、厦三口外、不论中国何处与欧洲及欧洲过去诸国来往者，不论由海旱线传递，均归华公司，如华

旱线断，一年内不出六十日之外，水线公司代寄前项电报，仍归还华公司应得之全报费；如出六十日之外，则于第六十一日为始，水线公司每字归还现在旱线报费。

三、华公司两水线公司，于一、二款所注明之外洋报，不论由海旱线传递，香港在内，俄国不在内，一律取价二元[①]，即八法郎克半，如欲更改，须三公司允准方可。

四、现在海边沪、福、港本地电报价目。须三公司允准，方能更改。

……

在当时的社会背景下，这份合同基本上是平等的。齐价合同的签订，遏制了洋商对中国电报局的倾轧，中外电报公司和平共处长达 10 年之久，中国电报总局得以全力以赴发展自己的电报事业，公司利润逐年增长。盛宣怀后来回忆这份电报齐价合同时说："与英、丹海线订立出洋齐价合同，更得分收每年五六十万，岁入共二百数十万元，开支经费利息报效之外，岁有公积。"

光绪二十四年（1898 年）夏，中国电报总局再次与大东、大北电报公司订立齐价合同。从此，中国电报总局的收入逐年增加，从而实现了盛宣怀"分洋商之利"，使中国电报市场不被洋人占尽其利的目的。

第四节　全国电报线网横空出世

在盛宣怀的主持下，中国电报总局在架设完成津沪电报线（途经

---

①　1 银元约为 0.71 两白银。

河北、山东、江苏等省）后，加快了电报线在国内架设的速度。

光绪九年（1883 年）2 月，中国电报总局开始架设中国第二条电报干线——贯穿苏、浙、闽、粤四省的电报线，该电报线于第二年春夏之交架设完成，自江苏苏州，经浙江杭州、宁波、温州等地及福建的福州、兴化、泉州，广东的潮州、惠州直达广州。

中法战争前夕，清政府为保持与滇桂驻越军队的通信联络迅速畅通，加强军队的指挥调动能力，责成中国电报总局又修建了长江线和广州—龙州线两条电报干线。

长江线由江苏镇江经南京到湖北汉口，这是横贯中国中部的东西电报大干线，也是中国电报总局架设的第三条电报干线。其经费概由商人自筹，不予官款，并由盛宣怀亲自专办设线事宜。几年后，该线又延至成都。

广州—龙州线是中国南部的一条东西电报干线，对中国军队在中法战争中获取胜利起到了重要的保障作用。

中法战争结束后，由于电报在战争中发挥的作用至关重要且显而易见，中国电报业进入了一个快速发展时期。

光绪十二年（1886 年），中国电报总局开始架设广西—云南线。这条电报线由官府和商人分段办理、共同建成，于次年 3 月开通。从此，"西南声色，呼吸可通"，中国西南边疆和中央政府的联系极大地增强。

光绪十三年（1887 年），因郑州黄河决口，为了筹办工赈等事宜，中国电报总局由山东济宁架线至河南开封。

光绪十四年（1888 年），中国电报总局架设经江西九江至广东南雄的电报线，成为又一条南北电报干线。

光绪十五年（1889 年），陕甘总督谭钟麟为加强陕甘防务，奏请清政府架设陕甘线。盛宣怀亲自设计了陕甘线路。由直隶保定经山西太原，再从浦州渡黄河到达陕西西安这段，由电报总局招股金兴建；

西安至嘉峪关这段，由官府承建。次年，陕甘线开通，从而加强了西北地区和中央政府的联系，并为以后青海、新疆的架线提供了便利。

光绪十六年（1890年），湖广总督张之洞奏请清政府架设武汉—襄阳线。这条电报线由中国电报总局集资兴办，从沙市（今湖北荆州市沙市区）延展直达襄阳，几年后又展线至老河口（今湖北老河口市），并且自西安架线与老河口相接。

光绪二十二年（1896年），中国电报总局架设武昌至长沙的电报线，两年后又由长沙展线至湘潭、醴陵、萍乡。

除了架设以上一系列电报干线外，中国电报总局还架设了许多电报支线。在盛宣怀的主持下，西北、东北、西南以及朝鲜等处架设的电报线，有将近30%为官线，它们在军事与经济上发挥了很大的作用。例如，光绪八年（1882年），中国军队在朝鲜"壬午兵变"期间取得的胜利，被评价为"实赖电报灵捷"。

自光绪六年（1880年）盛宣怀担任中国电报总局总办开始，到光绪二十一年（1895年）前，中国电报线东北达吉林、黑龙江至俄界，西北达甘肃、新疆，东南至闽、粤、台湾，西南到广西、云南，基本上覆盖了全国各行省和一些主要城市，初步形成了一个"殊方万里，呼吸可通"的电报网，从而加速了中国电信近代化的步伐，提升了中国近代电信的水平。

当然，在国内架设电报线也并非一帆风顺，当郑观应把架设长江电报线的计划呈请左宗棠批准时，就遭到了左宗棠的拒绝。与此同时，胡雪岩托人从天津电报学堂弄了几套密码出来。接着，胡雪岩通过左宗棠上奏清政府，开始架设长江线，想从盛宣怀这里分走一杯羹。

盛宣怀得知后立刻采取反制措施，邀请丹麦大北电报公司总办道森、英国大东电报公司总办滕恩密商，表示胡雪岩需要的电线器材，自己愿以3倍的价格收购。胡雪岩也派人与滕恩和道森交涉，并提高了电线器材的购买价格。一晃一个月过去了，道森才给胡雪岩运送了一批电线器材。

胡雪岩喜出望外，马上派人动工安装。谁知由于电线等器材质量低劣，工程进行不到三分之一就被迫停工了。盛宣怀迅速将此事告诉李鸿章，李鸿章上书弹劾胡雪岩，要求改派盛宣怀去架设长江线。许多大臣也纷纷上奏，要求撤换胡雪岩。不久，清政府下令长江线由盛宣怀主持架设，左宗棠只好拱手把长江线架设一事交给盛宣怀。

架设长江线的事情虽然最终得以解决，但盛宣怀与胡雪岩之间的矛盾从此更加激化。盛宣怀对胡雪岩大为不满，伺机报复胡雪岩。

光绪八年（1882年），胡雪岩花费2000万两白银（其中大量是官银）收购江浙一带的生丝，准备以高价出售给洋人。盛宣怀依靠自己掌握的电报，对胡雪岩的蚕丝生意了如指掌，处处给胡雪岩使绊子，使得胡雪岩的生丝库存日多，周转不顺，资金日紧，苦不堪言。次年中法战争爆发，丝价大跌，生丝生意寸步难行。盛宣怀趁机大造舆论，说胡雪岩经营不善，很快要破产。民众听到消息，纷纷将自己存在胡雪岩钱庄、典当行中的银子取出。资金被生丝套牢，筹不出钱的胡雪岩，只得眼睁睁看着自己的钱庄、典当行纷纷倒闭。

光绪十一年（1885年）7月，胡雪岩的靠山左宗棠病逝，此时胡雪岩的剩余资金和生丝也全被瓜分干净。同年11月，一代巨商胡雪岩在贫病交加中郁郁而终。

第五节　电报总局盈利累累

在盛宣怀的主持下，中国近代电报业获得了迅速的发展，对晚清的军事、经济起到了重要的推进作用。随之而来的是，中国电报总局的营业利润迅速增长，大量的白银如流水般流进了中国电报总局。

由于中国电报总局享有国内专营权，没有同行与之竞争，与轮船招商局相比更有优势，所以获得的利润很高。按照章程，中国电报总局初创时官府垫付的 17.8 万余两白银，除分期缴还现银 8 万两外，其余的都以电报总局每年应收官报的电报费陆续划抵。在不到 3 年的时间里，电报总局便偿清了所欠官款，而且还有余利。之后，电报总局的利润快速增长，公司盈利丰厚，16 年间营业利润上涨了近 20 倍。

电报总局改为官督商办后，招股一度很困难。光绪十年（1884 年），电报总局在架设苏浙闽粤线时招股 50 万两白银，由于正值中法战争，上海股票市场萧条，股商们观望等待，不愿购买股票。盛宣怀只好挪用金州矿资 20 万两白银以充 50 万两白银之数，终于取得股商们的信赖，购买股票的人随之增加。到光绪二十四年（1898 年），电报总局为架设北京—恰克图电报线增招股份，购买股票者大增，甚至发生了抢购现象，还有人通过私人关系恳求盛宣怀预留股份。结果，电报总局增招的 60 万两白银新股毫不费力地完成了。股票从无人购买到人们抢着购买，原因无非是电报总局经营业绩良好，公司股票价格有不断上涨的趋势，股商们认准投资电报总局有利可图，于是纷纷投资电报业。

中国电报总局盈利丰厚，还可从电报总局的股息分配中看出。根据章程，电报总局的股东在享受 10% 的官利之外，还可参与股息分配。在电报总局第一次增股时，旧股每百两连同未付官利股息，换新股票 200 元，核算股息约在 30% 以上。电报总局能负担这样高的股息，在当时其他官督商办企业中是很少见的。其后 10 年中，每年股息分配大都在 7% 的水平，个别年份也曾分配较高的股息，这在当时的新式企业中也是比较罕见的。股息的高低是判断一个公司盈利情况的因素之一。从电报总局的股息分配情况可以看出，公司经营状况良好，利润极高。

中国电报总局盈利能力强，利润连年增长，盛宣怀的个人财产也随之膨胀起来。凭借电报总局，盛宣怀初步实现了自己办大事、做高官、聚巨财的愿望。

第六节　开启中国"德律风"时代

光绪二十五年（1899年），盛宣怀又开始考虑创办电话业务。11月19日，盛宣怀向光绪皇帝上呈奏折《由中国电报总局开办电话》，建议在中国设立电话业务。奏折原文如下：

> 再，德律风创自欧美，于电报为支流，如江河之水支流之分泄多，则正流之水来源微，是德律风本与电报相妨者也……入手而能用，着耳而得声，坐一室而可对百朋，隔颜色而可亲謦欬，此亘古未有之便益……日本电报、德律风统归递信省，学生教于一堂，机器出于一厂，诚深知事权之不可分也。中国之有德律风也，自英人设于上海租界始，近年各处通商口岸，洋人纷纷谋设，吴淞、汉口则请借杆挂线矣，厦门则请自行设线矣。电报公司竭力坚拒，但恐各国使臣将赴总理衙门要求，又滋口舌。一经应允，为患甚巨。况西人眈眈逐逐欲攘我电报之权利而未得，其闻沿江沿海通商各埠若令皆设有德律风，他日由短线而达长路，由传声而兼传字，势必一纵而不可收拾。不特中国电报权利必为所夺，而彼之消息更速于我，制防不早，补救何从？现在官款恐难筹措，臣与电报各商董再四熟筹，惟有劝集华商资本自办德律风，与电报相辅而行。自通商各口岸次第开办，再以次及于各省会、各郡县，

庶可预杜诸邦觊觎之谋，保全电报已成之局。如蒙俞允，当再劝谕电商招集股本，一切事宜随时咨请总理衙门察核，妥为筹办。①

奏折中的"德律风"一词，是当时人们对"电话"的英文telephone 的音译。奏折的大意是电话作为电报的分支，便利百姓，通行各国，国家应该将电话、电报权收归国有，培养自己的电话、电信人才，发展中国的电话、电信事业。

这份奏折篇幅很短，却把电话的优势、自主开办电话业务的意义、电信发展的趋势以及电信业务经营管理方式等阐述得清清楚楚。奏折言辞恳切，把收回电话、电信权作为当务之急，显示了盛宣怀从国家战略安全角度出发的深远眼光。

《大清德宗景皇帝实录》将盛宣怀上奏申办电话这一历史事件记录为："督办铁路大臣大理寺少卿盛宣怀奏，电报公司拟添设德律风，杜外人觊觎之谋，保电局已就之利。允之。"这段记录成了中国官办电话的真正源头。

在此之前，中国的电话业务均为洋人垄断。光绪七年（1881 年），丹麦大北电报公司在上海公共租界埋设电线杆，装设电话25 家。光绪八年（1882 年），丹麦大北电报公司在上海外滩创设第一家电话局；另有英国人毕晓普在租界试行电话。光绪九年（1883 年），英商中国东洋德律风公司上海分公司盘接了大北电报公司电话交换所的全部资产，统一管理租界内的电话业务。此后，洋人纷纷开始筹划在中国各通商口岸开办电话业务。正是在这种情况下，盛宣怀为打破洋人垄断中国电话市场的局面，向光绪皇帝上呈了自办电话的奏折。

迫于列强觊觎中国电话控制权，光绪皇帝批准了盛宣怀的奏折，

---

① 盛承懋著. 盛氏家族 苏州·留园，2016，文汇出版社。

下令中国电报总局发展中国电话事业。

光绪二十六年（1900 年），八国联军侵占北京。这场突如其来的战事打乱了中国电报总局兼办电话业务的计划。出于军事防务和公务上的需要，有些封疆大吏相继在小范围内开办了电话业务。同年，两江总督兼南洋大臣刘坤一奏请分段安设电话，于 8 月在南京润德里成立江南官电局，设电话交换所。光绪二十八年（1902 年），湖广总督张之洞在汉口、武昌筹资兴办武汉三镇电话，设有磁石交换机 30 部，专供官署衙门使用。

这一年，盛宣怀因父亲去世，在家"守制"三年。光绪二十九年（1903 年），北京电报局总办黄开文援引盛宣怀奏准的"电话归电局兼办，以电报余利为推广电话之需"，开始筹设北京城内大臣住宅与颐和园间的电话（当时慈禧太后常住颐和园）。同年 9 月，时任督办电政大臣袁世凯根据黄开文的建议试办北京电话局，由黄开文兼任电话局总办。

光绪三十年（1904 年）1 月 2 日，北京第一个官办电话局在东单二条胡同翁同龢私邸旁设立，安装磁石式人工电话交换机 100 部。显然，北京的官办电话思路与盛宣怀的奏折是一脉相承的。

此后，电话业务由北京向全国迅速拓展，"自是京师、天津、上海、奉天、福州、广州、江宁、汉口、长沙、太原皆设之"，从而真正实现了"千里传音"。到了宣统三年（1911 年），北京的电话装机容量已超过 3000 门，包括京城政府机构、达官显贵的府第，以及银行、医院、学校、工厂、会馆、报馆、书局、店铺等均有覆盖，甚至还有长途电话。

盛宣怀的奏折开启了中国近代的"德律风"时代，使电话在中国得到了推广和普及。20 世纪初，"电话"一词从日本传入中国，逐渐替代"德律风"，成为通用叫法。

第七节　中国电信业的鼻祖

由盛宣怀倡导、主持而发展起来的中国近代电报，在晚清社会发挥了重大作用，产生了巨大的社会效益。

第一，电报在强化国防、提升军队快速反应能力上发挥了作用。

在电报出现之前，每当外敌入侵中国陆、海疆，军情告急时，由于消息传递不畅，各省督抚大员无不备感惊慌，结果出现"一处有警，全省震动""一省有事，天下惊惶"的局面。但随着电报的出现，各地军情瞬息可达，无战事时则报告各国军队在中国边境的动向，以便有所准备；出现战事则专报军情，以便调集军队。光绪八年（1882年）夏，朝鲜发生"壬午兵变"，中国派兵进入朝鲜，帮助朝鲜迅速平息了内乱。在这次行动中，中国南北水陆各营之所以能够迅速调动军队援朝抗日，主要是依靠了电报的通信灵捷。相比19世纪六七十年代法国入侵越南并朝中国方向进犯，由于通信工具落后，中国军队调动不灵的情况，高下立现。在当时"俄北瞰，英西睒，法南瞬，日东眈"的形势下，电报在军事方面的作用是值得称道的。

第二，电报推进了中国民族资本主义工商业的发展。

在国内外贸易上，通过电报可以迅速了解行情货价，降低经营风险，在与外商竞争中取得了一定的主动权。在国内市场，电报对促进物资交流和市场的扩大也起到了一定的作用。光绪十六年（1890年），湖广总督张之洞在汉阳建造炼铁厂，筹办采运湘煤各事，电报总局架设了自湖北至湘潭的电报线，使煤铁产地两端相连，方便了能源产地、原料产地与加工地点的联系，给汉阳炼铁厂的生产调度带来了很大的便利。总之，电报的兴办，既便民益商又繁荣经济，促进了中国民族经济的发展壮大。

第三，电报加强了中国与世界的联系。

电报的开办，使中国能够较为及时地了解世界形势的变化，逐步改变了与世隔绝的状况。电报在帮助清政府办理对外交涉、保护华侨合法权益等方面也发挥了作用。如光绪十一年（1885 年）美国华工遭到迫害，清政府当即收到驻美公使郑藻如的电报，两广总督张之洞也接到旧金山中华会馆的电报，之后清政府及时出面与美国交涉，保护了华侨的权益。

第四，电报对文化也产生了重要影响，使清末的文体趋向简朴。

晚清时期，由于电报费用昂贵，人们不得不在电文中去掉冗词赘句。政府文书中出现了"电牍"这种新的文书格式，其特点是"语质而事赅，词约而现明"。社会上也出现了"通电"的新文体，虽然仍有不少"通电"是四六骈文，咬文嚼字，但更多的"通电"文辞简洁、言简意赅。

第五，电报也改变了社会风气。

电报的应用，大大提升了信息传递的速度，方便了人们的沟通，扩大了人们的见闻，改变了社会风气。电报出现后，新闻、气象、商务、日常通信转瞬即达，人与人的地域距离相对缩小，"车马很慢，书信很远"的日子，慢慢成了从前的记忆。电报不仅方便了人们的生活，而且在闭塞落后的晚清社会，这一新生事物无疑有助于人们破除迷信，开阔思想眼界，促使社会走向开化。

总之，电报在中国的出现是一件大事，对社会的影响是广泛而深远的。电报给晚清社会带来如此巨大的变化，其首功非盛宣怀莫属，是他一手筹办与推动了中国电报事业的发展。正如他在回忆自己创立电报事业的艰苦历程时所说：

创行之始，人皆视为畏途，即身任其事者，成败利钝亦绝无把握，若非不辞劳怨，不避疑谤，惨淡经营，焉有今日！成既如此之难，守亦不能不尽其力。中国商务可以与外人争衡者甚少，当此商战之际，尤宜保此已成之局为之倡。统计电报商线纵横数万里，设局百数十处，均属商款商办，即有借用官项者，业经陆续清还，有案可考。逐年所收报费，只通商口岸及省会之区能有盈余，凡僻处所亏折者多，全赖挹注之法。[①]

盛宣怀主持电报总局多年，带领电报总局的职员励精图治、披荆斩棘，足迹踏遍大半个中国，还深入西南边陲、闽台等地区，穿过布满荆棘的灌木丛林，踏过一望无际的荒漠原野，战风霜雨露，斗严寒酷暑，忍饥饿劳累，其中的艰苦辛酸只有他们自己知道。正是因为有了像盛宣怀这样的中国电报先驱的忘我工作、无私奉献，电报线才贯穿了当时中国经济和军事极为重要的地区，有效地促进了近代中国国防和商业经济的发展。

盛宣怀为长远之计而开办的天津电报学堂，更是为日后中国电信事业的发展培养了自己的技术人才。盛宣怀关于开设电话的设想，开启了中国兴办电话的潮流。正是因为盛宣怀在电信领域有着如此多的非凡贡献，现代人才称他为"中国电信业的鼻祖"。

---

① 王健，洋务运动对近代工业影响探析，2018，团结出版社。

第六章

卷土重来，
掌舵轮船招商局

由于上海爆发金融危机，掌握轮船招商局实权的徐润挪用公款东窗事发，盛宣怀受命整顿轮船招商局，得以重返轮船招商局。盛宣怀通过各种手段，将他的劲敌徐润、唐廷枢等人一一排挤出局，成功地坐上了轮船招商局的第一把交椅，如愿以偿地当上了10多年来他梦寐以求的轮船招商局督办。

第一节　入主轮船招商局，挤走徐润

光绪八年（1882 年），盛宣怀因弹劾风波被迫离开轮船招商局，但是他内心仍怀有以轮船招商局为发迹"根据地"，扩展自己经济实力进而谋取高官厚禄的愿望，期望有朝一日能够卷土重来，大权独揽地掌管轮船招商局。

盛宣怀的这一愿望在次年就实现了。

说起来这跟他在湖产办矿失败有点关系。由于他办矿失败，李鸿章转而将希望寄托在唐廷枢身上，委派唐廷枢到河北滦州开平勘察煤铁矿情况。光绪四年（1878 年）7 月 24 日，开平矿务总局在开平镇正式挂牌成立。此后，唐廷枢将主要精力放在开平煤矿的开采上，轮船招商局的事务实际上由徐润主管。光绪七年（1881 年），徐润被委任为开平矿务总局会办，兼顾开平煤矿的经营。

徐润在加入轮船招商局时就动机不纯，在主管轮船招商局事务后，他利用职务之便，私自挪用轮船招商局的巨额公款投资房地产，在上海购得土地 3000 多亩，建造洋房 50 多所，并打算将这些洋房出售以大赚一笔。谁知人算不如天算，光绪九年（1883 年），一场世界性的资本主义经济危机波及上海，不久中法战争又爆发，法国军舰驶抵上海吴淞口，并扬言要攻打江南制造总局。一时间，上海人心浮动，出现了巨大的社会恐慌，进而引发了有史以来上海最大的一次金融危机。

当时，除了粮食、蔬菜等民生必需品和民用轮船租赁价格暴涨之外，其他各种商品价格暴跌，商号、钱庄接二连三地倒闭，整个上海金融市场陷入混乱之中。在这场金融危机中，徐润损失惨重，他建造的 50 多所洋房无人敢购买，投入的巨额资金无法收回，欠下 250 多万两白银的债务。11 月 21 日，徐润召集所有债权人，宣布自己处于破产状态。

而此时，轮船招商局因资金紧缺，运转极为困难。职工们对徐润议论纷纷，一时间种种风言风语满天飞。消息传到李鸿章耳中，他暗吃一惊，生怕事情传到北京，被一些对自己不满的大臣抓住把柄，借机攻击自己，于是他决定派已升任天津河间兵备道的盛宣怀去轮船招商局主持局务，并会同马建忠、谢家福到轮船招商局清查账目。

盛宣怀当初离开轮船招商局，在一定程度上是受到了唐廷枢、徐润的排挤，而徐润作为轮船招商局的直接操控者，对盛宣怀更是处处加以限制、刁难。盛宣怀离开轮船招商局后，曾向别人抱怨说："从前去差，皆雨之（徐润）去我。"这次李鸿章委派他去轮船招商局主持局务、清查账目，他自然是求之不得，除了报前仇，更有可能借此机会入主轮船招商局，可谓正中其下怀。

盛宣怀一到轮船招商局便高调行事，说轮船招商局"根基不固，弊窦滋生，几难收拾"，并将轮船招商局经营不善的责任都推到徐润身上，声称："查商局出入甚大，十年以来，皆归职道润（徐润）一手经理。现请宪台（李鸿章）添派总办一人，综核收支，调度盈绌，以免无事则散漫难稽，有事则临渴掘井。"

盛宣怀核查账目，发现徐润共亏欠轮船招商局公款16.2万余两白银，要求他如数归还。

徐润心知盛宣怀是针对自己，但也毫无办法。他打算先用房产契作抵押，然后向亲友借贷将欠款还清，但是筹借这笔巨款需要一定的时间，因此他恳求盛宣怀宽限些时日。然而盛宣怀正要借此机会报复他，并将他逐出轮船招商局，所以没有给徐润凑齐欠款如数结账的时间，而是将情况如实上报李鸿章。李鸿章上奏清政府后，给予徐润革职处分，令他用房产和股票等财产抵赔其亏欠轮船招商局的款项。

徐润又向盛宣怀提出，自己在轮船招商局工作11年，仅领取了2.5万两白银的薪水，轮船招商局现存有各项余款六七十万两白银，按照公司章程他可从中提取两成红利，而他一直没有提取，其他会办所提的漕佣、水脚（水路运输的费用）余利均不在少数。因此，可否将自己亏欠轮船招商局的款项酌情减数。他的这个请求也遭到盛宣怀的断然拒绝。

此时，唐廷枢恰好出国考察商务、船务，不能替徐润说情，而徐润在朝廷中又没有强有力的靠山，最终被盛宣怀逐出轮船招商局，不仅被革除轮船招商局会办、开平矿务总局会办的职务，个人财产方面也损失惨重。

盛宣怀将徐润逐出轮船招商局后仍放心不下，打算彻底击垮他，不给他翻身的机会。徐润将房产抵赔自己亏欠轮船招商局的款项后，在上海十六铺一带黄金地段还有两处地产，而且已经建造房屋，每年可收取租金 3400 余两白银。盛宣怀担心徐润日后会东山再起，于是强迫徐润将这两处地产卖给轮船招商局，并将价格压得极低，只付给徐润 1.6 万两白银，而这两处地产的实际价值应为四五万两白银。后经徐润活动，轮船招商局又补付他 1 万两白银，徐润自此淡出了政治舞台。

第二节　联手马建忠，逼走唐廷枢

挤走徐润之后，盛宣怀与唐廷枢、张鸿禄的矛盾就突显出来了，尤其是唐廷枢。这时候，唐廷枢的主要任务是在直隶经营开平煤矿，但仍兼任轮船招商局总办，多年的经营让他在轮船招商局中仍有很大的影响力，这对盛宣怀来说是个威胁，而且这个威胁似乎还不小。例如，唐廷枢曾专门派遣何泽田任轮船招商局镇江分局总理，这引起了盛宣怀的警惕。

因此，徐润下台后，盛宣怀还迫切希望将唐廷枢排挤出轮船招商局，这样他才能当上轮船招商局的一把手。而盛宣怀这一愿望是由他的"亲密战友"马建忠帮助他完成的。

马建忠于光绪二年（1876 年）留学法国，学成回国后帮助李鸿章处理外交事务，颇得李鸿章的信任，后被李鸿章委任为轮船招商局会办。马建忠名为会办，实际是替代了唐廷枢的位子。唐廷枢的"总办"名义不去，对马建忠威胁很大。所以，盛宣怀与马建忠很自然地走到了一起，联手对付唐廷枢。

马建忠主动找到盛宣怀，向盛宣怀提出将唐廷枢挤出轮船招商局的意见，并建议以追还唐廷枢的欠款为契机大做文章。原来，轮船招商局开办之初，大权在握的唐廷枢和徐润在经营轮船招商局时，也不时挪用公款谋取私利，只不过下属不敢反映情况，上司也睁一只眼闭一只眼。直到光绪九年（1883 年）上海发生金融危机，唐廷枢、徐润和帮办张鸿禄等人程度不等地挪用轮船招商局公款以作私用的事实被大量曝光，唐廷枢虽然没有像徐润那样直接被清理，但面临的局势也十分紧张。后来唐廷枢奉李鸿章之命开办开平矿务总局，由于官府垫资有限，唐廷枢不得不四处筹借资金。到光绪九年（1883 年）10 月底，开平矿务总局共投资 200 万两白银，其中就包括唐廷枢从轮船招商局挪借的近 80 万两白银。

唐廷枢从轮船招商局挪款解决了开平矿务总局暂时的困难，却给盛宣怀、马建忠攻击他留下了口实。马建忠写信给盛宣怀说："唐廷枢不知什么时候离开上海，我接手核查他挂欠的各类款项，打算将情况禀报中堂大人裁决核办，只有追还唐廷枢的欠款，才能追还其他人的欠款，这是情理中的事。"他还特别强调："只有马上追还他的欠款，不给他喘息之机，他才会知道要想保全自己，必须离开轮船招商局。"

马建忠唯恐盛宣怀不和他积极合作，还以任用唐风墀（德熙）为借口迫使盛宣怀排挤唐廷枢。唐风墀是轮船招商局汉口分局的总经理，马建忠打算请他到轮船招商局，委以重任，但是唐风墀想到旗昌洋行任职。

于是马建忠告诉盛宣怀，唐风墀在总理汉口分局期间，分局所有的账目都一清二楚，从来没有出现挂账欠账的情况，中外商人都很器重他，是一个非常值得信任的人。轮船招商局在发展初期，任用像唐风墀这样的人，必定大服人心，对轮船招商局今后的发展极为有利。假如唐风墀去了旗昌洋行，那就是楚材晋用，非常可惜，而且使轮船招商局少了一个得力干将，多了一个强劲对手，对轮船招商局今后的发展也很不利。

马建忠还告诉盛宣怀，唐风墀说只要唐廷枢不在轮船招商局，他就愿意到轮船招商局供职，供职后必定全力以赴为盛宣怀办事，以效犬马之劳。言外之意是，如果一定要把唐风墀请到轮船招商局任职，必须答应唐风墀一个前提条件，这个前提条件就是唐廷枢必须离开轮船招商局。

马建忠向盛宣怀说这么多，无非是想告诉他要振兴轮船招商局，就必须任用唐风墀，而要任用唐风墀，就必须去掉唐廷枢；反之，留唐廷枢就不能用唐风墀，那对振兴轮船招商局是很不利的。两者必居其一，任由盛宣怀裁决。

马建忠的意思正合盛宣怀之意，他本来就想挤走唐廷枢，两人一拍即合。紧接着，盛宣怀给李鸿章写信，要求将唐廷枢调出轮船招商局。李鸿章因轮船招商局经营亏损，对唐廷枢已有不满，后又听说他私自挪用轮船招商局的公款，更加恼火，已经动了处置唐廷枢的念头，恰好盛宣怀提出要将唐廷枢调出轮船招商局，李鸿章当即表示同意。盛宣怀和马建忠两人的目的终于达到了。

光绪十一年（1885 年）春夏间，李鸿章将唐廷枢调离轮船招商局，让他专营开平煤矿。唐廷枢处理完遗留下的局务纷争，忍痛离开了自己一手创办、苦心经营的轮船招商局，北上专办开平矿务总局事务。唐廷枢经此打击一蹶不振，当年入股轮船招商局的唐廷枢亲友也大都潦倒，后人评价"身后萧条，子嗣靡依"。

唐廷枢离局之时，就是盛宣怀接任督办之日。这年 8 月 1 日，盛宣怀如愿以偿地当上了他梦寐以求的轮船招商局督办。

想当初，盛宣怀在轮船招商局只是一个会办，没有多少实权，还处处受唐廷枢、徐润的掣肘；为了获得高位，他费尽心机，仍是竹篮打水一场空，到最后还被人弹劾，灰溜溜地离开了轮船招商局。一想起这些，他心中就像打翻了五味瓶，异常难受。

而如今，盛宣怀卷土重来，不仅当上了轮船招商局督办，而且将昔日的劲敌唐廷枢、徐润尽皆驱逐出局。盛宣怀不禁感慨万千，人生真是三十年河东，三十年河西，此一时彼一时啊！

随着徐润、唐廷枢的离开，轮船招商局中与他们有联系的股东也相继被盛宣怀清理出局。轮船招商局中商人的势力大大削弱，其性质也随之发生变化，经营权全面转手，从商本商办转向商本官办，成为名副其实的官督商办公司。

盛宣怀大权独揽，易于行事，经商才能得到了极大的发挥，使轮船招商局逐渐走出低谷，事业蒸蒸日上。

第三节　轮船招商局起死回生

盛宣怀当上轮船招商局督办后，立即着手整顿轮船招商局，在轮船招商局中迅速烧起了"五把火"，大刀阔斧地推行一系列的改革措施。

第一，改革用人制度。

盛宣怀认为，要办好轮船招商局，保证自己督办的绝对权威，那么就应"非商办不能谋其利，非官督不能防其弊"。根据这一原则，盛宣怀摒弃了过去唐廷枢、徐润拟定的轮船招商局局规，重新制定了《招商局用人章程十条》。这十条用人章程主要表达了下面两层意思：

一是设置官督办，取消商总办。督办由官方直接任命，"用人理财悉听调度"，所设帮办是督办的助手，而不是总办的帮手。这项规定使督办能够完全控制轮船招商局的人事权和财政权，从而废弃了同治十二年（1873年）商办时期唐廷枢、徐润所拟定的《招商局局规十四条》中关于"商总为总局主政"的原则。

新设定的几个职位盛宣怀为督办，马建忠、谢家福为会办。后来谢家福生病辞去会办职务，改添沈能虎为会办。

虽然盛宣怀仍强调"非商办不能谋其利，非官督不能防其弊"，但是同唐廷枢、徐润主持轮船招商局时比较，"商办"色彩大为削弱，"官督"色彩大为加强。

二是严格规定了董事的人选标准和奖惩原则。这个标准和原则概括起来就是"得力"与否。盛宣怀认为，商董要"得力无亏空者""精明正派之人"任之，而前者尤为重要。盛宣怀鼓励董事以轮船招商局的效益为生命，励精图治，科学管理，以使企业蒸蒸日上。对于经营有方、管理严格、成效卓著的得力者，他会"优给花红"；而对于经营不善、管理不严、损公肥私的不得力者，他会随时惩戒。

第二，借款赎回轮船招商局船产。

盛宣怀重返轮船招商局不久，便被李鸿章调署天津海关道，轮船招商局事务由马建忠经办。这时正值中法战争，轮船出行受阻，为了使轮船招商局能够生存下去，光绪十年（1884 年）7 月 31 日，在李鸿章、盛宣怀的默认下，马建忠将轮船招商局的全部财产以 525 万两白银的价格出售给美国旗昌洋行，所有船只改挂美国旗帜，以便局船照常行驶。马建忠还与盛宣怀等人商定，等战争平息后再从旗昌洋行收回全部船产。

后来战事平息，为赎回轮船招商局船产，盛宣怀向汇丰银行贷款 30 万英镑（约合白银 180 万两），年息 7 厘，10 年内还清。盛宣怀之所以要借款，是因为此时轮船招商局已经一贫如洗，从官、商两方都不能筹集到资金。盛宣怀将情况禀明李鸿章，在征得李鸿章的同意后，向汇丰银行借了这笔款。

从当时的情况看，借款是赎回轮船招商局船产必须要走的一步。不借款就无法从旗昌洋行赎回轮船招商局船产，不赎回船产，后果不堪设想。因为马建忠将轮船招商局船产出售给旗昌洋行时，只订立了出售契约，未订立赎回契约，如果现在不借款收回招商局船产，旗昌洋行就会将招商局船产据为己有，无法赎回。在赎回船产的过程中，盛宣怀大费了一番唇舌，与旗昌洋行反复讨价还价，最终才按照原价赎回轮船招商局船产。因此，对于赎回轮船招商局船产，盛宣怀是立了大功的。

第三，整顿财务，重视理财。

盛宣怀认为："轮船招商局，外洋所谓公司也。大而言之，借华商之力，以收洋商之利权；小而言之，将本求利而已。故成本必须核实，得利方有把握。"因此，从接管轮船招商局之日起，盛宣怀就拟订了《招商局理财章程十条》，将轮船招商局以前无从考核的烂账进行整理，核算出实欠之数。此外，盛宣怀还计算了轮船招商局的资产盈亏情况，并且提出了整改措施："收付均汇总于银钱股，用四联票办法，第一联凭收付与银号结账，第二联如收款给予付银人为收条，如支款给予修验股存档，第三联报督办，第四联存根。自督会办以迄各局董事司事人等，于应得薪水花红外，不准丝毫挂欠。本局于轮船之外，不准分做别事。"

盛宣怀的财务整改措施是他在全面掌握对轮船招商局现状的情况下制订的，实行以后也很有成效。正如他所说："接办年余，获利既多，储款皆实。"他满怀信心地向李鸿章报告说："能若此成效，如三年不改笔法，事权不转移，必能全数偿还洋债，成本折至三百万以内，官商血本皆有着实。"不久，盛宣怀果真实现了他的上述愿望。

第四，争取官方支持。

轮船招商局已明确为官督商办，盛宣怀又是李鸿章信任的官方督办，因此，利用官方的力量维持、振兴轮船招商局也就是很自然的事情了。光绪十二年（1886 年），在李鸿章的支持下，盛宣怀采取了四项维持和振兴轮船招商局的措施：一是减免漕运空回船税；二是减免茶税；三是增加运漕水脚；四是缓拨官本。

这四项措施虽然不能完全解决轮船招商局的困窘，但是对振兴轮船招商局的经济还是起到了积极的作用。因为盛宣怀这位官督办比较容易获得李鸿章的支持，而有了李鸿章的关系，轮船招商局才较易恢复生机。

第五，慎用洋人，力保公司经营自主权。

与开始时一概杜绝洋人不同，盛宣怀认为，使用洋技术人员是必要的，前提是洋技术人员一定要有本领。他当上督办后，对轮船招商局中的洋技术人员做了调整，派原总大车尉霞担任总大车兼总船主。为了考察尉霞的能力，盛宣怀先付给尉霞薪金但不与他订立合同，以此作为正式聘用尉霞的过渡阶段。盛宣怀还非常强调用人的自主权，他给尉霞作了如下规定："以后调换船主及大修，须商督办；调换船主以下及小修，与局会办商定"，并且严格规定"各船洋人不许饮酒，查出酒醉即辞歇"。

通过对洋技术人员的整顿，不仅工作效率提高了，而且轮船招商局支付给洋技术人员的薪金也"岁少万金"，节约了成本。

盛宣怀还规定："总船主拟在各船调用，每一年或二三年一换。"这项规定表明，盛宣怀力图保持轮船招商局的自主经营权，尽量避免轮船招商局受到洋人的干预和操纵。

盛宣怀采取的上述整改措施，使轮船招商局很快恢复了元气，并且得到了发展。轮船招商局票面值每股 100 两白银的股票，从光绪十年（1884 年）的 50 两白银很快恢复到 100 两至 200 两白银之间。轮船招商局欠洋人的债款逐年按数偿还，官款也得以逐步归还，逐渐走回了正道。

第四节　连胜太古、怡和

眼见轮船招商局恢复了生机，老对手太古、怡和轮船公司又开始从中作梗。

光绪十六年（1890 年）初，轮船招商局、太古、怡和三公司订立的齐价合同期满，太古公司率先发难，意图独占中国水上航运市场，采用大跌水脚的方法招揽客货，先是七八折，继而五六折，后又三四折，最后甚至跌至一折或五厘。怡和也不甘示弱，将水脚跌至 ·折。太古、怡和竞相降低水脚，企图将刚缓过气来的轮船招商局再度击垮。

面对太古、怡和的攻势，盛宣怀不慌不忙，沉着应对，一面利用太古、怡和之间的矛盾，各个击破；一面对轮船招商局的职员提出严格的考核要求，增强轮船招商局的竞争能力。

盛宣怀冷静地分析了当时的竞争形势，得出一个结论：由于轮船招商局垄断了国内漕粮的运输，而中国商人运货更愿找中国的公司，且轮船招商局的运输成本相对外国人的运输成本低，所以不会全无生意。太古、怡和的水脚跌至一成，是"伤敌一千，自损八百"的做法，一定会赔本，不可能持久，轮船招商局大可以坐观其败。

对于太古、怡和两家公司，盛宣怀总的倾向是联络怡和对付太古，因为太古向来轻视怡和，可以利用他们之间的矛盾坐山观虎斗，不战而胜。但盛宣怀也没忘记提防来自怡和的竞争，他提出："既防太古明与倾轧，亦须防怡和暗中损我。"在盛宣怀看来，做生意都是以盈利为准则，绝没有哪一家公司会抛弃利润而大谈什么信义，怡和、太古也绝无例外，轮船招商局联怡和斗太古或联太古斗怡和都是暂时的，在任何情况下对太古、怡和都应提高警惕。

　　盛宣怀表示，宁可轮船招商局每月少收 10 万余两白银，也不屈服于太古、怡和。他一面亲自出马与太古、怡和交涉，一面又采取了一系列有效措施与太古、怡和进行竞争。

　　一是想方设法多揽客货。

　　盛宣怀要求九江、汉口、福州等分局在夏秋新茶上市之际，抓紧时间与各地的茶栈老板联系、商议，承诺给予他们一成的回扣，力争使茶叶全用轮船招商局的船装运。各有关分局表示立即照办。

　　二是争取清政府津贴。

　　盛宣怀根据轮船招商局目前的经费情况，对竞争形势作了一番预测："大约本局经费连汇丰利息需用一百五十万两，照此跌斗能否收进八十万两，所短七十万两，拟请国家津贴。以三年为度，想必怡、太可以自退矣。"在指示各分局设法多揽客货的同时，他又通过李鸿章的关系争取国家津贴，以弥补轮船招商局在竞争中造成的损失，不致败下阵来。

　　三是制订考核标准，激励总办、会办全力以赴战胜太古、怡和。

　　盛宣怀对轮船招商局各分局的总办、会办提出了严格的要求，将他们为争取战胜太古、怡和所做的努力作为考核他们业绩的主要标准。他致函各分局的总办、会办说："务望以后振作精神，但能争胜怡、太，即是诸公至要考试。"这个考核标准的制订，对于促进各分局的总办、会办努力改善经营状况，以战胜太古、怡和起了不小的作用。

　　以上措施的实行，增强了轮船招商局的竞争能力，对太古、怡和起到了震慑作用。太古、怡和在经过一段时间的削价竞争后，不仅无法吞掉轮船招商局，反而使自己损失不小，两家公司都疲惫不堪，不得不于光绪十八年（1892 年）重新回到谈判桌上，与轮船招商局再次商定齐价合同，但很快又有了反悔之意。

　　为了促使太古、怡和尽快签订合同，盛宣怀请来了昔日老友郑观应加入谈判。

郑观应于光绪八年（1882年）离开太古洋行至轮船招商局任帮办，两年后中法战争爆发时，受粤东防务大臣彭玉麟委派，到越南西贡、柬埔寨金边等地侦察敌情，并联络南洋各地人士袭击法军。不久他回到广州，又被委任办理援台事宜，前去香港租船，向台湾运送军队和粮草弹药。郑观应到达香港时，被太古公司借故追欠"赔款"而遭拘禁，经过1年多时间才脱身，此后他隐居澳门近6年。

轮船招商局与太古、怡和激烈竞争时，盛宣怀曾邀请郑观应到烟台、天津商讨战胜太古、怡和的策略，郑观应提出的建议让盛宣怀颇受启发，于是他欣然邀请郑观应重新加入轮船招商局。

郑观应光绪十八年（1892年）12月重新加入轮船招商局，然后会同陈猷等人与太古、怡和重开谈判，终于在光绪十九年（1893年）春基本上按照盛宣怀提出的条件签订了第三次齐价合同，并付诸实施。

第三次齐价合同的内容主要有三项：第一，由轮船招商局、太古、怡和三大公司共同议定统一的轮船航动价，这种约定的垄断价格大大超出自由市场的价格；第二，当其他公司的轮船参与航运时，轮船招商局、太古、怡和联合起来开展削价竞争，以驱逐其他公司的轮船；第三，三公司的水脚收入、货源分配以及轮船吨数和只数，都按一定的比例加以分配。三项内容中，前两项是为了排除三公司以外的船只的竞争，后一项是为了确保既得利益在三公司之间合理分配，以免三公司互相倾轧。

第三次齐价合同虽然是一个三方妥协折中的方案，但追根究底是盛宣怀为维护轮船招商局的利益同太古、怡和进行斗争的产物。没有斗争就不会有三家的相互妥协，而这个斗争在合同签订前、签订中和签订后一直未停止过。盛宣怀讲究策略，坚持以斗求和，在斗中取胜，最终获得了预期的谈判效果。

第三次齐价合同执行后不久，即产生了实际效果。光绪十六年（1890年）三家开始进行削价竞争时，轮船招商局的净余额为2.08万余两白银，次年降到1.7万余两白银，而执行新合同的第一年即光绪十九年（1893年），轮船招商局的净余额即达到27.64万余两白银，此后更是逐年增多。轮船招商局面值100两白银的股票，也由光绪十六年（1890年）的50两白银左右上涨到光绪十九年（1893年）的140余两白银。

以盛宣怀为代表的轮船招商局成员同外国轮船公司所进行的斗争，在客观上对外国船运业在中国的势力扩张起到了一定的抵制作用，对中国民族资本主义航运业也起到了有益的保护和促进作用。

第五节　驱赶长江"野鸡船"

轮船招商局、太古、怡和三大公司齐价合同的签订，意味着当时中国轮船航运业三家垄断同盟的形成。这也意味着三家垄断同盟不会允许其他船只在他们的"领区"内航行，与他们争抢生意。

这种三家垄断同盟以外的争载船只，被称作"野鸡船"。轮船招商局、太古、怡和三公司联合打压驱逐"野鸡船"，就是三公司签订的第三次齐价合同实施后重点执行的一项。

"野鸡船"问题是光绪十七年（1891年）太古的洋大班（相当于今天的总经理）严吉迪写信给盛宣怀提出来的，他要求"大众设法驱逐走江海的野鸡船，俾我三家可以独占其利"。

"野鸡船"问题早就存在，盛宣怀在光绪十二年（1886年）就提及过。光绪十六年（1890年）前后，"野鸡船"争抢货运更加激烈，而且长江上的"野鸡船"最多。

　　盛宣怀在轮船招商局、太古、怡和旧合同期满，新合同未订之时，就不无担心地说："惟长江'野鸡船'日多，今年太古作梗，合同未定，开河以后势必互相跌斗。"为此他要求镇江分局总办姚岳望与沪汉各局时相斟酌，采取对策。继轮船招商局、太古、怡和三公司开展削价竞争之后，三公司又一度恢复水脚原价或仅八折时，姚岳望就担心麦边、和兴等公司的船只充斥长江上下游，使用船价格飘忽不定，损害轮船招商局的利益。汉口分局总办施肇英对盛宣怀讲得更清楚："窃维三公司和局虽幸告成，而长江一度小船众多，亟宜设法遏制以卫利权。"所以，在与太古、怡和订立第三次齐价合同时，盛宣怀就与太古、怡和的大班商量，在合同中对此作了明确规定。

　　例如，合同第十三条说："三公司必须邻睦敦好，保全推广生意，彼此获益。倘有别家争衡生意者，必须彼此联络跌价以驱逐之。"所谓"别家争衡"，即指"野鸡船"争载货运问题。

　　合同第十八条也有类似规定："三公司所走轮船常川上海、烟台、天津等处，务要同心协力，彼此沾益。倘有别家轮船争衡生意者，三公司务须跌价，以驱逐他船为是。"

　　轮船招商局排挤、打击"野鸡船"，固然是与太古、怡和联手维护三家的共同利益，但更主要的是为了维护轮船招商局独家的利益。光绪十六年（1890 年），当轮船招商局发现汉口的德商美最时洋行一向驶经长江的"宝华"号，忽然弃长江下游之利于不顾，专走宜昌、汉口，与汉口分局争利时，立即意识到："'宝华'号与汉口分局竞争，一旦获利，那么其他的'野鸡船'就会竞相效仿，纷纷改道驶经宜昌、汉口，这样汉口分局将会受到严重排挤，无丝毫利益可得。"为了避免这一情况的发生，轮船招商局重拳出击，对"宝华"号进行了有力的打击。

　　光绪十八年（1892 年），轮船招商局发现麦边、华昌洋行的轮船装货多，对自己造成了威胁，便不失时机地收购了华昌洋行的"德兴"号、"宝华"号两艘船，两艘船收购后仍令华昌洋行代理，由轮船招商局、太古、怡和三公司酌情确定水脚，揽载货客权归三公司所有。这样，华昌洋行所剩的两艘船的水脚也按照"德兴"号、"宝华"号的定价处理，不得滥放水脚。轮船招商局又与太古、怡和商定："如日后长江又有'野鸡船'添走，令华昌等经理之船，放价力争，盈亏一体公摊。"

后来有人评价说，轮船招商局联合太古、怡和排挤及打击"野鸡船"，有压制民间轮船航运业的嫌疑，原因是"野鸡船"多为中国民间轮船，或是挂着外国洋行名义的中国轮船。也有人否定这种说法，说"野鸡船"大多是外国洋行的轮船，盛宣怀的行为是保护中国航运业。孰是孰非呢？

据汉口分局的董葆善、施肇英等人写给盛宣怀的报告：光绪十六年（1890年）至光绪十八年（1892年）间，在长江航行的三公司以外的"野鸡船"，主要有美最时洋行的"宝华"号，麦边洋行的"萃利"号、"华利"号，华昌洋行的"益利"号、"长安"号、"德兴"号，马立师洋行的"金陵"号，和兴公司的"飞鲸"号、"飞龙"号、"飞马"号等。从船只所属的洋行或轮船公司来看，这些"野鸡船"均为外国的船只。

但当时的海关报告又称，某些挂外国旗的江海轮船，几乎全系华商所有。像19世纪八九十年代挂奥地利和意大利等国旗帜、每年在长江和沿海各口岸进出四五百次、登簿吨数达五六十万吨的轮船，实际上全属华商。

时过境迁，其中的是非曲直，现在很难辨清。不过有一点是肯定的，盛宣怀及其领导下的轮船招商局排挤、打击"野鸡船"，其性质属于资本主义的自由竞争。在轮船招商局无力挤走太古、怡和的情况下，这三家力量相当的公司联合起来排挤、打击竞争对手，也是资本主义自由竞争所允许的。对于所要排挤、打击的竞争对手，不论是外国的还是中国的，三公司都一视同仁，所以轮船招商局对其以外的中国船只也视为"野鸡船"而加以排斥、打击也是在所难免的。如果据此来断定以盛宣怀为首的轮船招商局是在压制民间轮船航运业，显然不够全面和客观。

有一事实可以证明这点。光绪十七年（1891年）太古的洋大班严迪吉向盛宣怀建议，三公司合力驱逐"飞"字号船只，在尽可能令其绝迹之外，再集中力量对付开平煤矿的船只。因为开平煤矿的船只在从上海返回天津时揽装杂货，应当停止使用开平煤矿的煤炭，作为制裁手段。对于严迪吉这一建议，盛宣怀反应冷淡，未曾认真执行过。

可见，盛宣怀虽然把轮船招商局以外的中国船只视为竞争对手，但对它们还是手下留情的。

第六节 开辟民轮第二战场：内河航运业

在艰难支撑轮船招商局与太古、怡和等外国轮船公司争夺水上航运市场和利益的同时，盛宣怀逐步确立了对外国轮船公司还没有涉足的内河（包括一部分近海）航运事业要由中国主导、抓紧设立公司、开展业务的思路。他曾积极在广东等地筹办内河轮船公司，但由于各方面的阻力难以进行。

光绪十二年（1886年）4月，盛宣怀向李鸿章和湖广总督张之洞正式提交了条陈《内地设轮船公司议》。在条陈中，他这样说道："近年来外国富强，无不自通商始。口岸通商人与我共之，内地通商自我主之。故欲求中国富强，莫如一变而至火轮，设一内地快船公司，与招商局相为表里，以兴中国内地自有之商务，而收中国内地自有之利权。"其避开洋人，到内河独立自主地创办和发展航运业的热情溢于言表。

7月31日，经李鸿章保荐，盛宣怀被清政府简授山东登莱青兵备道兼烟台东海关监督（官署在烟台），从而有了实现这一想法的机会。

盛宣怀从天津到烟台赴任，最省时的方式应该是走水路，即乘船经渤海湾直达。这条水路他走过多次，十分熟悉。但是，他这次却特意走陆路，从天津经济南前往烟台，以便沿途考察民情，了解实际情况。途中，他专门取道掖县（今山东莱州市），调查当地土特产品出口的陆路运输情况，论证组建轮船公司的可行性。到了烟台后，他又进一步了解胶东沿海港口情况和近海土特产品在烟台口岸集结出口的运输情况，与华商、洋商多方调研。

11月9日，盛宣怀依据调研情况上书李鸿章，建议在山东境内发展内河轮船航运业，并陈述了自己发展内河航运业的计划：

> 查东海各口，南与江苏盐城毗连，北与直隶盐沧毗连，所辖一千三百余里，大小海口一百余处，而水深七八尺可驶浅水小轮者约有十余处。如掖县出草帽缏，岁约三百万包，皆由陆路盘山驼运，每包须运费京钱四千，间有民船运，常虞倾覆，商民畏之。而距掖县三四十里，即有太平湾、虎头崖两口，可驶浅轮，若取水脚每包一两，即可收银三四万两，其枣子、粉条等物出口，洋布等物进口，每年水脚亦有数万两。

盛宣怀请求李鸿章支持自己的计划，他说："查泰西各国律法，不通商各埠只许本国轮船行驶，日本亦然。惟我中国因噎废食，则江海之利有与外人公共而无独得者，甚可惜也……今欲开此风气，微我中堂夫子孰能为之，微（宣怀）亦孰肯言之。"

李鸿章同意了盛宣怀的请求，于12月8日复函，准许他在不通商口岸试办内河航运，并就如何办成这件事指点了他。李鸿章根据自己的经验，认为此类事情先奏请中央政府，则很难办成；但是一旦办成，中央政府也只能承认现实。于是他告诉盛宣怀采取"先斩后奏"的办法："无须先咨，免生枝节，如其来回，再复可耳。"

得到李鸿章的支持后，盛宣怀于光绪十三年（1887年）农历正月从烟台前往济南，办了两件事情：

一件是在路过掖县沙河时，他召集当地的草帽辫商人代表杜荫溥、徐克敏等人商议兴办内河航运之事，得到了商人们的支持；同时和商人们就草帽辫的花样、质量、价格进行了讨论，并提出了相关要求，以保证和日本同类商品竞争的优势。

另一件是和轮船招商局会办马建忠一起面禀山东巡抚张曜，请求张曜同意并批准他在山东兴办内河航运的计划。为了获得张曜的支持，盛宣怀专门就此举对山东财政收入的影响作了一番分析：

> 傅相拟照各国在不通商口岸试行浅水民轮船，以收自有之利权，但于陆路厘金恐有损碍。现查东海各口陆不收厘金，莱州草帽缠等货均由旱路至烟，商苦不便，曾与傅相函商，拟用浅水轮船一二只驶行，将土货驳至烟台，再行过载，藉兴商务，其名曰'华民驳货轮船'，悉照民航看待。昨过沙河与商人筹议，共相喜悦。傅相会即具禀试办，应请示。

盛宣怀告诉张曜，兴办内河航运不仅不会减少山东的财政收入，而且可以振兴山东商务，促进山东经济的发展，改善山东的陆路运输。由于盛宣怀说得有理有据，又有李鸿章的支持，张曜很快批准了盛宣怀在山东兴办内河航运的计划。

之后，盛宣怀又深入自己的登莱青属区内做细致深入的调查，以使内河航运尽快办起来。一年后，盛宣怀致书李鸿章，更详细地阐述了自己兴办内河航运的想法和目的，讲述了烟台作为一个通商口岸，应该可以带来更多税收。而兴办内河船运，实在是利国利民的事情，不宜耽误。

在李鸿章、张曜的支持及盛宣怀的积极筹划下，山东内河航运很快就创办起来了。光绪十三年（1887年）2月，中国第一家内河航运公司——山东小火轮公司诞生了，随后通航运行。该公司先是用一艘300多吨位的"广济"号轮船来往于烟台、登州、龙口等港，以货运为主，兼载旅客，后来不断发展，航运范围扩展到山东整个沿海港口，还开辟了烟台至辽东半岛旅顺的航线。

继山东之后，在盛宣怀及轮船招商局的推动下，广东、台湾等地也很快兴办了内河航运，并取得了预期的效果。

第七节　治理小清河，造福山东

盛宣怀任山东登莱青兵备道期间，除大力兴办内河航运外，他的另一大功绩就是成功治理、疏浚了小清河。

小清河位于山东省北部，发源于济南市内的诸泉，自西向东流经济南、淄博、滨州、东营、潍坊等地。小清河为古济水余脉，是宋金时期形成的半人工运河，也是元、明、清时期山东境内著名的盐河。自宋朝的济南知府刘豫开挖小清河以后，小清河的治理便没有停止过。历史上，小清河多次出现淤塞的现象。据记载，明朝永乐年间，为防止小清河淤塞，明政府先后组织实施了6次大规模的疏浚工程，并修建了许多河闸以及河堤。成化九年至成化十一年（1473年至1475年），小清河从济南历城到广饶地区的流域全都进行了疏浚，并建了38座水闸。然而此后小清河还是时常淤塞，屡屡酿成水灾，给两岸百姓造成了巨大的生命财产损失。

盛宣怀担任登莱青兵备道兼烟台东海关监督的几年间，山东境内的黄河频频泛滥，巡抚张曜年年对堵防黄河决口之事感到分身乏术。光绪十五年（1889年）5月，张曜委派盛宣怀主持小清河的治理事宜，为其分担治水重任。盛宣怀受命后，立即从烟台乘船北上到寿光县羊角沟小清河入海口，沿小清河溯流而上，察看沿河百姓的受灾情形，勘察水灾频发原因。这一次，盛宣怀一共走了150多千米的路程。回到烟台后，他根据调查情况制定了一套治理小清河及其支流的详尽方案。

光绪十七年（1891年），在张曜的支持下，盛宣怀开始了治理小清河的工程。治理小清河工程浩大，需要一大笔经费。但山东官府财政困难，无力筹集款项。如何才能顺利治理小清河，兴利除弊，让老百姓受益，盛宣怀为此动足了脑筋。多年的慈善救灾实践给他带来了灵感，于是他创造性地采取了"劝捐筹款，以工代赈"的策略。

所谓"劝捐筹款"，就是由盛宣怀在江南发动募捐，筹集治河经费。所谓"以工代赈"，就是让受灾百姓参加治河工程，由官府发给他们工钱，这样既能救济灾民，又能兴修水利，可谓一举两得。

盛宣怀从小清河下游入手治理小清河，用上海等地士绅、商人捐赠的赈款，招募附近灾民，分段挑挖，以工代赈。计划自博兴县之金家桥起，至寿光县海口止，延长百余里。这项治理工程取得的效果也十分显著，水势归槽，畅行入海。而花费不及20万两白银，历时不过数月。当年夏天，治理工作即见成效。由于下游河道畅通，虽然上游仍有洪水暴发，但下游博兴、乐安、寿光等县却未遭受水灾之害。这年秋天，下游两岸稻粱丰收，芝麻、棉花也获得了好收成。

此后，盛宣怀又多次勘察河道，还专门研读英国传教士有关治理小清河的专著，不断完善小清河治理方案。

同年8月，张曜在河堤上巡视工程时忽然疽发于背，不久不治身亡，原山东布政使福润升任山东巡抚。

光绪十八年（1892年），在福润的支持下，盛宣怀继续治理小清河上游。治理小清河上游工程的费用依然来自盛宣怀组织的募捐活动，历城、章丘、齐东三县的小清河治理工程虽然不在盛宣怀的辖区内，但他也一律筹捐兴修，给百姓们带来便利。

此次治理后，小清河全线沟通，并恢复航运，船只可由羊角沟直达历城黄台桥，流域内水灾也有所减轻。光绪十九年（1893年），盛宣怀又奉命组织民工治理小清河，从此小清河基本定型。

由盛宣怀主持的小清河治理工程，历时3年，征调民工数十万人，耗费白银70多万两，疏浚河道103.5千米，使中断170余年的济南至渤海的内河航运得以恢复。从此，长期淤废的小清河摇身一变成为"黄金水道"，不仅消除了水患，两岸农田也大大受益，而且河道上下畅通，航运得以发展、兴盛起来，从而促进了沿河两岸城乡经济的发展。

盛宣怀治理小清河尽心尽力，风餐露宿，历尽艰辛。盛宣怀的儿子盛同颐在回忆父亲当年治理小清河的情形时说："以历年兼营河务，往往累月驻工，或亲行履勘，风日不避。尝从羊角沟掉小舟出海，遇暴风雨雹，舟几覆，衣履尽濡，喘乃大作，由是遘寒辄发，过劳亦发，根株不可拔矣。"[①]《清史稿》也记述了盛宣怀治理小清河的事迹，说盛宣怀"因讨测受灾之故，益究心水利，其治小清河利尤溥"。

光绪十九年（1893年）11月，小清河治理工程完工之后，盛宣怀亲自撰写了一篇《修浚小清河记》，以纪念这次治理小清河事件。

---

① 《盛宣怀行述》

这篇文章后来被人刻在了石碑上，原保存于小清河航运局，现移立于新整治的小清河岸边，供游人瞻仰。物换星移，世事变迁，《修浚小清河记》石碑一如既往地静静矗立在小清河岸边，向人们诉说着盛宣怀带领民工们治理小清河的那段难忘岁月，歌颂着盛宣怀给山东人民留下的万代功德。

第八节　赶走马建忠，独掌轮船招商局

盛宣怀虽然担任了轮船招商局督办，但由于光绪十二年（1886年）他又兼任山东登莱青兵备道兼烟台东海关监督一职，另外还兼管电报总局的事务，一年中大部分时间都不在轮船招商局，轮船招商局的很多事情实际上由会办兼总办的马建忠处理。

马建忠颇有抱负，有心在轮船招商局做出一番事业。他担任轮船招商局会办之初，就向盛宣怀陈述了自己的雄心壮志，除了表明自己"用人决不插入一私人"的一切为公的态度，也表达了想要在轮船招商局有所作为的意愿。他写信给盛宣怀说："藉为知己之报，果能假以二三年之久，局事或可起色，于大局于商务未必无毫毛之补。此所以力任而不辞者也。"

马建忠所说的"为知己之报"，是盛宣怀欢迎的；但他所说的"力任而不辞"以期"于大局"有所补，则是盛宣怀不欢迎的。为什么这么说呢？因为马建忠定下决心，要倾尽其力、大张旗鼓地在轮船招商局大干一场，其精神固然可嘉，但是这样一来，作为督办的盛宣怀岂不是被架空了？谁能保证马建忠不会是唐廷枢第二呢？俗话说"一山不容二虎"，盛宣怀虽然知道马建忠的能力，但更多的是感觉到了极大的威胁，他岂能容马建忠在轮船招商局如此"肆意妄为"，于是也

想将他赶出轮船招商局。

想当初，他们在科考场中萍水相逢，畅谈理想，两人都认为相见恨晚，互相引为知己。两人科考落榜后，结伴到镇江、上海游玩散心，分手时相约将来要建功立业，以不负平生。最终两人却在同一个战场上狭路相逢，成为对手，实在是让人唏嘘不已！

不过，盛宣怀要挤走马建忠并不像挤走徐润、唐廷枢那么容易。因为马建忠有很广的社会关系网，更重要的是，当年他留学法国是得到李鸿章支持的，学成回国后他又协助李鸿章办理洋务外交，曾随同李鸿章去印度、朝鲜办理外交事务，很得李鸿章的信任。可以说马建忠在李鸿章心目中的地位比盛宣怀差不了多少。现在，马建忠利用主持局务之便，经常与李鸿章直接接触，李鸿章也直接给马建忠下指示，这样马建忠与李鸿章的关系又加深了一层。

渐渐地，盛宣怀开始怀疑李鸿章厚马而薄己，对自己不像从前那么信任倚重。对于盛宣怀下发的公文，李鸿章有时会在公文中批示"檄文仍令马道会同"，意思是要请马建忠也为公文把关，摆明了对盛宣怀处理事情不太放心。

为了对付马建忠，盛宣怀将自己的亲信、轮船招商局另一会办沈能虎安插在马建忠身边作为密探，监视马建忠的一举一动。

沈能虎曾在李鸿章身边任幕僚，与盛宣怀交好。光绪十二年（1886年）盛宣怀接到赴任山东登莱青兵备道和烟台东海关监督的调令时，就推荐当时丁忧在家的沈能虎担任轮船招商局会办。由于沈能虎办事能力很强，又与马建忠意见多有不合，马建忠为了独揽大权，也想方设法要将沈能虎排挤掉。好在沈能虎行事相当谨慎，马建忠抓不到他什么把柄。因此沈能虎一直对马建忠不满，这次盛宣怀让他监视马建忠的动静，他自然是乐意而为的。

马建忠除任轮船招商局会办外，还任织布局会办，兼管宁海（今浙江宁波市宁海县）金矿的事务。光绪十六年（1890 年），马建忠禀请李鸿章委任轮船招商局会办之一严潆为织布局提调。盛宣怀得知消息后，果断地请求李鸿章收回任命，改派严潆挂一个织布局"董事"的虚衔。盛宣怀还倒打一耙，说马建忠调严潆任织布局提调之职是"以布局为重，商局为轻；争气为重，公事为轻"；至于他自己，则断不敢不以轮船招商局公事为重，一定会留住严潆，不至于"人财两失"。严潆听说此事后，当即向盛宣怀表示忠诚，并按盛宣怀的意见只是挂名织布局的"董事"。

盛宣怀向马建忠步步紧逼，马建忠也不甘示弱，处处同盛宣怀分庭抗礼。盛宣怀想要将自己欣赏的人安排到轮船招商局，马建忠坚决不同意；马建忠想要提拔自己欣赏的人，盛宣怀也坚决不允许。两人已经到了水火不相容的地步。

盛宣怀一心要排挤掉马建忠，千方百计地寻找机会以彻底打垮马建忠。

机会终于来了！盛宣怀发现了马建忠的一个不可告人的秘密：马建忠曾将江苏漕运费用 5 万两白银存入旗昌洋行，存单上写明"收到马建忠"字样，但旗昌洋行倒闭时，马建忠暗中嘱咐轮船招商局翻译葛仕将存单上的字头改为"收到轮船招商局"的字样。公款存单用私人名字已经犯了大忌，旗昌洋行倒闭，唯恐事情败露又托人将存单字头偷改为局名，马建忠这一自作聪明的做法，给了盛宣怀可乘之机。这事是沈能虎发现的，他随即将秘密告诉了盛宣怀。盛宣怀因不便直接向李鸿章告发，于是让沈能虎上禀李鸿章，揭发马建忠指使葛仕私改存单字头的丑行。沈能虎还向李鸿章控告马建忠"挂欠公账银一千三百六十余两"。

盛宣怀唯恐李鸿章不为所动，又串联其他人轮番给李鸿章写信，揭发马建忠挪用公款的劣迹，请求李鸿章惩处马建忠。李鸿章不能再不为所动了，最终做出了让马建忠暂离轮船招商局，厘清侵挪款项的决定。光绪十七年（1891 年）9 月底，马建忠离开了轮船招商局，盛宣怀总算松了一口气。

但马建忠离开轮船招商局只是离职而不是被革职，还有重返轮船招商局与盛宣怀一决雌雄的可能。当时就有外国人向清政府请求让马建忠留在轮船招商局。马建忠到达天津时，也有人劝他返回轮船招商局；而马建忠也给轮船招商局发来函件，声言他虽离开轮船招商局，但"不奉明文撤差"，意思是他仍是轮船招商局会办，随时可以回轮船招商局。

为了防止马建忠卷土重来，盛宣怀开始处心积虑，采用各种手段想要以绝后患。

在马建忠还未离开轮船招商局时，盛宣怀就写信给沈能虎，要求他改正缺点，团结同事，以争取在适当的时候取代马建忠的位置。马建忠离开轮船招商局后，李鸿章先是委派谢家福代替马建忠，后谢家福因病离职，又委派严潆、唐风墀、陈猷为商董，沈能虎为会办。由此沈能虎正式取代了马建忠的位置，使马建忠失去了重返回轮船招商局的可能。沈能虎升任总办后，盛宣怀立即函告沈能虎："马建忠离局以后，撤马亲信王子平、沈卓峰、周锡之等人。"两人利用各种借口，将马建忠的亲信全部清理出了轮船招商局。

盛宣怀不仅不允许马建忠重返轮船招商局，也不允许马建忠在外面扩大阵地。马建忠离开轮船招商局后，打算另办一个织布局。此时盛宣怀正准备插手织布局事务，他马上建议李鸿章不要许诺马建忠创办另一个"多余"的织布局。李鸿章听从了盛宣怀的建议，于是，马建忠另办织布局的计划没有实现。

马建忠也还在努力为自己争取机会。他离开轮船招商局时，正值轮船招商局与太古、怡和竞争激烈收入锐减之际，他抓住这一点在外面大造舆论，说轮船招商局现在"生意大不好，皆其出局之后"。他还在回上海路过烟台时当面告诉盛宣怀："此次回沪筹办了事，中堂答应一了即可回局。"

盛宣怀没有退让，他一面吩咐轮船招商局各分局加紧招揽客货，一面加紧与太古、怡和谈判。取得一系列成绩后，他的腰杆又硬起来了，告诉大家马建忠说轮船招商局现在生意不如从前纯属无稽之谈。他还将轮船招商局从光绪十八年（1892年）正月起的经营业绩与前三年的经营业绩逐月逐船加以比较，结果证明，马建忠离开后，轮船招商局的经营业绩逐年上升，并大有超过以前之势，这也就说明盛宣怀的经营能力比马建忠强。事实胜于雄辩，马建忠再也无话可说了。

最终，马建忠未能卷土重来再入轮船招商局，成了这场斗争的失败者，盛宣怀成了轮船招商局真正的一把手。从此，除去被袁世凯借"丁忧"夺去控制权的5年，盛宣怀一直牢牢掌控着轮船招商局的最高权力长达20年，轮船招商局也由此深深烙上了盛宣怀个人的印记。

马建忠虽然离开了轮船招商局，但是盛宣怀对马建忠一直心存警惕，直到光绪二十四年（1898年）为了修筑铁路的事，他还劝告两广总督张之洞不要与马建忠合作。

商业崛起，掌控大清经济全局

经营电报局、轮船招商局成功后，盛宣怀迎来了自己人生的大发迹时期。盛宣怀全面发力，多点开花，到19世纪末20世纪初，已经掌控轮船、电报、铁路、银行、纺织等大批洋务企业，几乎占据大清王朝经济的半壁江山，一个庞大的盛氏商业帝国就此崛起。

第一节 创建华盛纺织总厂

光绪十八年（1892年）6月，鉴于盛宣怀在电报、轮船航运业中的突出表现，以及在山东登莱青兵备道任上所取得的显著成效，李鸿章上呈《盛宣怀调津关折》，建议将盛宣怀调任天津海关道兼直隶津海关监督一职，清政府批准了李鸿章的奏折。

7月，盛宣怀辞去山东登莱青兵备道职务，到天津赴任。此后，盛宣怀在天津海关道这一职位上一直做到光绪二十二年（1896年）。盛宣怀在天津海关道的4年，正值中日甲午战争时期，战火弥漫，他积极投身到御敌卫国的活动中，调动船只为清军输送枪械粮饷，使电报保持畅通，给李鸿章提供军政情报，为抵抗外敌做了自己能做到的一切。

与此同时，盛宣怀还继续管理着轮船、电报、煤铁矿等方面的诸多事务。到这时，洋务运动的四大支柱产业，盛宣怀已经掌控了其中的三个——轮船、电报和部分煤铁矿务，只剩下最贴近百姓生活的纺织业不在其掌控之中。因此，盛宣怀也一直努力寻找机会涉足并掌控纺织业。

光绪十九年（1893年），盛宣怀因一个意外的机会成功进入纺织业，并顺势创建了对中国近代棉纺织业影响深远的华盛纺织总厂。

第二次鸦片战争后，西方列强开始向中国大量输入工业品，在这些进口的工业品中，棉纺织品日益增多。外国棉纺织品大量进入中国，从沿海到内地先后出现了洋纱代替土纱、洋布代替土布的巨大变化，也使中国家庭纺织业和城市手工纺织业解体，许多棉纺织手工业者失业，中国的白银大量外流。于是，中国的一些官僚、商人开始酝酿自办纺织机构，生产棉纺织品，以抵制外国棉纺织品进入中国，与外国人争利。

光绪四年（1878年）10月5日，前四川候补道彭汝琮向直隶总督李鸿章、两江总督沈葆桢上书，请求批准他在上海筹建机器织布局，获得了批准。李鸿章还委派郑观应与彭汝琮共同筹办建厂事宜。上海机器织布局成立后，采用官督商办的形式，先后由彭汝琮、郑观应、戴恒、经元善、龚寿图、马建忠等人经营，但是业绩不佳，甚至还亏损了。李鸿章又改派杨宗濂、杨宗瀚兄弟主持上海机器织布局的经营事务。

这时杨宗濂已升任直隶通永道（辖今北京通州和河北中、东部一带），他身为朝廷官员，但在天津商界享有较高的威望，因此很受李鸿章器重。杨氏兄弟接管织布局后，于光绪十六年（1890年）投入生产，当时织布局拥有纺锭 25000 枚，织布机 500 台，工人约 4800 人。在杨氏兄弟的经营下，上海机器织布局取得了发展，效益良好，仅织布产品的利润每月就有 1.2 万两白银，纺纱产品的利润则更多。

正当上海机器织布局经营状况蒸蒸日上之时，却在光绪十九年（1893 年）10 月 19 日发生了一场火灾。大火从清花车间燃起，蔓延到新栈房及码头，使整个上海机器织布局陷入一片火海，最终化为灰烬。这场大火让上海机器织布局损失白银 150 多万两，4000 多名工人失业。

11 月 26 日，李鸿章函告盛宣怀，命他前往上海主持上海机器织布局的重建工作。12 月 8 日，盛宣怀从天津赶往上海，暂时寓居在上海电报局。盛宣怀找来杨宗濂，和他协商重建上海机器织布局的具体事宜。

首先清理了上海机器织布局的前账。上海机器织布局成立后，先后投入官款 26.5 万两白银，商股 55.4 万余两白银，其他公私股份约 20 万两白银；被烧毁后的上海机器织布局剩余残物，经过中外两方人员的估算，最多值 10 余万两白银。盛宣怀一改从前官员们奉行的先顾官后顾商的惯例，提出"总须体恤旧商，方足招徕新商"的观点，决定所有的官款待新厂建成后盈利时再慢慢归还，将大火后所剩的残余物变卖所得的 10 余万两白银全部摊给商家，按旧股 1000 两先摊 200 两，其余 800 两待新厂建成后盈利时补还。

盛宣怀这种首顾商人利益、为商人着想的做法是十分明智、有远见的，得到了商人们的一致拥护。等到他筹建新厂时，招股筹款的事情一下子变得容易多了，资金很快就有了眉目。

处理完前账问题，接下来便是筹办新厂。盛宣怀号召上海、宁波、苏州三地的绅商和洋行认购股份 60 万两白银，自己则从电报局、轮船招商局挪补巨款以填不足之数，不到两个月就筹得 200 万两白银。

听闻盛宣怀看重商人利益，即使款额筹满，认购者仍纷至沓来，以致后来不得不限制商人购股。

资金到位之后，盛宣怀开始忙于具体的建厂工作。为了体现商资商办的性质，减少上海机器织布局的官办色彩，以吸引商人们持续关注和投资上海机器织布局，盛宣怀决定将"局"改为"厂"，将厂名定为"华盛纺织总厂"。新成立的华盛纺织总厂，由盛宣怀任总管，另设董事若干名。各董事的具体分工是：严作霖管银钱，沈廷栋、褚成炜管生产，许春荣、杨廷杲、严潆管买卖棉花和纱布。这个领导班子基本上是盛宣怀在轮船招商局、电报局的成员，这也意味着华盛纺织总厂是盛宣怀势力的延展，盛宣怀也由此实现了长久操控纺织业的目的。

光绪二十年（1894 年）9 月 16 日，在上海机器织布局被大火烧毁后不到一年，华盛纺织总厂建成并正式投入生产，总厂拥有织布机1500 台，工人 4000 多名。当时的《捷报》对华盛纺织总厂的开工情况作了报道，报道称，上海织布局虽已被焚，但这次火灾并没有阻挡住中国工业的发展。规模更大、设备更好的织布厂已经建起来了，并于上星期一开工。大火之后 11 个月，棉花已入厂，预计数日后即可出纱。旧局有布机 500 台，纱锭 2.5 万枚；新厂现有布机 1500 台，纱锭 7 万枚。

对于华盛纺织总厂的生产前景，盛宣怀信心十足，他对外界说道："集股百万，第一年官利六厘，第二年起官利一分，余利先拨还正本。如镑价不落，三四年可拨本，则股票皆余利矣！"盛宣怀的自信，建立在他多年创业实践的经验之上，也建立在他为重建织布局所做的种种努力及对织布局往年成本、利润精确计算之上，更是建立在市场规律基础之上。华盛纺织总厂初期运营的成绩，表明盛宣怀确实做到了他对外界的承诺。

盛宣怀经营华盛纺织总厂，始终坚持两个原则：一是从商民利益出发，以赚钱为原则，主张商办；二是同洋商竞争，以维护民族利益。因此他奉李鸿章之命拟订《华商机器纺织公所章程》时，提出了如下的规定和办法：一是华盛纺织总厂及其分厂均商本商办，摒除一切官气；二是为降低纺织品出售价格，请求清政府对盛纺织总厂的有些项目轻税和免税，华盛纺织总厂及其分厂所购买的纺纱、织布机器设备进口免税；三是力保中国商民自有之利权，抵制洋商自运机器来华制造纱布；四是在聘用洋技师方面，同轮船、电报、矿务等公司的用人原则一样，聘用者必须有真才实学，公司用其技术，但用人权在公司。

为了将中国的纺织市场掌握在中国人手中，更有效地与洋商竞争，盛宣怀制定了一个比上海机器织布局时期更为宏大的扩建计划，在上海、宁波、镇江等地先后开设分厂——裕源纱厂、通久源纱厂、大纯纱厂、裕晋纱厂、同兴纺织厂、集成纱厂、松盛纱厂和肇兴纱厂，再加上隶属原上海机器织布局的华新纺织新局（后改为华新纱厂），华盛纺织总厂规模庞大。后来盛宣怀请求李鸿章给予他垄断中国纺织市场的特权，李鸿章同意了他的请求。

通过一手筹办华盛纺织总厂，盛宣怀实际上掌控了中国的纺织业。至此，洋务运动的四大支柱产业轮船、电报、煤铁、纺织都被盛宣怀"收入麾下"。盛宣怀"办大事"的愿望总算实现了，而"办大事"愿望的实现，又为盛宣怀"做高官"奠定了基础。放弃科考的盛宣怀，最终通过兴办实业这一并不简单的"捷径"实现了"做高官"的人生理想。

第二节　接办汉阳铁厂成效卓著

盛宣怀第一次在湖北办矿没有成功，但是他继续办矿的愿望并没有泯灭，只不过他的这一愿望沉寂了许久，直到 12 年后他才又获得了一个绝佳的办矿机会。光绪二十二年（1896年）5月，还在天津海关道任上的盛宣怀，被湖广总督张之洞札委招商承办由他创办的汉阳铁厂。

张之洞是在光绪十五年（1889年）因督办卢汉铁路（自卢沟桥至汉口）而调任湖广总督的。他到任第二年，便在武昌设立湖北铁政局，年底便组织人力在龟山下动工兴建汉阳铁厂，并于光绪十九年（1893年）9月建成投产。在筹建汉阳铁厂之初，张之洞也与盛宣怀商议过，两人甚至有合作的意图，后来因为在铁厂的选址、经营方式等方面存在分歧，合作未能达成。

汉阳铁厂自创立到光绪二十二年（1896年）一直都是采取官本官办的形式。张之洞在创办铁厂之初雄心勃勃，但是他在铁厂的筹建、机器设备的订购、厂址的选定、资金运转等问题上处理得并不妥当，结果耗资560万两白银还没有炼出钢。张之洞被迫将汉阳铁厂由官办改为招商承办，并选定盛宣怀来湖北督办汉阳铁厂。张之洞之所以选中盛宣怀，是因为他认为盛宣怀对于中国商务工程制造各事宜均极熟悉，经理轮船招商局多年，著有成效，而且盛宣怀还有一定的办铁厂经验，实在是不二之选。

5月23日，盛宣怀正式接管汉阳铁厂。次日，郑观应被张之洞委任为汉阳铁厂总办，以辅佐盛宣怀。此时汉阳铁厂已严重亏损，问题丛生，实际上已陷入瘫痪状态。盛宣怀接手汉阳铁厂后，首先将经营方式改为官督商办，又对汉阳铁厂的燃料供应、资金运转、产品销售、生产管理等情况进行了全面彻底的调查。调查后盛宣怀得出结论，汉阳铁厂经营失败的根源在于煤炭运输困难，生产成本过高，而且产品质量低劣，以致销售无门。

面对这种困难的局面，盛宣怀先狠抓燃料问题，派德国矿师赖伦、克利马到长江沿岸勘探煤矿。光绪二十四年（1898年），赖伦、克利马在江西萍乡勘得储量丰富的优质煤矿，他们在报告中称："（萍乡煤矿）质佳苗旺，数百年采之不尽……其煤炼制焦炭，足供湖北铁厂之用，煤质之佳尤胜开平，轮船、铁路最为合用。"盛宣怀欣喜异常，立即购下了萍乡煤矿，从轮船招商局、电报局及通商银行挪用 110 余万两白银，又向德商礼和洋行借款 400 万马克（折合白银约 110 万两），先后投资 500 万两白银，从国外引进先进机器设备，雇用外国技术人员，对萍乡煤矿进行大规模的改造建设。光绪二十四年（1898 年），萍乡煤矿出产煤炭 1 万吨，焦炭 2.9 万吨；光绪二十六年（1900 年），出产煤炭 2.5 万吨，焦炭 4.3 万吨；光绪二十九年（1903 年），出产煤炭 12.2 万吨，焦炭 9.3 万吨；光绪三十一年（1905 年），出产煤炭 19.4 万吨，焦炭 11.4 万吨，基本上满足了汉阳铁厂的需求。

接着，盛宣怀着手解决产品质量的问题。他委派铁厂总办李维格赴日本和欧洲考察炼钢方法，李维格回国时带了一名他从英国请来的化学家梭德。梭德对大冶铁矿、萍乡煤矿的成分进行了化验，然后根据化验结果对汉阳铁厂的产品进行分析、鉴定，最终发现了汉阳铁厂产品质量低劣的原因。

原来，张之洞在创办汉阳铁厂时，在事先没有勘探煤铁矿的情况下，就致电中国驻英使臣刘瑞芬、薛福成，在英国订购炼钢炉。当时英国有两种炼钢炉：一种是酸性的贝色麻炉，适于炼含磷量小的铁矿砂；一种是碱性的西门士马丁炉，适于炼含磷量大的铁矿砂。大冶的铁矿砂含磷量大，必须用西门士马丁炉提炼才能除去里面的磷。但是汉阳铁厂却错选了贝色麻炉，所以炼出的钢铁含磷量过高，成为劣品。

找到产品质量低劣的原因后，盛宣怀马上向日本兴业银行借款300 万日元（折合白银约 250 万两），对汉阳铁厂的设备进行了大规模的改造，拆去原来的贝色麻炉，安装 30 吨西门士马丁炉 4 座，150 吨大调和炉 1 座，添建 250 吨高炉 1 座，扩充和扩建了机修厂、轧钢厂、钢板厂、钢轨厂、电机厂。这一浩大的设备改造工程总共耗费白银 300 余万两，于光绪三十四年（1908 年）竣工。

铁厂改造完成后，生产走上了正轨，产品质量大大提升。当时正值清政府大造铁路之际，对钢铁产品的需求量大大增加，汉阳铁厂日夜加紧炼钢，生产铁路部门所需的各种产品，从而保证了铁路建设能顺利进行。

产品质量问题解决后，盛宣怀又集中精力解决产品的销售问题。由于汉阳铁厂一开始炼出的产品质量低劣、价格过高，在市场上敌不过洋铁，所以洋铁占据着中国大部分的市场。盛宣怀认为，要打开汉阳铁厂产品的销路，除了进一步改善产品，还要拿出一部分精力遏制洋铁在中国的销售，让中国对钢铁产品有需求的企业多订购汉阳铁厂的产品。张之洞也赞成他的想法，随即向清政府上呈《铁厂招商承办议定章程折》，请求清政府下令凡有官办钢铁料件，一律向汉阳铁厂订购，不得再购外洋之物。10 月，盛宣怀在取得清政府给予他的专折奏事特权之后，又马上上奏请求各地铁轨统归汉阳铁厂制造。同月，盛宣怀被清政府委任为中国铁路总公司督办，他的这一请求自然也就得到了批准。

最后，盛宣怀着手解决汉阳铁厂的人才任用问题。当时，汉阳铁厂聘用的高级技术人员都是外国人，不仅拿着很高的薪水，而且态度傲慢，不配合管理工作。盛宣怀根据自己的调查情况，请总办郑观应对铁厂现有的 36 名外国技术人员进行考核甄别，可用者尽可能留下，不可用者则一律辞退。最终辞退了总监工德培等人，只留下 14 名外国技术人员。盛宣怀还听取郑观应的意见，在铁厂设立学堂，招收学生，上午读书，下午入厂了解、掌握机器生产技术，以培养铁厂自己的人才，逐步取代外国技术人员。

盛宣怀接办汉阳铁厂后，可谓呕心沥血，终于让汉阳铁厂起死回生。自光绪二十二年（1896 年）起，汉阳铁厂的生产能力逐步上升，从年产 1 万余吨增长到 3.8 万吨。光绪三十年（1904 年）10 月以后，由于汉阳铁厂改建工程全面铺开，影响到了次年的产量。到光绪三十二年（1906 年）汉阳铁厂的产量有了较大提升，生铁产量达 5 万吨以上，并开始产钢。光绪三十三年（1907 年）还有外国记者对汉阳铁厂进行了参观报道，宣称"湖北是中国未来的匹兹堡"，这也反映出了汉阳铁厂当时欣欣向荣的景象。

在盛宣怀的主持下，汉阳铁厂生产出了中国过去所没有的产品，促进了近代中国工业、国防、交通运输等事业的发展，中国的工业化由此迈开了步伐。

第三节 出任铁路总公司督办

光绪二十一年（1895 年），中日甲午战争以清政府与日本签订丧权辱国的《马关条约》而告终。之后，西方列强掀起了瓜分中国的狂潮。它们擅自在中国划分"势力范围"，强夺"租借地"，修筑铁路线。到光绪二十四年（1898 年），英、法、德、美、俄等列强在中国一共掠夺了大约 6420 英里（1.033 万千米）的铁路投资权。

在这样的狂潮冲击下，在民族危机日趋严重的情况下，铁路的运输作用更加凸显，得到了各方人士的重视。从与西方列强争权夺利及发展国民经济以增强国力的要求和愿望出发，清政府将修筑铁路的问题视为重中之重。

光绪二十一年（1895 年）7 月 19 日，光绪皇帝发出谕旨，宣称"当此创巨痛深之日，正我君臣卧薪尝胆之时"，并提出救亡图存的六项"力行实政"，把修建铁路置于首位。张之洞立即响应说："方今时势日急，外患凭陵，日增月盛，富强之计，首以铁路为第一要图。"张之洞还提议先修卢汉铁路。刘坤一也说道："究之富强之本，求其收效速、取利宏，一举而数善备，则莫急于铁路。"

但直到此时，中国不过断断续续地修成津沽铁路和关东铁路的天津至中后所（今辽宁葫芦岛市绥中县）一段（合计345千米），台湾铁路的基隆至新竹一段（107千米），及大冶矿山铁路（28千米），总共480千米的铁路而已。

光绪二十二年（1896年）3月，盛宣怀应张之洞之邀接办汉阳铁厂时，提出了一个要求：由他组织铁路公司，经办卢汉铁路。张之洞为求脱身，同意了盛宣怀的要求。4月，张之洞写信向新任直隶总督王文韶推荐盛宣怀：

> 昨招盛道来鄂商办铁厂，连日与议卢汉路事，极为透彻。环顾四方，官不通商情，商不顾大局，或知洋务而不明中国政体，或易为洋人所欺，或任事锐而鲜阅历；或敢为欺谩但图包揽而不能践言，皆不足任此事。该道无此六病。若令随同我两人总理此局，承上注下，可联南北，可联中外，可联官商。[1]

王文韶接到张之洞的信后，立即表示赞同。9月，王文韶、张之洞联名向光绪皇帝上奏，请求开设铁路公司，并举荐盛宣怀督办铁路公司。两人在奏折中说道：

> 中国向来风气，官不习商业，商不晓官法，既或勤于官，通于商者，又多不谙洋务。惟该员能兼三长，且招商、电报各局著有成效。今欲招商承办铁路，似惟有该员堪以胜任。

---

[1]《鄂督张香帅致直督王夔帅电》，光绪二十二年三月二十六日。

光绪皇帝批准了王文韶、张之洞的奏折。9 月 20 日，盛宣怀奉命入京。10 月 19 日，光绪皇帝在乾清宫东暖阁召见了盛宣怀，君臣二人就修筑铁路、练兵、办理工厂等事项谈论了一个小时左右，光绪皇帝深受启发，也决意改革。

10 月 20 日，光绪皇帝颁发上谕："直隶津海关道盛宣怀着开缺，以四品京堂候补，督办铁路总公司事务。"10 月 22 日，自觉受到皇帝隆遇之恩的盛宣怀向光绪皇帝上呈一份《条陈自强大计折》，将前几日自己对光绪皇帝陈述的意见详细地在这份奏折中阐述。同一天，盛宣怀还拜见了恭亲王奕䜣，受到了奕䜣的赞赏。

盛宣怀能够博得皇帝、中央高级官员和封疆大吏等政府上上下下官员的好感和信任，显然是以他主持和掌握了清政府国民经济的命脉——轮船、电报、矿务等实业为基础的，因为他掌握和主持的实业越多，清政府也就越依靠他。10 月 30 日，在盛宣怀被委任为铁路总公司督办后的第 10 天，他又被清政府授为太常寺少卿，并享有专折奏事的特权，可以直接和皇帝对话了。

光绪二十三年（1897 年）1 月 6 日，盛宣怀将铁路总公司总部设在上海，又在天津、汉口设立两个分公司，并向朝廷奏明先修筑卢汉铁路（卢沟桥至汉口），其余苏、沪、粤、汉铁路依次修筑，不再另设公司。自此，盛宣怀以铁路总公司为枢纽，掌控大清的轮船、电报、纺织、煤铁业，成为大清的一根支柱。

第四节　建成中国首条南北铁路干线

不过，盛宣怀就任铁路总公司督办之后，立即着手修筑卢汉铁路。然而卢汉铁路这样大规模的铁路工程，在中国还是首次，有许多困难要克服，盛宣怀承担的任务是非常艰巨的。

盛宣怀对修筑卢汉铁路的困难已有足够的认识，在铁路总公司设立一个月后，他给两江总督刘坤一写信说，铁路修筑之事有三难：一无款，必资洋债；二无料，必购洋货；三无人，必募洋匠，可谓处处掣肘。不但修筑铁路的钱、物、人才三样，中国一样也没有，而且守旧的社会环境也是一大困难，修建铁路的难度实在是太大了！尽管如此，盛宣怀并没有畏缩不前，而是迎难而上，向外界坚定地表达了自己要将卢汉铁路修筑成功的态度："惟有坚忍，力持得步进步，渐图成效。"

盛宣怀估计，修筑卢汉铁路大约需要白银4000万两。但是此时清政府已是强弩之末，还背负着《马关条约》的巨额赔款，财政极其困难，走政府筹款这条路并不现实，从国内商人身上也难以筹集到这么多的资金，于是盛宣怀又将注意力放在洋人的资本上。

借用洋人资本修铁路有两种方式，借洋债与招洋股，但是两者却有不同的结果。当时，清政府的倾向是以"洋商入股为主脑"，李鸿章也认为"洋债不及洋股容易"，都认为招洋股修铁路最合适。而盛宣怀反对招洋股，坚持借洋债。盛宣怀认为，借洋债修筑铁路，无论铁路经营是否成功，到时只要将洋债还清就行了，铁路权还是掌握在中国人的手中。但是招洋股修筑铁路，事情就不这么简单了——铁路权有可能被洋人掌控，而且洋人还会得寸进尺，因路而占地，最终危及国家领土主权。相比较来说，借洋债虽然会附带一些苛刻的条件，但与招洋股相比，代价要小得多。

张之洞也赞成盛宣怀只借洋债、不招洋股的意见。最后，盛宣怀决定将筹集修筑卢汉铁路经费的原则定为："先尽官款开办，然后择借洋债，再集华股。"盛宣怀与张之洞商量后，决定借用比利时款。经过与比利时商人的谈判，光绪二十三年（1897年）正月，盛宣怀在汉口与比利时商人正式签订合同。不久，比利时商人又借故刁难，盛宣怀被迫与比利时商人重新订立合同，答应给予更高的利息及铁路用人权等优惠。光绪二十四年（1898 年）6 月 26 日，盛宣怀与比利时合股公司代理人俞贝德签订了《卢汉铁路比利时借款详细合同》和《卢汉铁路行车合同》，一共向比利时借款 450 万英镑，年息 5 厘，期限为 30 年。

资金问题初步解决，又经过数年的勘测和施工，卢汉铁路终于在光绪三十二年（1906 年）4 月全线竣工通车，全长 1214.49 千米。到光绪三十四年（1908 年）12 月 28 日，中国铁路总公司还清了借款，将铁路收归国有，卢汉铁路也成为洋务派借债筑路中第一条赎回国有的铁路。

作为中国早期建成的第一条南北铁路大动脉，卢汉铁路的成功修筑，不仅有助于铁路沿途地区的经济开发，确立了武汉作为我国中部实业重镇的地位，而且也推动了中国近代工业化的发展。湖北的经济建设从手工生产进入机器生产，与卢汉铁路的兴建大有关联。

卢汉铁路建成后，盛宣怀在"借款筑路"思想的指导下，先后为粤汉铁路、川汉铁路、正太铁路、沪宁铁路、汴洛铁路、道清铁路、京汉铁路等铁路的修筑事宜，向洋商借款 12 笔，加上为修筑卢汉铁路向比利时商人所借的款项，共计 1.8 亿余两白银。

盛宣怀借用外债，带领筑路人员克服重重困难，积极修筑铁路，到光绪三十二年（1906 年），共修筑铁路 2100 多千米，为中国近代铁路事业的发展打下了基础，作出了不可磨灭的贡献。铁路事业的发展也刺激了中国经济生产的发展，一度"大开风气，成效显著"，使中国近代资本主义企业从中获得了实惠。

第五节　创办中国第一家银行

铁厂、铁路得手后，盛宣怀将视线转向了他在贷款时经常接触的银行业。此时中国境内的银行均为外资企业。道光二十五年（1845年），英国人在香港和广州开设丽如银行，经营汇兑业务。同治四年（1865年）又设汇丰银行。此后，法国东方汇理银行、德国德华银行、日本横滨正金银行先后进入中国，垄断了中国的国际汇兑和金融市场。中国传统的票号无论是规模还是管理模式，都无法与之相提并论。

光绪二十年（1894年）7月25日，中日甲午战争爆发，由于日本蓄谋已久，中国军队仓皇迎战，这场战争以中国战败、北洋水师全军覆没告终。迫于日本的军事压力，清政府派李鸿章为中方主要代表赴日本，与日方的全权代表伊藤博文、陆奥宗光谈判。次年4月17日，李鸿章在日本马关（今日本山口县下关市）与日方签订《马关条约》。条约规定中国割让辽东半岛（后因三国干涉还辽而未能得逞）、台湾岛及其附属各岛屿、澎湖列岛给日本，赔偿日本2亿多两白银。中国还增开沙市、重庆、苏州、杭州为商埠，并允许日本人在中国的通商口岸投资办厂。

《马关条约》给近代中国社会带来了严重的危害，中国民族危机空前严重。巨额赔款大大加重了清政府和中国人民的负担，清政府因此大借外债，列强借机控制了中国的经济命脉。条约签订者李鸿章也因此受到举国上下的一致指责，被清政府解除了担当25年之久的直隶总督兼北洋大臣职务，下放广东，王文韶接替他成为新一任直隶总督兼充北洋大臣。

2亿多两白银的巨额赔款从何而来？以后的军饷又怎么解决？盛

宣怀建议除裁减绿营、八旗军饷外，再开办银行以筹措赔款。盛宣怀在光绪二十二年（1896 年）7 月接办汉阳铁厂后，就想到了开办银行。他认为应当将铁厂、铁路、银行三者结合起来考虑，通过银行解决铁厂、铁路的资金问题。为此他写信给张之洞、王文韶说："今因铁厂不能不办铁路，又因铁路不能不办银行。"10 月 19 日，盛宣怀到北京面见光绪皇帝时，上呈《请设银行片》，陈述了自己关于在中国开设银行的意见。10 月 22 日，盛宣怀又向光绪皇帝上呈《条陈自强大计折》，再次申明了在中国开银行的重要性和紧迫性。11 月 12 日，光绪皇帝询问盛宣怀 2 亿多两白银的战争赔款如何解决，盛宣怀答道："应仿照西方各国，创办中国的商业银行，所用军费均借本国民债，则不用再求外人。"光绪皇帝闻言大喜，当即命盛宣怀挑选董事，征求商股，筹建银行。盛宣怀遵旨而行，一番大刀阔斧、雷厉风行之后，银行董事会迅速成立起来。

董事会有 8 个成员，分别为张振勋、叶澄衷、严信厚、施则敬、朱宝珊、杨廷杲、严潆、陈猷。这 8 个人都是当时上海滩呼风唤雨的人物，叶澄衷、施则敬、朱宝珊、严信厚为民族资本家，严潆、陈猷为轮船招商局会办，杨廷杲为电报局总办，张振勋是华侨资本家。有了这几个人的支持，银行的资金问题就基本上解决了。尽管如此，筹办银行之事还是一波三折，历尽艰辛。

当时，时任中国海关总税务司的英国人赫德听说中国要自办银行，急忙向清政府的总理衙门提出要组办中英合资银行，企图控制尚在萌芽中的中国银行业。盛宣怀识破了赫德的阴谋，急忙写信将情况告诉张之洞："闻赫德觊觎银行，此事稍纵即逝，应否预电总署，颇有关系。"张之洞大力支持盛宣怀自办银行的主张，直隶总督王文韶也随之附和。在张之洞和王文韶的劝阻下，总理衙门最终拒绝了赫德的请求，这场风波也化解于无形之中。

由俄罗斯、法国和清政府合办，实权由俄罗斯掌控的华俄道胜银行的董事也来找盛宣怀，责问说中俄已有合作，为什么还要开设新的银行。盛宣怀予以严词驳斥，表明了中国一定要办自己的银行的态度。

光绪二十三年（1897 年）1 月 27 日，盛宣怀召集各董事，议定银行章程 22 条初稿，确定筹组中的银行的名称为中国通商银行。为了尽快地将银行建立起来，盛宣怀费尽心思，四处奔走，推进银行的招股集资工作。2 月 2 日，盛宣怀将银行章程 22 条电告总理衙门。总理衙门复文时提出了 9 条异议，盛宣怀一一申述，终于使总理衙门放弃了企图控制银行的想法。

谁知一波未平，一波又起。这年 4 月，监察御史管廷献上书弹劾盛宣怀，说他独揽银行、轮船、电报大权于一身，全为图谋私利，并对中国通商银行的股份制形式也大力反对。光绪皇帝一时难以抉择，随即颁布上谕，指派张之洞和王文韶进行调查处理。光绪帝犹豫的态度影响了银行的招商，盛宣怀的招股工作遭受严重打击，已入股的商人想抽回资金，打算入股的商人则徘徊观望。

盛宣怀震怒，于是以退为进，接连两次向王文韶提交辞呈。他在辞呈中大声疾呼："似此糊涂世界，何以尚想做事？"并说自己准备携全家返回家乡，举亲耕读，从此不再参与国家大事。王文韶竭力挽留盛宣怀，一方面尽力为盛宣怀开脱，一方面又催促银行开设所需的官方股款尽快到位。盛宣怀这才勉强收回辞呈。

忽然又传来消息，总理衙门对开办银行又有了新的疑问，质疑其合理性和必要性。盛宣怀再次上书总理衙门，强硬地表示创办中国通商银行势在必行："中外早已传扬，若届期不开，失信莫大于是，商股必致全散，以后诸事万难招股！"总理衙门自觉理亏，改变了态度，盛宣怀终于获得了总理衙门开设银行的批准书。

经过盛宣怀等人的艰苦努力，中国通商银行如同一个难产儿，在千呼万唤之后终于诞生了。5 月 27 日上午，上海外滩 6 号大楼（今上海黄浦区中山东路 23 号）的屋顶旗杆上，中国通商银行的大旗高高升起，迎风飘扬。银行一侧的广东路口停满了轿子，众多官员、商贾纷纷前来祝贺。盛宣怀没有出席这次开幕盛典，他手握中国通商银行已按期揭幕的电报，举目远方，长长地吁了一口气……

中国通商银行是中国人自办的第一家银行，也是上海最早成立的华资银行。它的成立，打破了外商银行在华一统天下的局面，此后，中国银行开始与外商银行分庭抗礼，中国的金融大权不再为外商银行所把持。这不仅有利于抵制外国资本对中国的经济掠夺，顺应了中国人民抵御外侮、实现国家富强的愿望，而且奠定了中国近代银行业的基础，开启了中国金融的近代化，促进了中国近代经济的发展。

中国通商银行成立之初，由于中国还没有制定关于银行的法令法规，其组织管理、营业规则都参照外商银行现成的条例执行：设总董张振勋、严信厚、朱宝珊、刘学询、叶澄衷、杨文骏、严潆、陈猷、杨廷杲、施则敬十人，以严潆为驻行办事总董；由盛宣怀督同各总董议订银行章程，规定权归总董，利归股商，用人办事以汇丰银行为准；聘用英国人美德伦为洋大班，上海钱庄业领袖陈笙郊为中国大班，以融通中外金融。中国通商银行虽然名为商办，实际上是奉清政府命令设立的官商银行，大权由盛宣怀一人独揽。

开办不到一年，中国通商银行便先后在天津、汉口、广州、汕头、烟台、镇江和北京开设了 7 个分行。两年后，中国通商银行已能每 6 个月结账一次，除开销外，发给股商利银 40 万两，上缴户部利银 10 万两，发展势头旺盛，盛宣怀曾感慨"汇丰开办之初，尚无如此景象"。洋务派一些需要资金支持的企业也获得了中国通商银行的资金接济。可以说，开办之初的中国通商银行，已经实现了官商两利。

第六节　力挽狂澜，平息挤兑风潮

中国通商银行的经营初有起色，形势一片大好，不料却陷入了内外夹攻的困难境地。

中国通商银行创办初期，获得户部批准，发行银圆和银两两种纸币兑换券（钞票）。为了使纸币流通顺畅，中国通商银行颇费苦心，纸币全部在英国印制完成。光绪二十四年（1898 年）秋，第一批精心印制的中国通商银行纸币从伦敦运送到上海，正式投入市场。中国通商银行发行的银圆票有 1 元、5 元、10 元、50 元、100 元五种面值；银两票有 1 两、5 两、10 两、50 两、100 两五种。纸币正面印有"中国通商银行钞票永远通用""只认票不认人""凭票即付"等字样。

光绪二十六年（1900 年），袁世凯就任直隶总督兼北洋大臣，打算另外开办一个国家银行，以取消中国通商银行发行银圆、代行国家银行的职能。光绪二十八年（1902 年），袁世凯在天津东北城角的三义庙设立中国第一家官办银行直隶官银号，统一货币，发行银圆、钞票。光绪三十一年（1905 年），清政府在北京设立户部银行（后改称"大清银行"），这是中国第一家中央银行。从此，中国通商银行的官方地位逐渐衰落了。

中国通商银行的发展也引起了外国银行的嫉妒，它们加紧了对中国通商银行的"围剿"，意图吞并、毁灭这家新生的中国银行。

光绪二十九年（1903 年），法国人、奥地利人先后向盛宣怀提出合并中国通商银行的要求，遭到盛宣怀的坚决拒绝。这年 2 月 4 日，又发生了震惊中外的中国通商银行伪币案，使中国通商银行面临着一场巨大的信誉危机，历尽艰辛建立起来的商业信用几乎毁于一旦。

2月4日那天，一名钱庄伙计在上海的中国通商银行柜面兑换纸币，柜面人员发现纸币有异样，经多名工作人员仔细辨认，确定这是一张伪币，于是将这人押送至英国巡捕房以查明究竟。中国通商银行出现伪币的消息不胫而走，上海的各个钱庄相继拒收中国通商银行的纸币，市民们闻讯，争先恐后地携带纸币前往中国通商银行兑换现银。2月5日，中国通商银行又验出伪币，这次除了10元的伪币，还出现了5元的伪币。银行职员将伪币当场撕破，并盖上"伪币"字样。为了安抚市民，中国通商银行还特意将伪币贴在银行大门的旁边，又贴上一张辨别伪币的说明：伪币纸质比较粗，花纹比较淡，用口水摩擦很容易掉色。即使这样，持币者还是人心惶惶，争相兑换现银。

盛宣怀身在北京，得知上海出现挤兑风潮后，深感不安。盛宣怀此时在经营汉阳铁厂，还获得了全国铁路的督办权，各地铁路正在动工兴建中，他创办中国通商银行的很大一部分原因就是为了解决汉阳铁厂、铁路修建的资金问题。盛宣怀担心挤兑风潮会影响到汉阳铁厂的资金筹集，因为中国通商银行的股东绝大多数是汉阳铁厂的股东，挤兑风潮可能导致股东们从汉阳铁厂抽走资金。为了维持中国通商银行的信誉，盛宣怀立即吩咐上海的中国通商银行要做到"随到随兑"，如果现银不够就向其他银行寻求帮助。

2月6日、7日，上海中国通商银行门前挤兑的人愈来愈多，一些流氓无赖乘机起哄，现场大乱。有些小钱庄也乘机索取兑换贴水（调换票据或兑换货币时，因比价不同，比价低的一方给另一方补差额），开始时，1元中国通商银行的纸币兑换1枚银圆要贴水一二十文，后来竟要贴水1角甚至2角。2月8日是星期天，为了取得社会各界的信任，中国通商银行破例开门兑换现银，短短一天的时间就兑出现银20万两左右。尽管如此，还是人潮汹涌，中国通商银行不得不请来租界巡捕维持秩序，甚至还动用了消防水龙来驱散人群。

这时，中国通商银行的现银已剩不多，盛宣怀将库存的金条、银锭以及自己家里的银饰首饰作为抵押，从汇丰银行换来 70 万现银为市民兑换现银。几天后，人们看到中国通商银行现银准备充足，讲究信用，见票即兑，也就逐渐不再慌乱。持续一周的挤兑风潮暂告平息。

在全力应对挤兑风潮的同时，盛宣怀也想方设法以求尽快找到伪币造假者。2 月 6 日，一名日本人来银行兑换现银，他带来的 4000 元中国通商银行纸币竟全部是伪币。银行工作人员发现后立即采取行动，派人跟踪这名日本人，摸清了他的住址，然后将情况汇报给巡捕房。巡捕房随即派人将这名日本人逮捕。经过审讯得知，这名日本人叫中井义之助，在上海开办了一家贸易公司，常与大阪华商来往，因生意亏损，他便和几个日本浪人打起了造假走私的主意。他们在大阪郊区的一处民房里秘密仿制中国通商银行的纸币，有 10 元和 5 元两种，共计 30 万元。伪币印好后，他们将伪币由日本九州分批偷运到上海，放在中井义之助的家里。中井义之助再通过在上海的日本商社等途径将伪币流入中国市场。在中国驻日使馆的要求下，日本警察冲进他们的造假地点，将中井义之助的同犯一一抓获，同时销毁了所有机器、印版和伪币。

盛宣怀致电清政府驻日本大使蔡和甫，询问日本政府对这些制造伪币的罪犯的判决意见，希望对他们严惩不贷。蔡和甫回电道："据日本外务部称，对伪造他国纸币者，日本法律无规定惩治之专门条文。""查伪币所造不多，并已破获，全数烧毁，自不致再有谣煽争取之事。"这么大的一场风波，居然以日本单方面声称"无法可依"为借口而不了了之。

挤兑事件发生之后，中国通商银行停用银圆券旧币，将已经发行的旧币陆续回收，并连同印好但未流通的纸币一起销毁；银两券仍照旧流通。光绪三十一年（1905 年），中国通商银行在伦敦印刷 5 元、10 元、50 元三种银圆券新币，共计 435 万元。新币票面上印有招财进宝财神像，与旧币迥然有别，并且增加了纸币印制的技术含量和伪造难度。

此次伪币案给建立初期的中国通商银行造成了沉重的打击，在挤兑风潮发生的短短几天时间内，各方回笼的中国通商银行伪币就达到 30 万元。信用受损导致中国通商银行业务急剧下降，其存款由光绪二十五年（1899 年）底的 397 万两猛跌至光绪三十年（1904 年）底的 189 万两，放款也由光绪二十五年（1899 年）底的 582 万两下降至光绪三十年（1904 年）底的 261 万两。中国通商银行发行的银圆券与银两券也由光绪二十四年（1898 年）的 63.2 万两，陡降为光绪三十年（1904 年）的 9.3 万两。中国通商银行自开业以来共发行纸币 130 万两，而在这次的挤兑风潮中，短短一个星期就兑换出了 70 万两现银。各地设立的分行支行陆续遭到裁撤，到光绪三十一年（1905 年）只剩下北京、汉口两处分行和烟台一处支行。

光绪三十四年（1908 年），盛宣怀任邮传部右侍郎，离开了他一手创办的中国通商银行。此后，中国通商银行在风雨飘摇的乱世中艰难地生存着。

1919 年后，傅筱庵把持了中国通商银行的大权。蒋介石当权后，中国通商银行改组为官商合办银行，逐渐被"四大家族"控制，与四明银行、中国实业银行、中国国货银行合称"小四行"。到 1949 年上海解放前夕，中国通商银行只剩下一些房产，几乎沦为空壳。历经坎坷，几起几落，中国首家华资银行就这样退出了历史舞台。

中国通商银行从诞生到消失，始终处于统治集团内部的倾轧和西方列强的觊觎之下。为了让中国通商银行能够顺利生存下去，盛宣怀承受了巨大的压力，付出了超出常人的努力，尝遍酸甜苦辣。后来在回顾创办中国通商银行的经历时，盛宣怀不无痛心地告诉友人："强兵必从铁道入手，理财必从银行入手，办此二事，不料处处掣肘，更有难于昔年轮船、电报者。"他创办中国通商银行的艰难程度由此可见。

盛宣怀虽然没有担任过中国通商银行的督办，但是却获得了"奉特旨办银行"的特权，从筹办开始到辛亥革命爆发，他始终是中国通商银行的实际掌控者。在逐步经办了轮船、煤矿、电报、纺织、铁路、银行等实业之后，他终于摸索到近代中国经济的核心，并开始洞悉和描摹"船坚炮利"背后的经济体系和制度设计。自从主持中国通商银行以后，盛宣怀的经营中心就由天津转移到了上海，此时他所管辖的洋务企业已横跨重工业、轻工业、交通运输业和金融业等关系清政府经济命脉的领域，一个庞大的盛氏经济帝国从此崛起，他的实业生涯也达到了顶峰。

第八章

兴学强国，
开启教育救国先河

甲午中日战争后，盛宣怀认识到中国要走富强之路，兴学树人为当务之急，提出了"自强首在储才，储才必先兴学"的主张。盛宣怀以超前的意识和开先风的勇气，克服巨大困难，创建了北洋大学堂、南洋公学等新式学堂，一改晚清中国教育的沉闷腐朽之风，为中国近代教育开拓了一片全新的天地。

第一节　酝酿兴办新式学堂

盛宣怀从 19 世纪 70 年代起涉足洋务，逐渐掌控轮船、电报、铁路、银行、纺织等大批洋务企业，几乎掌握了国家经济的半壁江山。但是随着洋务事业越做越大，盛宣怀却深为缺乏新式人才而苦恼。他认识到当时中国最需要的是懂技术、懂外语、懂管理的新式人才，那些只会读经史、写八股的科举弟子，在洋务事业中根本没有多大用处，传统教育非革新不可。

在盛宣怀心目中，人才重于资本。早在经营湖北煤铁开采事务时，盛宣怀就提出"开矿不难在筹资本，而难在得洋师"；"矿务既属兴利之大端，而得人尤为办事之先务"。在筹办纺织厂时，他又致书清政府驻外使节张荫桓说："织局不难于集资，难于得人。"

那么从哪里寻求人才呢？在当时只有两个途径：一是聘用外国人才，二是自己培养人才。在盛宣怀看来，聘用外国人才只是暂时的、短期的、少量的，想要得到更多的人才必须自己培养，而且迫切需要培养掌握科学技术的专门人才。

然而，中国还没有一所真正由政府开办的正规大学。早在同治元年（1862年），清政府在北京开办了京师同文馆，这是在外国传教士把持下为洋务派培训人才的学校。在以后的10余年中，清政府又陆续开办了上海同文馆（1863年，又称上海广方言馆）、广东同文馆（1864年）、福建船政学堂（1866年）、天津水师学堂（1880年）、广东实学馆（1882年）、天津武备学堂（1885年）、江南水师学堂（1890年）、湖北自强学堂（1893年）等。这些学堂的课程多是翻译和技艺传习，都不是能培养出高级专业人才的学校。在甲午战争之前，外国人也陆续在澳门、上海、武昌、苏州、南京、通州等地开办了约10所学校。但这些学校的课程内容受宗教义理的拘束，对高深的科学研究贡献甚微。

为了解决人才缺乏的问题，盛宣怀在兴办实业的过程中，曾根据不同的需要，有意识地开办附属于企业的带有学堂形式的短训班，比如办电报局时在天津、上海等地办的电报学堂，督办汉阳铁厂时办的附属于该厂的学堂。但这些学堂在学制、课程上都只注重实用技术，学员的理论和基础知识不够扎实，只能培养一些具有中等技术水平的技术人员，还是解决不了企业所需的高级人才的问题。

随着企业对人才的要求不断提高，19世纪90年代初，盛宣怀产生了创办正规的新式学堂的想法，以培养高级专业技术人才。

光绪十八年（1892 年），盛宣怀出任天津海关道后，开始着手创办新式学堂。他与当时在天津自办中西书院的美国驻天津领事馆副领事的丁嘉立多有接触，两人常一起研讨办学之事。丁嘉立是美国公理会教士，早年先后就读于美国达特茅斯学院与欧柏林学院研究院，光绪八年（1882 年）来到中国，在山西传教 4 年之后，他脱离美国公理会，改以学者的姿态到天津开展文化活动。他在天津英租界达文波路（今天津建设路）北边租了一栋楼房，开办了一所不带宗教色彩的中西书院，自任院长，招收学生数十人。中西书院是外国人在中国开办的第一个不带宗教色彩的学校，当时在社会上获得了很大的认可。李鸿章也曾聘请丁嘉立给自己的儿子、孙子教授英文。盛宣怀与丁嘉立多次接触后，便秉承李鸿章的旨意，与丁嘉立共同拟订开办新式学堂的章程。新式学堂的学制、课程是丁嘉立以美国哈佛大学、耶鲁大学等大学的学制、课程为蓝本设计的，得到了盛宣怀的赞同。

光绪二十一年（1895 年），中国在甲午战争中惨败，战后中国割地、赔款，社会危机和民族危机日益加深，救亡图存、兴学强国成为朝野人士的共识。盛宣怀更清醒地意识到实业救国的道路已经行不通，必须采取教育救国的方式，依靠教育提高国民的素质，培养高端人才，以挽救国家和民族的危亡。盛宣怀决定仿照外国的模式，在中国创办大学堂，以培养新式人才。

盛宣怀制定了一项在全国各地劝捐设学的全盘计划，决定在天津、上海两地分别设立北洋大学堂与南洋大学堂（即后来的南洋公学），在全国 23 座省城各设小学堂 1 所，为这两所大学堂及其附属中学堂提供合格的生源；另外还在北京、天津、上海三地各设 1 所短期培训性质的时中书院。所有办学经费均由他一手掌控的轮船招商局、电报局等官督商办公司予以捐助。

盛宣怀并非主管教育事业的官员，这一整套办学计划，可以说是出于兴学强国、为国育才的公心，他尽全力调动自己掌握的权力与资源，在全国范围内初步构建一个从小学、中学直至大学的现代学制的教育体系。

同年9月19日，盛宣怀拟定《拟设天津中西学堂章程禀》，递交给新任直隶总督兼北洋大臣王文韶。

盛宣怀在禀折中指出："自强之道，以作育人才为本；求才之道，尤宜以设立学堂为先。""况树人如树木，学堂迟设一年，则人才迟起一年。""自强首在储才，储才必先兴学。"他认为要获得军事、外交、制造工艺等方面的人才，就应当广开学堂，加强教育投资。王文韶颇有同感，将盛宣怀的禀折名称改为《津海关道盛宣怀创办西学学堂禀明立案由》并上奏朝廷。10月2日，光绪皇帝批准了盛宣怀的禀折，下令成立天津北洋西学学堂。

第二节 创办中国第一所工科大学

光绪二十一年（1895年）10月2日，北洋西学学堂举行了开学典礼，由盛宣怀出任学堂的首任督办，校址选在天津北运河畔大营门外梁家园博文书院旧址（今天津海河中学一带）。这一天也成为中国第一所大学的建校纪念日。次年，北洋西学学堂正式更名为北洋大学堂，这是中国第一所以"大学堂"命名的高等学校。

北洋大学堂成立后，盛宣怀以"中学为体，西学为用"为办学方针，以世界一流大学美国哈佛大学和耶鲁大学为蓝本，规划和建设北洋大学堂，希望为中国新式教育做出榜样，进而推动新式教育在中国的普及，实现兴学强国的目的。

盛宣怀十分重视北洋大学堂教师的选聘和学生的招收工作，为此他聘请丁嘉立担任学堂总教习（教务处长），并不惜重金聘用洋人教习（教师），每名洋教习的年薪高达2400两白银。本着宁缺毋滥的原则，盛宣怀命丁嘉立严格挑选学生，光绪二十一年（1895年）首次招生，仅香港考生报名应试者就多达1000余人，最后仅录取了10余名学生。严格选聘教师和严格挑选学生，确保了北洋大学堂的教学水准和人才质量。

除国文课和部分外语课外，北洋大学堂的功课都由外籍教习用外语授课，教科书使用外文原版。学堂所需的图书、标本、仪器、实验器材等也尽量从美国购置。仅西方杂志一项，自学堂创办初期就经常保持100余种，均为世界权威学术期刊，在当时的中国可以说是独一无二的。

盛宣怀借鉴哈佛大学、耶鲁大学的模式，从学制形式、课程设置、教学形式、考核制度、人员配备、管理方式等方面，对北洋大学堂进行了全面的规划和建设。

北洋大学堂分设头等学堂（大学）、二等学堂（大学预科），学制均为4年，学生主要学习理工知识。头等学堂设4个班，二等学堂也设4个班，每班30人，递年工夫长进，升至头班头等。头等学堂的公共课主要有几何学、三角勾股学、化学、万国公法、笔绘图、各国史鉴、写作英文、翻译英文等；专业课分为矿物学、制造学、工程学、律例学四门，从当时紧缺的方向培养专门人才。学生第一年学习公共课，从第二年开始学习专业课。二等学堂是"中国最早的新式公立中学堂"，招收13~15岁的学生，学习英文、数学、朗读、各国史鉴、地舆学、格物学、平面量地法等课程，为进入头等学堂打好基础。

盛宣怀吸取以往洋务学堂办学的教训，为学生的学习制定了两条规则：一是循序渐进地学完所有课程，不许学无次序，中途改学其他课程；二是学习专门科学技术。因此，当天津海关道继任者李少东提出要让第一批 60 名学生分别改学法、德、日三国文字时，盛宣怀断然拒绝，认为这样做是因小失大，得不偿失，并且指出："时势需才如此之急，讵可一误再误。"北洋大学堂采用新的教学形式和考核制度。学堂采用分班教学、分科教学、年级制等西方的教学模式和考核淘汰制，做到了日有课、月有稽（考察）、季有试，年终有大考，且学生未完成学业时，均不可参加学堂外的各项考试。这让学生从科举制度的束缚中解脱出来，得以专心攻读。

北洋大学堂设置督办、总理、监院、总教习、提调等人员，参与学校的管理，并增设文秘、会计、图书管理员、校医等。这些教职工各司其职，互相配合，已具备现代学校管理模式的雏形。

光绪二十五年（1899 年）底，北洋大学堂首届学生毕业。在头等学堂头班的首批 24 名学生中，有少数几人或因派往日本游学，或因事请假未回，或因学无进益，降入二班，不能如期毕业。最终共有 18 人顺利地完成了 4 年的学业，经时任直隶总督兼北洋大臣裕禄批准合格后，于光绪二十六年（1900 年）初被正式授予"考凭"，成为北洋大学堂首届毕业生，他们也是中国自己培养出来的第一批大学毕业生。"钦字第壹号考凭"颁发给了成绩最优、法律专业的王宠惠。光绪三十一年（1905 年），王宠惠获美国耶鲁大学法学博士学位。1912 年，中华民国成立，王宠惠出任南京临时政府的外交总长，后来又当选为国际仲裁法庭裁判员，出任海牙国际法庭法官。

北洋大学堂在创办之初，就将资送毕业生出国留学作为教学计划中的重要组成部分。光绪二十五年（1899 年），北洋大学堂准备资送第一届毕业生赴美留学，后因八国联军入侵中国未能实现。光绪二十七年（1901 年），盛宣怀通过南洋公学资送北洋大学堂第一届毕业生赴美国耶鲁大学、康奈尔大学等大学深造。这是中国首批大学出国留学生，也是中国高等学校留学教育的开端。盛宣怀还委任丁嘉立兼任北洋大学堂留美学堂监督，负责带领北洋大学堂毕业生赴美留学。从光绪二十七年到光绪三十三年（1901 年到 1907 年），中国资助留美学生达 100 余人，其中北洋大学堂的留美学生就占了半数以上。

光绪二十六年（1900 年），八国联军入侵天津时，北洋大学堂被迫停办，大部分学生赴上海南洋公学就读。战事平息后，丁嘉立赴德国交涉，获得 5 万两白银的赔款，他用这笔赔款在北运河畔西沽武库遗址（今河北工业大学红桥校区）重建北洋大学堂。3 年后，北洋大学堂复课，并增设铁路科、法文班、俄文班，光绪三十三年（1907 年）又开设师范科。至此，北洋大学成为包括文、法、工、师范教育诸科，初具综合性的新式大学。1917 年，北洋大学①与北京大学进行科系调整，北洋大学法科并入北京大学，北京大学工科并入北洋大学。1951 年 9 月 22 日，北洋大学与河北工学院合并后改名为天津大学，一直沿用至今，现在天津大学的校徽上还有"北洋"二字。

北洋大学堂是我国历史上第一所真正意义上的理工科大学，在当时被誉为"东方的康奈尔"，它的教学计划、教学内容与方法、教科书、教员配备等都成为后来各地兴办新式大学的范本。北洋大学堂的创办，结束了中国延续 1300 多年的封建教育的历史，开启了中国近代大学教育的先河。

北洋大学堂是盛宣怀参照西方大学模式建立的一所中国新式学堂，盛宣怀的办学思想是立足国家、民族、时代的，为中国近代大学的创建确定了办学方向，树立了"兴学强国"的大学精神。"兴学强国"精神是中国近代大学精神的起点，它作为一面精神旗帜，引领着中国大学事业不断前行。

---

① 1912 年，北洋大学堂改名为北洋大学校。1913 年，改称国立北洋大学。

第三节　慷慨解囊，创办南洋公学

在创办北洋大学堂的同时，盛宣怀也积极筹划在上海创设另一所新式学堂。

光绪二十二年（1896 年）11 月初，盛宣怀向清政府递交《请设学堂片》，提议筹款建立南洋公学，光绪皇帝很快批准了。就这样，在洋务运动的声浪中，又一所新式学堂——南洋公学诞生了。

关于"南洋公学"的名称，盛宣怀有具体的解释："西国以学堂经费半由商民所捐，半由官助者为'公学'。今上海学堂之设，学费皆招商、电报两局众商所捐，故定名曰'南洋公学'。"按当时我国海岸线的划分，黄海、渤海称为"北洋"，而长江口以南（包括东海在内）直到福建、广东、台湾称为"南洋"，所以盛宣怀在上海新办的学堂称为"南洋公学"。

南洋公学与北洋大学堂有明显不同：北洋大学堂以工科为主，南洋公学则设置了内政、外交、理财三科，以文科为主；北洋大学堂的经费来源主要是政府拨款，而南洋公学的经费来源主要是商捐，即由盛宣怀经营的轮船招商局和电报局每年捐款 10 万两白银予以支持，同时集民资若干。盛宣怀是想把南洋公学办成以培养内政和外交人才为方向的政治类大学。

为了尽快建成南洋公学，盛宣怀慷慨解囊，在徐家汇购得地皮建校，其他房舍、仪器、图书等设备的购置，乃至派遣学员出国留学所需的经费，他都预先准备好。光绪二十三年（1897 年）1 月，南洋公学初步建成。之后，盛宣怀就较少过问北洋大学堂的事情，而将主要办学精力集中在南洋公学上。

南洋公学建成后，时任大理寺少卿的盛宣怀亲自担任督办。公学设总理（校长）1人，由盛宣怀的同乡何嗣焜担任；西文总教习1人，由美国传教士、前南京汇文书院（后改为金陵大学）院长福开森担任；中文总教习（教务长）1人，由前梅溪书院负责人张焕纶担任。同时还设提调（协助教务长管理教习、教员的行政工作）1人，文牍员1人，庶务员1人，司会记1人，图书兼备教习2人，医生1人，人员结构十分合理。

南洋公学初创时，采用了分层设学、自成体系的办法，首立四院，实行新式教育。四院分别为：师范院；外院，即附属小学，为师范院学生实习之所；中院，相当二等学堂或中学；上院，相当于头等学堂或大学。外院、中院、上院各习4年，三级衔接，依次递升。课程分"中课""西课"两部分，注重法学、政治、经济，毕业生择优异者，资送出国就学于各国大学。

盛宣怀十分重视基础教育，把师范和小学放在学堂的首要地位，认为"师范、小学尤为学堂一事先务中之先务"。光绪二十三年（1897年）3月，在盛宣怀的主持下，南洋公学师范院举行第一次招生考试，各省前来应试者数千人，多数是贫寒子弟和愿舍弃科举仕途的有志之士。经过严格挑选，第一批次录取师范生40名，都是20岁至35岁的青年，其中很多是举人、廪生和贡生，生源素质很高。4月8日，师范院在租借的上海徐家汇民房正式开学上课。鉴于入学的学生中文程度都比较高，因此师范院不开设国语课，任其选史书经典自行研究，由中文总教习负责指导。师范院的课程主要分数学、格致两门。数学要学笔算数学、代数备旨、勾股六术等；格致以物理、化学为主，既要上理论课，又要做实验。此外还要学科学教育、动植物学、生理学、矿学、地理学以及外语（英文、日文，以后还有法文，由学生挑选1门，边学边做翻译）等。

光绪二十九年（1903 年），南洋公学师范院停办，前后总共 7 年，培养学生 71 人，其中包括吴稚晖、钮永建、白毓、章宗祥等著名人物。南洋公学师范院是中国第一所正规的高等师范学校，虽然办学时间不长，但初步具备了近代师范教育的雏形，揭开了我国师范教育的序幕。

师范院建立后，盛宣怀又仿照日本师范学校设附属小学的做法建立了外院，挑选 120 名 10~18 岁的聪明幼童，由师范生分班教学。南洋公学外院是中国最早的公立新式小学。接着，盛宣怀于光绪二十四年（1898 年）开办二等学堂中院，等待条件成熟再开设头等学堂大学。南洋公学是我国最早兼有师范、小学、中学、大学完整教育体制的学校，它加速了延续 1300 多年的科举制度对学校教育统治的灭亡，为光绪二十八年（1902 年）、光绪二十九年（1903 年）清政府两次学制的颁布提供了成功的范例。

然而从小学、中学到大学的培养体制，虽然比较系统和完善，培养的时间却相对较长。为了迅速培养自己的政治僚属，盛宣怀在筹建南洋公学的同时也在筹建达成馆（即速成培训班）。他计划招收已有基础的成才之士，集中学习外语、法律、公法、政治和通商等课程，3 年以后即可毕业，先到政府有关机构任事，经过实际锻炼，成绩突出者即可被选为出使大臣、总署大臣等。他原计划在北京和上海各设达成馆一所，后来均未按期建成，直到光绪二十五年（1899 年）才在上海开办了特班，也就是原来设想的达成馆。

南洋公学除设有师范院、外院（小学）、中院（中学）、上院（大学）和特班（速成班）外，还附设有译书院、东文学堂等。

译书院成立于光绪二十四年（1898 年），是南洋公学的翻译出版机构。盛宣怀聘任著名学者张元济主持译书院的翻译工作。光绪二十九年（1903 年），袁世凯迫使南洋公学改隶北洋大臣，造成译书院经费困难，不得不在当年停办。张元济将停办的译书院与夏瑞芳主办的商务印书局合并，成立商务印书馆，使得译书院的一些工作继续坚持了下来。译书院从成立到停办，仅 4 年多的时间就翻译出版了图书 13 种 40 余部，不少书曾风行一时，对当时的政治和学术思想影响很大，对资产阶级民主思想的传播也起到了一定的作用。

为了培养翻译人才，盛宣怀于光绪二十七年（1901 年）创办了附属于南洋公学的东文学堂，聘请张元济兼任主任，首次招收了 40 名学生，专门学习日语。但与译书院一样，东文学堂改隶北洋大臣后也因经费无着落，一年后即停办。

第四节　在困难中坚持办学

光绪二十八年（1902 年）11 月 5 日，南洋公学因一只普通的墨水瓶引发了激烈的师生矛盾冲突，爆发了中国近代教育史上发生最早、规模最大的一次学生风潮，在当时产生了很大的社会影响。

当天下午，中院五班国文教习郭镇瀛来到教室上课时，看见自己讲台边的座位上摆着一只洗净后装满清水的墨水瓶。郭镇瀛是个顽固的守旧派，他认定是学生有意捉弄他，嘲讽他胸无点墨，当即勃然大怒，疾言厉色地追究肇事者，全班学生无一人承认。于是，郭镇瀛严令座位离讲台最近的学生伍正钧（后改名"伍特公"，近代著名学者和社会活动家）在三日内查明事实答复。三天后，伍正钧以不知实情回告，被郭镇瀛记大过一次。

11 月 11 日，在郭镇瀛的恐吓下，年纪较小的学生杨之福诬告墨水瓶系与自己一向不睦的伍正钧所置。郭镇瀛据此报告公学总理汪凤藻，要求将伍正钧以及坐在他旁边知情不报的两名同学一并开除。11 月 13 日，汪凤藻以侮辱师长、不守校规为由，布告开除伍正钧等三人，并给五班其他学生各记大过一次。

五班学生一片哗然。11 月 14 日，全班学生到汪凤藻处申辩力争，但无效果。当晚，全班决定次日全部退学，并去各班演说。五班学生的遭遇得到了全校学生的同情。

11 月 15 日清晨，由每班派出一名代表向汪凤藻请求收回成命，汪凤藻不但不答应，反而以学生"私自聚众演说，大干例禁"为由，宣布开除五班全体学生，"以此示儆"。11 月 16 日，公学 200 余名学生在操场整装列队，三呼"祖国万岁"，然后按从低班到高班顺序，排队出发，离校而去。蔡元培随即愤而辞职，跟随学生一起离校。

事件发生后，郭镇瀛自知难辞其咎，惶惶返回老家。汪凤藻也自知无法向盛宣怀交差，只能一走了之。当天午后，盛宣怀派手下刘树屏和张美翊拿着自己的手谕去挽留学生时为时已晚，学校已是人去室空。后经校方以及家长的劝说，有少数学生回到南洋公学，但退学者仍有 145 名。

此次"墨水瓶事件"发生后，盛宣怀大为震惊。他数年来耗费巨资、苦心经营的南洋公学竟然在一日之间人去楼空，作为大学预备生的中院生几乎全部出走，特别是他寄予厚望的特班、政治班学生竟在事发后带头闹事；还有被他视为"学术闳正、兼贯中西"的总理汪凤藻既无力化解冲突，又在事后不辞而别，所有这些都让他痛心不已。

事发当天，他的侄子、中院四班生盛观颐从公学回到盛宣怀府上，盛宣怀一见，立即大骂道："别人毁我的面子也就算了，你这个儿侄辈也敢毁我的面子！"说罢拿起一把刀就要杀盛观颐，吓得盛观颐急忙返回公学。震怒之余，盛宣怀采取多种善后措施，使濒临关闭的南洋公学尽快恢复正常的教学秩序。

"墨水瓶事件"引发了全国新式学堂的学生反抗专制的学运高潮，从光绪二十八年至光绪二十九年（1902 年至 1903 年），浙江浔溪公学、江南陆师学堂、浙江大学堂、上海广方言馆、杭州蕙兰书院等相继发生学生退学、罢课、集会等反封建专制的斗争，一时酿成声势不小的"学界风潮"。很多守旧官员纷纷上奏清政府，要求停办新式学堂，不少新式学堂因此停办。作为学潮的重要"发源地"，南洋公学受到外界更大的指责，停办之声不断传入盛宣怀的耳中。盛宣怀焦虑万分，指出停废新学是因噎废食之举，应向学生灌输实学以端正学风，从而避免学潮，同时表示自己所办的南洋公学绝不停办。他向管学大臣张百熙申辩说："弟学识谫陋，何足以言兴学，惟办事必需人才，成材必由学校，故不惜延访通人，创开风气，而自忘其才力之不及，始终不肯退步。"

屋漏偏逢连夜雨，"墨水瓶事件"过后，时任直隶总督兼北洋大臣袁世凯趁机威胁盛宣怀，试图迫使南洋公学停办。他致电盛宣怀："闻南洋公学已罢散，能否趁此停办，或请南洋另筹款。"南洋公学自开办以来，都是由轮船招商局、电报局每年提供10万两白银的办学经费，袁世凯控制轮船招商局、电报局后，为了从轮船招商局、电报局尽可能搜括经费供北洋使用，不愿意再为南洋公学提供常年经费。如果盛宣怀不愿意停办南洋公学，那么他就指示轮船招商局、电报局停拨南洋公学的经费。

盛宣怀在接到袁世凯的来电之后，立即回电，表示即使轮船招商局、电报局停止提供经费，南洋公学也要设法办下去。他说："南洋公学十月间诸生与教习小有口舌，旋即安静，并未罢散。"

袁世凯停拨南洋公学的经费后，盛宣怀为了在极度困难的情况下使南洋公学能够继续开办下去，采取了两种办法：一是"收束"，即将译书院、东文学堂、特班和师范院全部裁掉，只留下中院6个班，每学年招收200名学生；二是起用公学历年积存的数十万两白银，再向社会募捐银两。这样使南洋公学的经费勉强做到了自给。但是在英美学习的留学生的经费怎么解决呢？盛宣怀认为，译书院等院、班可以裁掉，留学生的学习绝不能半途而废。他和袁世凯协商，要求将轮船招商局、电报局另捐给商务学堂、东文学堂的一笔经费，改拨为留学生经费。袁世凯勉强同意。

盛宣怀坚持办学的精神是可嘉的，但是他内心是效忠清政府，不支持学生运动的。"墨水瓶事件"平息后，盛宣怀命令南洋公学新任总理刘树屏制定《整顿学堂条陈十则》，以限制学生的人身自由、言论自由等。尽管盛宣怀也认为《整顿学堂条陈十则》并不完善，但还是未对其进行根本性的改动就加以施行了。

光绪二十九年（1903年）后，民主革命运动逐步高涨，津沪等地学校的学生掀起爱国民主风潮，南洋公学的学生也参与其中，为此南洋公学又遭到一些指责。盛宣怀仍表示要坚持办好学校，宣称南洋公学"以激发忠爱，开通智慧，振兴实业为主义"，表示南洋公学对清政府是绝对忠诚的。盛宣怀还表彰总理张美翊，实际是对自我的一种肯定："上海革命自由诸党纷纷煽惑，公学近在咫尺，该令尤能约束生徒，不为所诱。"这说明他在政治上反对民主革命运动的态度是坚决的，因为这触碰到了他经营一生的利益。

第五节　中国高等教育之父

为了培养工商业方面的管理人才，光绪二十九年（1903年），盛宣怀创办了附属于南洋公学的商务学堂。南洋公学随即改名为"南洋高等商务学堂"。光绪三十一年（1905年）因改隶商部，校名又改为"商部高等实业学堂"。从此，它成为在我国南方成立最早的一所工科大学。

在创办南洋公学的过程中，盛宣怀很重视从学生中选择优秀者送出国外留学。据统计，光绪二十四年到光绪三十二年（1898 到 1906年）期间，他主持派遣到美、英、德、日、比五国的留学生共有 58 人，其中包括后来成为政治风云人物的章宗祥、王宠惠、雷奋等人。他对派出的留学生要求很严，除了规定他们的学业成绩标准外，还要求他们一定要在学成后归国效力，不准中途退学。例如，光绪二十九年（1903年），广东总督岑春煊想调留学国外的陈锦涛提前回国主持办学，盛宣怀以陈锦涛正在美国耶鲁大学攻读博士学位，一定要拿到学位后才能归国为由，拒绝了岑春煊的要求，并强调"瓜不待熟而生摘，殊属可惜"；光绪三十年（1904 年），川督锡良要调留学生胡朝栋等人回国派用，盛宣怀以胡朝栋等人必须赴欧洲历练一年方能回国予以拒绝，认为"若令早回，所造尚浅"，是不合规矩的。这些留学生学成回国以后，有的在京师大学堂或其他省、府、县的学堂担任教员，有的在政府机构从事外交工作或充当译员，有的在工矿企业工作，他们在各自的岗位上都表现得十分优秀。这也说明盛宣怀选派留学生的工作取得了显著成效。

光绪三十一年（1905 年）春，盛宣怀辞去南洋公学督办一职，宣告了他在南洋公学权力的结束。盛宣怀担任南洋公学督办 10 年，是南洋公学校务的最高决策者、最高主管人。10 年里，南洋公学从无到有、从弱到强，不断巩固、发展、壮大，所有这一切都与盛宣怀的苦心经营、执着追求密不可分。

盛宣怀辞去南洋公学督办一职后，依然致力于南洋公学的巩固和发展，为南洋公学的事业呼吁奔走。宣统二年（1910 年），南洋同学会成立，每月所需的 50 两白银的房租和活动经费皆由盛宣怀支付。盛宣怀还利用自己邮传部尚书的职务之便，对电机、矿务等专业毕业生的出国留学事宜给予很大的支持，并根据发展航海贸易的需要，积极支持唐文治创办商船学校，培养航海人才。

　　光绪三十二年（1906年），南洋公学改隶邮传部（清政府主管铁路、轮船、邮递、电报四政的行政机构），更名为"邮传部上海高等实业学堂"，由唐文治担任监督。次年，上海高等实业学校设立工程专科——铁路专科，之后又增设全国最早的电机专科及船政科，开创了中国高等航海教育的先河。宣统三年（1911年），在辛亥革命的高潮声中，唐文治宣布学校改名为"南洋大学堂"，监督改称"校长"。1912年，南洋大学堂改隶民国交通部，更名为"交通部上海工业专门学校"，并将铁路科改为土木科，电机科改为电气机械科。1918年3月，学校又增设铁路管理科，开创了我国大学工管结合的先河。1921年，叶恭绰任北洋政府交通总长时，将上海工业专门学校、唐山工业专门学校、北京铁路管理学校和北京邮电学校合并成一所学校，定名为"交通大学"，上海工业专门学校改名为"交通大学上海学校"。1922年秋，因北洋政府派系纠纷，交通大学存在不足一年即解体。

　　除了北洋大学堂和南洋公学外，盛宣怀还创办了不少其他的学堂。如光绪三十一年（1905年），因修筑卢汉铁路需用法文人才，他曾创办铁路法文速成学堂；1912年在上海创办了吴淞商船学院，以后在宁波又办了分校。

　　盛宣怀与大学教育的渊源并不光体现在办学上，1916年他去世之后，他价值连城的10多万卷藏书被民国政府一分为三，分别赠给了圣约翰大学、上海交通大学和山西铭贤学校（山西农业大学的前身）。新中国成立后，这些藏书又被调拨给了安徽大学、华东师范大学、山西农业大学。盛宣怀与朋友来往的600封私人信札也被香港中文大学收藏。

　　对于兴办教育，盛宣怀是很有毅力的。他曾说："人笑我收效不能速，十年树人，视十年若远，若不树之，并无此十年矣！"为了创办北洋大学堂、南洋公学，盛宣怀想尽一切办法，克服重重困难，倾注了大量的心血。历经百年风雨，北洋大学堂、南洋公学不仅培养出了大批科技、军政、人文等方面的人才，而且在管理模式、学科体系建设等方面对日后中国大学的创设产生了很大的影响。

作为一个深受中国传统文化熏陶的晚清政府官员，盛宣怀极力维护晚清的政治制度和封建统治，因此，他在办学过程中不可避免地存在局限性。比如，他重视封建传统文化，秉持忠君思想，希望通过课程向学生灌输封建道德与伦理纲常，以此维持对他们的"统御"，对违反学校规章及封建伦理纲常的学生采取严厉手段。但是不能因此忽视他对中国教育迈向近代化所起到的积极作用，他为推动中国近代高等教育的发展所作的贡献是巨大的，是永不能抹杀的。

盛宣怀以"实事求是"为座右铭，注重实际、学以致用的办学理念，奠定了中国高等教育崇尚科学、求真务实的风气。他的眼光与胆识值得世人铭记，而所有这一切的背后，是他一心救国的那颗拳拳之心。

作为中国近代高等教育的先驱和奠基人，盛宣怀为中国高等教育的发展作出了大量开创性的贡献，因此他也被后人称为"中国高等教育之父"。

第九章

世说纷纭，破碎前的『东南互保』

由于帝国主义列强以镇压义和团、保护使馆为名，联合出兵中国，清政府被迫向列强宣战。盛宣怀担心自己一手打造的商业帝国在战争中灰飞烟灭，决定铤而走险，置朝廷诏令于不顾，秘密串联东南各省督抚自保疆土，并与列强达成协议，互不侵犯，从而导演了一出"东南互保"的大戏，使南方半壁江山免遭战火蹂躏，成为晚清历史上的一大奇迹。

第一节　义和团运动爆发

就在盛宣怀为兴办学校积极奔走期间，中国大地上发生了一系列惊天动地的大事件。

中日甲午战争后，民族危机空前严重，与此同时，中国民族资本主义获得初步发展，民族资产阶级开始作为新生的政治力量登上历史舞台。以康有为、梁启超为首的资产阶级维新派，为了挽救民族危亡和发展资本主义，掀起了维新变法运动。他们接二连三地向光绪皇帝提出维新变法的主张，得到了光绪皇帝的肯定。

光绪二十四年（1898 年）6 月 11 日，光绪皇帝在康有为、梁启超等维新派人士的支持下，颁布《明定国是诏》，拉开了持续 100 多天的"戊戌变法"的大幕，在政治、经济、军事、文化各个方面推行一系列的维新变法举措。然而，这场维新变法运动触犯了慈禧太后和顽固守旧派的利益，遭到他们强烈的反对。6 月 15 日，慈禧太后逼迫光绪皇帝连下三道谕旨，罢黜光绪皇帝的师傅、户部尚书翁同龢，任命荣禄为直隶总督，并打算废黜光绪皇帝。

光绪皇帝意识到将有变故发生，于是面约维新派人士谭嗣同、杨锐等人商议对策。9 月 18 日，在康有为的授意下，谭嗣同到法华寺夜访袁世凯，希望袁世凯出兵保护光绪皇帝，诛杀荣禄，包围慈禧太后的住处颐和园，软禁慈禧太后。袁世凯表面上满口应允，实际上心怀鬼胎，赶赴天津，意图向荣禄告密。

9 月 21 日凌晨，慈禧太后突然从颐和园赶回紫禁城，径直奔入光绪皇帝的寝宫，将光绪皇帝痛骂一番之后，将他囚禁在中南海瀛台。随后，慈禧太后假借光绪皇帝的名义，发布吁请太后训政的诏书，宣布临朝训政，同时发布布告，通缉康有为、梁启超等人。

当天，慈禧太后的亲信杨崇伊赶到天津，向荣禄汇报了慈禧太后发动政变的消息。当时袁世凯恰好在场，为了免受牵连，袁世凯向荣禄和盘托出了谭嗣同请他出兵软禁慈禧太后的计划。杨崇伊听后匆忙赶回北京，将袁世凯所说的一切向慈禧太后做了汇报。

结果，谭嗣同、林旭、杨锐、杨深秀、刘光第、康广仁等 6 人（史称"戊戌六君子"）被捕遇害，历时 103 天的"戊戌变法"宣告彻底失败，除京师大学堂外，其他新政全部被废除。

这时，山东境内兴起了义和团运动。义和团对外宣称"神灵附体""刀枪不入"，以"反清复明"为口号，反对清朝统治，抗击外国侵略，打击教会势力。

义和团在山东开展大规模活动后，山东巡抚毓贤派兵进行镇压。但毓贤本人也极为仇视外国侵略者，痛恨教会势力，认为外国教会势力比义和团对清朝统治的威胁更为严重，于是改变了对义和团的态度，由"剿"变"抚"，任由义和团设场坛招徒，攻击教堂，打击教士。于是山东义和团的声势愈加浩大，反教会斗争愈加激烈。

义和团在山东的反教会斗争引起帝国主义列强的恐慌，他们纷纷向清政府施加压力，要求撤换毓贤。迫于列强的压力，清政府于光绪二十五年（1899年）12月撤销毓贤山东巡抚的职务，任命袁世凯署理山东巡抚。袁世凯到任后，开始疯狂镇压义和团，使义和团遭受重大损失，被迫转入地下开展斗争，部分义和团转移到直隶继续斗争。

第二节　慈禧贸然宣战

"戊戌政变"后，光绪皇帝虽然被慈禧太后软禁，但是他正值壮年，而慈禧太后已年近古稀，极有可能会先于光绪皇帝去世，这样光绪皇帝不久又将重返紫禁城金銮殿，再次登上帝位，主持政事。先前投靠慈禧太后镇压维新派人士，并参与迫害光绪皇帝的顽固守旧派王公大臣们，害怕到时会被光绪皇帝清算，于是极力怂恿慈禧太后废黜光绪皇帝，另立新君。慈禧太后也早有废黜光绪皇帝的想法，好让自己独揽朝政，便于光绪二十六年（1900年）1月24日假借光绪皇帝之口颁布诏书，声称光绪皇帝因患病不能诞育子嗣，传旨立端郡王载漪之子溥儁（音同俊）为"大阿哥"，预定于1月31日行让位礼，改元"保庆"。

慈禧太后立溥儁为皇位继承人的消息不胫而走，一时间舆论哗然，反对之声四起。各国公使认为慈禧太后的做法将影响中国形势的稳定，并对慈禧太后提出警告，拒绝派人向慈禧太后庆贺。慈禧太后因此对列强深为怨恨。朝廷中很多王公大臣和封疆大吏也表示反对，其中就包括张之洞、刘坤一、李鸿章等人。上海电报局总办经元善联合蔡元培、黄炎培等1000余人联名电告总理衙门，奏请光绪皇帝抱病亲政，勿存退位之念，并发表《布告各省公启》，呼吁各省阻止慈禧太后另立新君。经元善也请求盛宣怀在联名通电上签名，盛宣怀担心引火上身，婉言拒绝。

在各界的反对下，慈禧太后只好暂时打消了废黜光绪、另立新君的念头。但盛怒之下，慈禧太后责成军机处缉拿经元善等人，严加惩处。军机处立即发报给上海电报局，命令逮捕经元善等人。值班的杨廷杲将电报压下，将消息告诉了盛宣怀。盛宣怀大吃一惊，赶忙用电话通知轮船招商局会办沈能虎订购一张自上海开往香港的轮船票送过来，同时将情况电告经元善。船票送到后，盛宣怀立即吩咐仆人拿上船票，火速赶往经元善的住处。经元善拿了船票，当即动身赶到法租界外滩的金利源码头，乘船经香港转往澳门。事后，慈禧太后怀疑盛宣怀先看到电报放走了经元善，严责盛宣怀交出经元善，否则唯他是问。盛宣怀谎称经元善事先得知消息隐藏起来，与自己无关，并请求革去经元善电报局总办职务，派人四处搜查。慈禧太后找不出什么破绽，只好不了了之。

光绪二十六年（1900年）初，由山东进入直隶的义和团与当地义和团汇合，向北京、天津挺进，沿途拆毁铁路、电线、电线杆等设施。对于如何处置义和团，清政府官员意见很不统一，有的主张严厉镇压，有的主张利用义和团对付外国侵略者。慈禧太后对列强瓜分大清帝国的行径痛恨已久，又因列强反对她废黜光绪皇帝、另立新君而怀恨在心，决定暂时承认义和团的合法地位，令清军停止围剿，并向义和团发放饷银，扶助义和团。

4月，大批义和团进入京、津地区，提出"扶清灭洋"的口号，他们到处杀洋人、烧教堂、拆电线、毁铁路，并攻进天津租界。

义和团的反帝斗争愈演愈烈，帝国主义列强坐立难安，加紧逼迫清政府镇压义和团，并限清政府在两个月以内剿除义和团，否则将派水陆各军驰入山东、直隶两省，代为平剿。5月，各国公使见清政府已无力控制局势，便策划直接出兵干涉。

5月28日，英、美、法、俄、德、日、意、奥八国驻华公使正式决定联合出兵镇压义和团。6月11日，日本驻华使馆书记官杉山彬在乘车去城郊迎接日本警卫队的途中，被刚刚调入北京的清军董福祥的甘军士兵杀死。同日，英国海军中将西摩尔率领八国联军2000余人从天津租界出发，向北京进犯，沿途遭到义和团的阻击。

6月14日，八国联军到达廊坊火车站。义和团和董福祥的甘军向廊坊火车站发起猛攻，战鼓声、呐喊声、刀枪撞击声惊天动地，激战2个多小时，联军损失惨重，狼狈退回天津。与此同时，北京城内的义和团和清军也分头攻打东交民巷和西什库教堂。

6月17日，联军海军进攻大沽炮台，遭到清军的坚决抵抗。清军击伤、击沉敌舰6艘，毙伤敌军200余名，但因守将罗荣光中弹身亡，清军失去指挥，大沽炮台失守。侵略军源源不断地从大沽登陆，扩大对中国的侵略战争。同一天，慈禧太后接到载漪关于列强要她归政光绪皇帝的谎报，十分恼怒，决定和列强真刀真枪地大干一场。

6月19日，总理衙门照会各国驻华使节，提出"限二十四点钟内，各国一切人等均需离京"。各国公使联名致函总理衙门，以路途安全无保障为由，要求延缓离京日期。6月20日，德国驻华公使克林德带着翻译柯达士乘轿从东交民巷使馆前往总理衙门交涉，走到东单牌楼北大街西总布胡同西口时，与清军神机营霆字队枪八队首领恩海率领的巡逻队迎面相遇，克林德开枪射击恩海，恩海躲过后，随即拔枪射杀克林德，柯达士也被射伤。克林德被杀事件使中外关系火上浇油，八国联军加紧了对中国的进攻。

6月21日，慈禧太后以光绪皇帝的名义，向英国、美国、法国、德国、意大利、日本、俄国、奥匈帝国、西班牙、比利时、荷兰11国宣战，同时以电报的方式诏令南方各省大员，广招义和团，对抗列强。在向列强宣战的同时，慈禧太后还悬赏捕杀洋人，规定"杀一洋人赏五十两，洋妇四十两，洋孩三十两"。既不懂军事，对时局也把握不准的慈禧太后，此时已经丧失理智。

第三节　串联南方大员自保疆土

盛宣怀此时掌管着电报局，所以当慈禧太后命人用电报向各地发布宣战诏令之前，他就已经知道了消息。

盛宣怀大为震惊，没想到慈禧太后竟敢和11个国家同时开战，以他对大清国力的了解，慈禧太后这种行为无异于以卵击石。盛宣怀焦急万分，心想如若开战，自己多年来在长江流域和京津地区苦心经营的洋务企业都将毁于战火，化为乌有。

为了保住自己的洋务企业，保住自己的经济实力，盛宣怀顾不上日后会被扣上"欺君罔上""犯上作乱"的罪名，赶紧电令电报局先不公开发布慈禧太后的宣战诏令，只是秘密发给各地总督。时任两广总督的李鸿章接到慈禧太后的宣战诏令后，第一反应就是绝不能服从，声称"此乱命也，粤不奉诏"。两江总督刘坤一、湖广总督张之洞等人和李鸿章一样，也认为这是慈禧太后极不理智的决定，万万不能照办，但他们也不知道下一步该怎么办，只能静观事态发展。

盛宣怀趁机向几位总督提出自己的"东南互保"方案。具体就是各总督表面上"奉诏"自保疆土，实际上可和各国公使私下达成协议，由各国共同保证上海租界的安全，各总督保证长江、苏杭等东南一带的安全。双方互不侵犯，各方利益不受损害。

为了打消张之洞、刘坤一的顾虑，盛宣怀还对他们说："北事不久必大坏，留东南三大帅以救社稷苍生，似非从权不可，若一拘泥，不仅东南同毁，挽回全局亦难。"意思是京城不久必将大乱，只有东南三位大帅能够站出来拯救天下苍生，行动上不能不有所变通，如果固执成见不知变通，不仅东南半壁江山会毁于战火，而且中国整个局势都将难以挽回。

张之洞表示支持"东南互保"。刘坤一则一面担心参加"东南互保"日后会被朝廷降罪，一面又因自己和李鸿章一向不和，一时难下决心。最后经过实业家张謇的劝说，他才打消顾虑，答应参加"东南互保"。随后，刘坤一派沈蔼苍，张之洞委托陶森甲为全权代表，会同上海道余联沅与各国驻上海领事进行交涉。盛宣怀担心清政府驻外国使节获悉慈禧太后向各强宣战的消息后立即回国，认为这样做无异于向各国宣战，于是发电建议他们暂时不要"下旗回国"。清政府驻外国使节也不赞成清政府对外宣战，于是没有回国。

6月22日，张之洞、刘坤一联名上奏，以东南无义和团团民因而不能执行宣战谕旨为由，要求清政府解散义和团，保护外国使馆，公开举起了"东南互保"的旗帜。

但是东南各省的官员意见并不完全统一，巡阅长江水师大臣李秉衡主张炮击停泊在长江沿岸的外国军舰，并从苏州赶到江阴炮台，指挥部下做好炮击准备。盛宣怀得知消息后大惊失色，如果炮击长江外舰，"东南互保"将功亏一篑。他立即电告张之洞、刘坤一，请求他们想方设法阻止李秉衡炮击外国军舰。恰逢清政府要求各省督抚迅速筹兵筹饷北上增援，刘坤一趁机电令李秉衡立即从江阴赶到两江总督所在地南京，火速率兵北上勤王，保卫慈禧太后和光绪皇帝。李秉衡于是奉命带兵北上，刘坤一就此排除了"东南互保"的一个障碍。

6月23日，盛宣怀、余联沅、陶森甲、沈蔼苍四人在总税务司赫德的帮助下，同各国驻上海领事举行正式会谈，商讨"东南互保"的具体方针。

6月24日，盛宣怀唯恐夜长梦多，一面电告李鸿章、张之洞、刘坤一，劝说他们在未正式接到宣战上谕之前，尽快与各领事订约，上海租界准归各国保护，长江内地均归督抚保护，两不相扰，以保全商民人命产业为主；一面责成文武弹压地方，不准滋事，有犯必惩，以靖人心。

6月26日，在张之洞、刘坤一的指派下，由盛宣怀牵线，上海道余联沅邀请各国驻上海领事举行会谈，会上议定并通过了由盛宣怀草拟的《东南保护约款》（又称《中外互保章程》）和《保护上海城厢内外章程》。《东南保护约款》共9条，内容如下：[①]

一、上海租界归各国共同保护，长江及苏杭内地均归各督抚保护，两不相扰，以保全中外商民人命产业为主。

二、上海租界共同保护章程，已另立条款。

三、长江及苏杭内地各国商民教士产业，均归南洋大臣刘（刘坤一）、两湖总督张（张之洞），允认真切实保护，并移知各省督抚及严饬各该文武官员一律认真保证。现已出示禁止谣言，严拿匪徒。

四、长江内地中国兵力已足使地方安静，各口岸已有的外国

---

① 参见胡榴明、胡西雷《武汉城市记》，武汉大学出版社，2022年，第58页。

兵轮者仍照常停泊，唯须约束人等水手不可登岸。

五、各国以后如不待中国督抚商允，竟至多派兵轮驶入长江等处，以致百姓怀疑，藉端启衅，毁坏洋商教士的人命产业，事后中国不认赔偿。

六、吴淞及长江各炮台，各国兵轮不可近台停泊，及紧对炮台之处，兵轮水手不可在炮台附近地方练操，彼此免致误犯。

七、上海制造局、火药局一带，各国允兵勿往游弋驻泊，及派洋兵巡捕前往，以期各不相扰。此军火专为防剿长江内地土匪，保护中外商民之用，设有督巡提用，各国毋庸惊疑。

八、内地如有各国洋教士及游历洋人，遇偏僻未经设防地方，切勿冒险前往。

九、凡租界内一切设法防护之事，均须安静办理，切勿张皇，以摇人心。

《东南互保约款》议定后，盛宣怀又一一联络闽浙总督许应骙、浙江巡抚刘树棠、山东巡抚袁世凯、四川总督奎俊等总督和巡抚，征询他们的意见，力促他们参加"东南互保"。在盛宣怀的努力下，福建、浙江、山东、四川、河南等省先后加入"东南互保"联盟。这样，"东南互保"的范围从东南扩大到中南乃至西南，几乎覆盖了中国的半壁河山。

第四节　力促李鸿章出山议和

"东南互保"的局面出现了，盛宣怀的目的也达到了，但是他并没有就此罢手，因为他还有更重要的事情要办，那就是促成清政府与八国联军驻京各国公使谈判，早日达成和议，以平息战火，迎来和平。以"保东南，挽全局"为己任的盛宣怀，又马不停蹄地忙碌起来。

尽管李鸿章在中日《马关条约》签订后背下骂名，受到清政府的冷落委以闲职，但是他在朝廷中的影响力还是不容忽视的，而且他以前长期和外国人打交道，非常熟悉涉外谈判事项，外国人似乎也很愿意与李鸿章谈判。盛宣怀经过一番分析，认为此次与八国公使谈判的中方大臣非李鸿章莫属。

盛宣怀先是试探性地征询李鸿章的意见，希望他能够出面与各国公使谈判，挽救危局。哪知李鸿章并不同意，自上次签订《马关条约》遭到国人的一致唾骂后，他一直心有余悸，抑郁难平。他深知此次谈判要比以往的谈判困难得多，难免又要签订丧权辱国的条约，到时又会为自己招来一顿骂名，他不愿重演昔日的"悲剧"，于是极力推辞，严词拒绝道："国事大乱，政出多门，鄙人何能为力！"

遭到李鸿章的拒绝后，盛宣怀不仅没有放弃，反而积极想办法让李鸿章由广东总督调为直隶总督。他先去游说张之洞，对张之洞说："傅相（李鸿章）督直二十五年，深得民心，若调回北洋，内乱外衅，或可渐弭。"张之洞知道这是盛宣怀在提条件，但他不希望李鸿章重掌北洋大权，于是顾左右而言他，含糊其辞地应付了盛宣怀几句。盛宣怀又去征询刘坤一的意见，希望刘坤一能够和张之洞一起推荐李鸿章重新担任直隶总督，刘坤一一口回绝，说李鸿章已经担任广东总督一职，不宜再担任其他职务。

几次碰钉子之后，盛宣怀仍不灰心，又去找握有实权的军机大臣荣禄，向荣禄极力推荐李鸿章。他大肆吹捧李鸿章，说如果将李鸿章调回直隶总督位置，让他出面与八国公使谈判，一定能平定内乱，阻止八国联军攻进北京。经过盛宣怀一番游说，荣禄居然同意了盛宣怀的意见，并将盛宣怀的意见转禀慈禧太后。嚣张一时的慈禧太后此时已经被八国联军的枪炮声吓得惶惶不可终日，听了荣禄的禀报后，也认为只有李鸿章能够出面收拾残局，当即表示同意。

7月8日，清政府重新任命李鸿章为直隶总督兼北洋大臣。7月21日，李鸿章从广东抵达上海。为了使李鸿章获得更大的谈判权力，盛宣怀与李鸿章进行了一番密谈，决定李鸿章先留在上海。盛宣怀还将此决定电告刘坤一、张之洞，说八国联军对清政府愤恨不平，攻势正猛，一时难以停战，没有议和的凭据，李鸿章不宜急赴北京。这显然是在拖延时间。

8月7日，八国联军逼近北京，清政府正式任命李鸿章为全权议和大臣，负责与八国公使和谈。8月14日，八国联军攻入北京。8月15日黎明，慈禧太后化装成老农妇，和光绪皇帝、隆裕皇后以及一批王公大臣逃出北京城，直往西安奔去。8月24日，慈禧太后授予李鸿章"便宜行事"的和谈特权。

至此，盛宣怀请李鸿章出面与八国公使议和的目的终于实现了。

第五节　上奏请求严惩"祸首"

仅仅让李鸿章出面，和谈还不一定能够成功。为了讨得八国公使的欢心，盛宣怀还请求清政府严惩"祸首"。盛宣怀所说的"祸首"，不仅包括奋勇抗击八国联军的义和团首领，也包括曾经力主利用义和团抵抗西方列强、主张宣战的官员。

慈禧太后下诏"宣战"，按理应在"祸首"之列，但盛宣怀怎敢将慈禧太后列为"祸首"呢？实际上，在慈禧太后逃出北京城后，刘坤一、张之洞就致电各国驻上海总领事，为慈禧太后开脱，请求联军"万万不可震惊我皇太后、皇上"。慈禧太后这时候最担心自己被八国政府作为"祸首"严惩，刘坤一、张之洞的开脱之举正中其下怀。

后来在和谈中，经李鸿章等人与八国公使不断协商，八国政府决定不惩罚慈禧太后。其实八国政府也明白，如果真的处死慈禧太后，就没有人能够掌控清朝了，到时候他们在中国的利益将得不到保障，而留下慈禧太后这个傀儡，对他们来说还是有很多好处的。所以，和议成功后，"东南互保"的核心人物刘坤一、张之洞不仅没有受到朝廷惩罚，还被大加表彰，刘坤一被赏加太子太保衔，张之洞被赏加太子少保衔。宣统元年（1909 年）张之洞病故时，清政府在褒奖张之洞中还不忘提一句："庚子之变，顾全大局，保障东南，厥功甚伟。"

盛宣怀列出的"祸首"，主要是主张安抚义和团、由山东巡抚转任山西巡抚的毓贤，以及与义和团并肩作战、攻打外国使馆的武卫军首领董福祥和力主宣战的军机大臣刚毅等人。盛宣怀将自己的意见电告光绪皇帝，说只有惩办"祸首"，外国人才会平息愤怒，停战撤兵，从而促成和议，保大清疆土安定。

清政府采纳了盛宣怀的建议，先是将毓贤革职，发配新疆，后又将他处死。

惩罚文官毓贤很容易，而惩罚手握重兵的董福祥就不那么容易了。而且慈禧太后和光绪皇帝逃出北京城时，董福祥率军保护他们抵达西安，护驾有功，深得慈禧太后的信任。盛宣怀主张出其不意地翦除其势力，认为若不办此人，必不能了事。董福祥也知道自己处境险恶，于是自请其罪，请求慈禧太后发落。慈禧太后因其护驾有功，不忍予以重处，只是给予革职留用的处分。董福祥从西安回到金积堡（今宁夏吴忠市西南金积镇）隐居起来，直至去世。

至于刚毅，由于他随同慈禧太后西逃时死于山西侯马镇，慈禧太后也就未加以追究，只是追夺了他原有的全部官职。

在义和团运动中和帝国主义作战的清政府官员，最后被监禁、流放、处死的多达100余人，就连被慈禧太后列为皇位继承人的"大阿哥"溥儁也被逐出宫去。

第六节　鼓吹维新，讨好洋人

和谈的障碍基本解除了，接下来就是如何促使和谈早日达成，为此盛宣怀又忙碌起来。

盛宣怀开始在政治上积极鼓吹维新。当初，光绪皇帝在康有为、梁启超等维新派人士的支持下发起"戊戌变法"时，盛宣怀是持反对态度的，甚至还要求英国、葡萄牙两国领事发电报给香港、澳门总督，暗中搜查、缉拿维新派人士。现在他却采取跟以前截然不同的态度，积极支持变法维新，这是为什么呢？

原因就在于列强对中国的维新变法持赞成、支持的态度。相对于慈禧太后，列强更愿意接近光绪皇帝，与光绪皇帝打交道。因为慈禧太后保守、排外，骨子里鄙视西方，仇视列强，而光绪皇帝思想相对开放，喜欢西方文化。光绪皇帝实施的变法措施，其中有很多就是借鉴、模仿西方的政治、经济、商业、教育制度，这使得列强对光绪皇帝产生了很大的兴趣，认为光绪皇帝与他们有"共同语言"，通过光绪皇帝与清政府打交道，会更容易、更方便。因此，尽管列强不希望中国真正强大起来，但他们内心还是赞成、支持光绪皇帝变法的。支持光绪皇帝变法，列强可以趁机参与中国政治，在潜移默化中影响中国的政治，操纵中国政局。另外，一旦光绪皇帝变法成功，中国就会出现一个开放、稳定、广阔的市场，有利于列强向中国倾销原材料，掠夺中国的矿藏和资源，这也是列强赞成、支持光绪皇帝变法的原因之一。

在这种情况下，盛宣怀也就顺水推舟，顺着列强的心意，主张维新变法，以平息列强的愤怒，讨得列强的欢心。

所以，《东南保护约款》签订还不到一个月，盛宣怀就通过中国驻美公使伍廷芳对美国政府进行试探："救使、剿匪能否停战，变法维新能否泄愤，兵不进京。"意思是说，清政府救护各国在京公使、剿灭义和团、同意进行变法维新，能否让各国消除愤怒，使联军军队不进兵北京？

不久，和议之事开始提到朝廷的议事日程上，盛宣怀开始督促清政府实施新政："此时似须一面痛切罪己，一面将力行新政纲领，涣汗大号，先行施政，使天下晓然共知朝廷有实事而非官话。"意思是要清政府发布《罪己诏》向列强谢罪，以平息列强的愤怒，同时还要昭示天下，以假"变法"收买民心，换取民众的支持。

光绪二十七年（1901 年）1 月 29 日，清政府发布实施新政的谕令，盛宣怀迎合清政府的意图，提出了一套变法方案：变法应当先从议定新政纲领开始，新政纲领必须符合圣上（主要指慈禧太后）的意旨。至于新政纲领中哪些应当提倡、哪些应当废除，或者介于提倡和废除之间需要整顿，则应当根据中国目前的形势来确定，不能全都改革，也不能改革太快。盛宣怀所指的"新政纲领"，根本不是什么维新变法。而这套变法方案应当由谁来实施呢？当然是他盛宣怀。尽管盛宣怀没有明说，但是方案是他提出来的，理所当然要由他来实施。因此，清政府在这一年实行的所谓"新政"，盛宣怀又在其中起着"导演"的作用。

和谈能否顺利进行，通信联络起着至关重要的作用。义和团运动期间，铁路、电信都遭到严重破坏，电报线被割断，电报线杆被连根拔起，这些情形在北京、天津、河北、山西、山东、河南等地都存在。电报线的破坏，使南北通讯联络极为不便，盛宣怀趁机上奏清政府，提议修复电报线。他还致电外国领事，请求允许派人通过联军占领区修复电报线，以利通信。事实上，在盛宣怀上奏请求修复电报线的前几天，就与大北、大东电报公司签订架线合同，着手修复北京、天津一带的电报线了。这也是为了给和谈提供完备的通信条件，使远在西安的慈禧太后能够迅速知道和谈的具体情况，这样盛宣怀又可以从中操作，实现自己的目的，维护自身利益了。

通过上述几方面的工作，盛宣怀为和谈扫清了障碍，使和谈得以早日到来并顺利进行。一切都按盛宣怀的愿望进行着。

第七节　出任商税大臣，筹措赔款

和谈工作准备就绪后，庆亲王奕劻和李鸿章代表清政府开始与列强进行议和谈判。谈判虽然名义上是在清政府代表和列强代表之间进行，实际上却是列强之间为分赃所进行的激烈争吵，是在列强之间进行的，奕劻和李鸿章只不过是议和谈判的旁观者而已，根本没有提出条件的权利。

经过近一年的争吵，光绪二十七年（1901年）9月7日，英、美、俄、法、德、意、日、奥、比、西、荷11国外交代表强迫奕劻和李鸿章签订了《辛丑条约》。《辛丑条约》共12条，另加19个附件，主要内容有：中国向各国赔款4.5亿两白银，分39年付清，年息4厘，以海关税、常关税和盐税作担保，本息合计超过9.8亿两白银（这笔钱史称"庚子赔款"）；划定北京东交民巷为使馆界，允许各国驻兵保护；拆毁天津大沽口到北京沿线设防的炮台，允许各国派兵驻扎北京到山海关铁路沿线要地，严禁中国人民参加反帝运动；惩办"首祸诸臣"；改总理衙门为外务部，以操纵中国对外机构；清政府向英、美、俄、法等国道歉，等等。

　　《辛丑条约》是中国近代史上赔款数目最大、主权丧失最严重的不平等条约，它的签订进一步加强了帝国主义对中国的控制和掠夺，给中国人民带来了空前的灾难，也标志着清政府已完全沦为帝国主义统治中国的工具。

　　条约签订后，慈禧太后这个罪魁祸首终于舒了一口气。在慈禧太后看来，只要列强不把她当作"祸首"惩办，任何条件她都答应，甚至恬不知耻地说："量中华之物力，结与国之欢心。"虽说如此，4.5亿两白银的巨额赔款如一块巨石压在她的心头，让她愁眉不展。中国刚遭到列强的蹂躏，现在又要拿出数额如此庞大的赔款，让财政本就困难至极的清政府雪上加霜，这笔巨款该如何筹措，又让谁来筹措呢？对于这一点，清政府中央和地方官员也十分清楚。由于盛宣怀过去办理轮船、电报、纺织、铁路等事务都非常出色，在清政府官员眼中，盛宣怀是位理财巨匠，筹措赔款的难题自然应当由他来解决。李鸿章、刘坤一、张之洞等人都推荐盛宣怀负责筹措赔款，而慈禧太后也认为盛宣怀是最合适的人选。

　　10月1日，清政府任命盛宣怀为商税事务大臣，专门负责处理赔款事宜。关于4.5亿两白银的赔款，当时清政府内部比较一致的意见是通过向外国银行转借巨款来进行赔偿，但是借款数额巨大，外国银行不可能借这么一大笔钱给中国，况且利息也会出奇的高，清政府难以承受，因此这一办法根本行不通。盛宣怀则赞同英国人赫德提出的办法，与各国商定担保之法，分年赔款，每年赔款3000万两白银，免去利息。那么，每年3000万两白银的赔款又如何筹措呢？盛宣怀提出了两个办法：一是由国家分年赔款，以国家开矿所得的利润偿还各国应得的利息，二是用关税抵偿，同时在国内加征田赋、盐税、印花税等赋税。可以看到，这笔巨款最终还是要百姓来买单。

　　《辛丑条约》中的赔款基本上是按照盛宣怀提出的办法偿还的。

其中，除用关税抵偿外，其他的都是损害国家和百姓利益的办法。特别是到了清朝末期，清政府巧立名目增设新税，向百姓加捐加税筹集赔款，给广大人民带来了深重的苦难。到1939年1月15日，国民政府财政部发出通告，宣称停止支付"庚子赔款"为止，中国实际支付的赔款数额将近5.76亿两白银。1943年，国民政府与美国签订《中美条约》，规定《辛丑条约》的条款从此停止，"庚子赔款"才算彻底结束。

正当盛宣怀为赔款之事积极奔走时，传来了李鸿章病危的消息。当初，盛宣怀请求李鸿章出面与八国公使谈判，李鸿章之所以拒绝，不仅仅是因为他已经预料到谈判的结果，担心签订丧权辱国的条约会再次招来国人的一片骂声，也是因为他年事已高，体衰多病，难以胜任艰难的谈判工作。他从上海赴北京与八国公使谈判之前，似乎已经预感到自己将不久于人世，临别时对盛宣怀说："和议成，我必死。"在签订条约期间，李鸿章就已经开始咯血了。条约签字后，在返回北京贤良寺住处的路上，李鸿章又一次大口吐血。长达9个月的和议谈判，耗尽了李鸿章生命中最后的心血。11月7日，晚清重臣李鸿章在屈辱和病痛中去世，时年79岁。

李鸿章的去世使盛宣怀深受打击。他不由想起自己早年应试屡次名落孙山，正当前途无望时，幸得李鸿章提携、照顾，才得以步入仕途，跟随李鸿章兴办洋务30余年，屡次升迁，仕途顺畅。对盛宣怀而言，李鸿章就是他人生中最大的贵人，没有李鸿章，就没有他的今天。盛宣怀百感交集，悲痛不已，为此大病了一场，不得不请假在家调治。

12月11日，尚在病痛中的盛宣怀因襄赞和议，保护东南地方有功，被清政府赏加太子少保衔。光绪二十八年（1902年）2月20日，盛宣怀又被加授工部左侍郎，正式进入清政府的中央决策机构。

2月23日，清政府诏令未上任的工部尚书吕海寰为商约大臣，盛宣怀为商约副大臣。虽然负责签订商约的首席代表是吕海寰，但是直接与列强代表进行商约谈判的却是盛宣怀。所谓"商约谈判"，就是在《辛丑条约》签订后，再根据条约的原则对某些具体事项如内河行船、商务等进行谈判、签约。

《辛丑条约》有11个签约国，盛宣怀首先与英国公使马凯进行谈判。双方首先就加税免厘事项进行了谈判。所谓"加税免厘"，就是税厘并征。厘金是商品流通税，清朝的商品在流通中要缴厘金，自中国港口城市开放，外国商品大量涌入后，进口商品都要缴纳关税，而缴了关税后是否还要缴厘金，就成为双方争论的焦点。盛宣怀主张税厘并征，对外国商品征收关税后再加征厘金，但马凯主张只征关税不征厘金，外国商品缴了关税后就可以在中国市场上流通，中国不应再对外国商品征收其他税。

按照清政府的计算，要加税至商品价值的20%，才能抵销免征厘金的损失，但是马凯不同意。经过多次商讨，盛宣怀被迫退让，最后答应外国商品进入中国时只征关税12.5%，之后免征厘金。这对清政府的财政收入来说是一大损失，然而盛宣怀对此还是很满意，认为"于我有益"，他说："似此办理，匪独于我无损，实于我有益。"9月5日，盛宣怀与马凯签字立约。

谈判的另一个议题是内河航行权的问题。《辛丑条约》签订时，在主款之外又订立了《续议内港行轮修改章程》，该章程规定英国船只可以在中国内河通行无阻，英国船主可以在中国内河河道两岸租借栈房及码头，以25年为期限，期满后可以继续租借。以前盛宣怀创办内河轮船公司时，一直主张内河航运市场由中国主管，不容许外国轮船进入。但是在不平等条约的压力下，盛宣怀也不得不出让中国内河航运主权，同意了《续议内港行轮修改章程》中的规定。

为了推卸责任，盛宣怀上奏清政府解释说，条约是写在字面的，将来随时可以改动。这不过是自我安慰罢了。他还说自己准备创办内河轮船招商局与外国轮船公司竞争，先购买几艘浅水轮船在江苏、浙江等地试行通航，借以挽回损失。这也不过是自欺欺人，是不可能办到的事。

在与英国签订商约之后，盛宣怀又于光绪二十九年（1903年）与美国、日本，光绪三十年（1904年）与葡萄牙签订了类似的商约。这些商约虽然在内容上不尽相同，但在加税免厘、出让内河航行权上却是一致的。商约并不像盛宣怀所说的没有侵犯中国主权，而是使中国的主权进一步受到了削弱。

第十章

盛袁交锋，与袁世凯争夺二局

直隶总督兼北洋大臣袁世凯趁盛宣怀为父亲守丧之机，夺走了盛宣怀督办的轮船招商局、电报局。自己历尽千辛万苦打下的江山被人夺走，坐享其成，盛宣怀如何咽得下这口气，于是接二连三地向袁世凯发起反击。盛、袁二人针锋相对，狠招迭出，几经交锋，盛宣怀胜出，重新入主轮、电二局，成为最后的赢家。

第一节　貌合神离的"知己"

19 世纪末，盛宣怀开始与晚清政府中的另一位重要人物——袁世凯有了越来越多的交集。盛宣怀与袁世凯因为共同的利益走到一起，又因为不同的目的分道扬镳。

盛宣怀与袁世凯的人生经历极其相似，两人都出身于封建官宦世家，长辈都与李鸿章有着不浅的交情；两人都科场失意，盛宣怀三度名落孙山，袁世凯两度名落孙山；两人都得到了李鸿章的赏识、器重与提携；两人最后都成为晚清政府的重臣，为清政府所倚重。不同的是，盛宣怀长于经商，擅长经营洋务企业；袁世凯长于军事，精于管理军政事务。

袁世凯于咸丰九年（1859 年）9 月 16 日出生于河南项城县袁张营的一个官僚地主兼军阀世家，6 岁时被过继给无子的叔叔袁保庆为养子，由其婶母牛氏抚养长大。其叔祖父袁甲三官至漕运总督、江南河道总督，曾与曾国藩、李鸿章一起在北京做官，互相有来往。太平天国起义爆发后，袁甲三于咸丰三年（1853 年）同李鸿章一起随工部侍郎吕贤基到安徽督办团练。太平天国失败后，李鸿章率领淮军北上镇压捻军，此时袁甲三已死，袁甲三的部下大多投奔李鸿章，成为淮军的一部分。

同治十二年（1873 年）夏，袁保庆去世，袁甲三的儿子袁保恒看到袁世凯中断了学业，便于次年安排袁世凯到北京的学堂读书学习。光绪二年（1876 年）秋，袁世凯返回河南参加科举考试，但没有考中。3 年后，袁世凯再度参加乡试，仍未考中，一气之下将所有书卷付之一炬，决定弃文从武。由于淮军将领吴长庆与袁世凯的养父袁保庆关系亲近，袁世凯便于光绪七年（1881 年）10 月前往山东登州投奔驻防当地的吴长庆。袁世凯虽然一度厌倦科举，但仍不甘心，在吴长庆幕府中继续读书，准备考取功名。但是朝鲜在光绪八年（1882 年）发生的"壬午兵变"，改变了袁世凯的人生轨迹。

吴长庆奉命率军前往朝鲜镇压"壬午兵变"，袁世凯随军前往，在镇压朝鲜兵变中大显身手，得到李鸿章的赏识。经李鸿章举荐，袁世凯被清政府任命为总理营务处会办，摇身一变成了驻朝鲜清军的指挥官。

光绪十年（1884 年），朝鲜又发生"甲申政变"，袁世凯指挥清军平定了政变，但也因此得罪了日本，日方要求清政府惩处袁世凯，幸亏李鸿章从中多方化解，极力庇护，袁世凯才逃过一劫。光绪十一年（1885 年），经李鸿章再次举荐，袁世凯被清政府任命为驻扎朝鲜总理交涉通商事宜全权代表，加三品衔。

甲午中日战争爆发前夕，袁世凯化装成平民回到国内。光绪二十一年（1895 年），经李鸿章等人举荐，袁世凯入主天津小站（位于天津市津南区），编练中国首支新式陆军，这支军队后来发展成为北洋新军，成为清末陆军主力。民国初年的北洋军阀首领徐世昌、段祺瑞、冯国璋、王士珍、曹锟、张勋等人也多出自北洋新军。北洋新军逐渐成为袁世凯个人的政治资本，在李鸿章的提携下，袁世凯官运亨通，飞黄腾达。

甲午中日战争前，盛宣怀和袁世凯在各自的领域忙碌、奋斗，彼此并无多少来往。甲午中日战争后，两人的交往日渐增多，彼此之间的关系也随之变得密切起来。他们虽然没有在一起共过事，但都是李鸿章的门生，且都身居高位，受到清政府倚重，于是逐步发展成为一对"知己"，互相推崇，在一些重要的事情上常常互相支持，彼此声援。

甲午中日战争后，许多大臣呼吁改革军制、筹练新兵、强军富国，袁世凯和盛宣怀也都积极响应，先后上书提出练兵、建立军事学堂、培育军事人才等建议。袁世凯获准在天津小站编练新军时，盛宣怀写信给袁世凯，热情鼓励他开展练兵工作，并且认为新军的人数太少，应该增加。袁世凯看信后非常高兴，感慨道："知我者，盛宣怀也。"

对于戊戌变法，盛宣怀和袁世凯持同样的态度，只主张变工商之法，反对政治上的变革，因为这会触碰到他们的利益。在实际行动中，盛宣怀不与维新派合作，袁世凯则表面上支持维新派，背地里却出卖维新派，致使维新变法走向失败。

对于义和团运动，盛宣怀和袁世凯都主张进行镇压，予以剿灭。八国联军入侵期间，两人又一反常态，主张变法，用变法来迎合列强，以此表明中国"不顽固、不仇洋"。在"东南互保"问题上，两人可谓"英雄所见略同"，配合得极为默契。光绪二十六年（1900年）盛宣怀导演"东南互保"时，曾致电袁世凯征询他的意见，袁世凯不仅口头上积极赞成，而且在行动上大力支持盛宣怀，宣布山东加入"东南互保"联盟，还在山东境内派兵保护洋人和教堂。

在"东南互保"期间，盛宣怀曾致电袁世凯，说"合肥（李鸿章）老矣，旋乾转坤，中外推公（袁世凯）"，暗示袁世凯可以继任李鸿章之位。光绪二十七年（1901年）11月7日上午，李鸿章尚未断气，盛宣怀致电袁世凯说："傅相（李鸿章）昨日两点不能言，神气恍惚，病势甚危。北门锁钥，微公（袁世凯）莫属。""北门锁钥"是指北洋所管辖的地盘，代指李鸿章的职位。盛宣怀这是在明确告诉袁世凯，李鸿章去世后，直隶总督、北洋大臣职位非他莫属。盛宣怀还极力向清政府推荐袁世凯："直督一席，慰庭（袁世凯）颇孚众望。"

盛宣怀的推荐正中袁世凯的下怀，但是他也有所顾虑——天津是满族出身的军机大臣荣禄的地盘，如果自己去了天津就会受到荣禄的掣肘，不如在山东自由。因此袁世凯向盛宣怀提出，如果要他去当直隶总督、北洋大臣，必须仍保留其山东巡抚的职位，否则他担心自己一离开山东，山东就会失去控制，出现混乱。盛宣怀听袁世凯这么说，便转头去游说荣禄，最终满足了袁世凯的要求。

李鸿章病逝当日，清政府就任命袁世凯为直隶总督兼北洋大臣，次年6月9日又加赏太子少保衔。从此，袁世凯替代李鸿章，掌握了清政府的军政大权。

盛宣怀之所以如此卖力地将袁世凯推上直隶总督、北洋大臣的宝座，也有他自己的打算，那就是利用袁世凯的军政势力维持、发展自己经营多年的各大洋务企业，保护自己的经济利益，巩固自己在经济领域的地位。但是盛宣怀失算了，他的"知己"兼"亲密战友"袁世凯的野心比他预想的要大得多，袁世凯不仅要攫取大清帝国的军政大权，还要侵吞大清帝国的财富，他对盛宣怀所经营和控制的洋务企业觊觎已久，一直想将它们夺过来。

袁世凯就任直隶总督、北洋大臣不到一年，就露出了他的真实面目，急不可待地向盛宣怀长期经营的轮（轮船招商局）、电（电报局）二局下手了。

第二节　前门拒狼，后门引虎

光绪二十八年（1902 年）10 月，为防止外国人掠夺中国矿产，盛宣怀向清政府上奏，请求在上海设立全国勘矿总公司，以便勘察全国矿藏资源，加以开发利用。10 月 24 日，盛宣怀的父亲盛康在上海病逝。按照惯例，盛宣怀主动请求清政府免去他的全部官职，以便安心在家为父亲守孝。

应张之洞的请求，清政府保留了盛宣怀的铁路总公司督办一职，其他职务则改成开缺（旧时官员因故不能留任，政府免除其职务，准备另外选人充任）或署任（暂时代理原任官职）。然而盛宣怀不甘就此失去自己费尽心血一手创办起来的那些洋务企业。在父亲去世第二天，盛宣怀就给还在河南开封的袁世凯发去电报，请求袁世凯在朝中帮他游说，好让他保住自己的既得利益。

袁世凯深知盛宣怀的心思，立即复电盛宣怀，一方面表示自己对盛宣怀父亲的去世极为哀痛，劝盛宣怀节哀；一方面安慰盛宣怀，说商约、商务、铁路等各项事务非盛宣怀不能办理，其他人难以胜任。

然而此时清政府却有另一番打算，准备派开平矿务局督办张翼督办轮、电二局，以便将轮、电二局的收入归入户部。张翼在八国联军侵华时曾将开平煤矿的主办权出卖给英国，盛宣怀自然竭力反对由张翼接任他的督办职务，于是他又给袁世凯发了一封电报，请求袁世凯出面规劝清政府收回拟派张翼督办轮、电二局的决定，并邀请袁世凯到上海与他面谈，商议对策，主持公论。

盛宣怀哪里知道，袁世凯对轮船招商局、电报局垂涎已久，他的请求正中袁世凯下怀，袁世凯也正想趁盛宣怀为父亲守制之机将轮、电二局收归北洋麾下。盛宣怀只知"前门拒狼"，却不知这也是"后门引虎"。

袁世凯接到盛宣怀的电报后，当即回电，假惺惺地允诺盛宣怀，说自己不认可清政府任命张翼接管轮、电二局的决定，并且要电告清政府加以劝阻；同时，他又故意向盛宣怀透露，早在天津时张翼就曾劝他将轮、电二局收归北洋管辖，他以"不暇兼顾"为由推辞。言外之意是说他当初是看在盛宣怀的面上，才拒绝了张翼的劝说，现在既然张翼要接管轮、电二局，那他就只好"勉为其难"地以北洋的名义直接出面接管二局了。

接到袁世凯的电报后，盛宣怀如梦初醒，原来真正的危险并不是来自清政府钦派的张翼，而是自己寄予厚望、赖以主持公论的北洋大臣袁世凯。不过，盛宣怀认为自己曾对袁世凯有恩，两人交谊深厚，袁世凯不会将事情做得那么绝，所以仍对袁世凯抱有一线希望。

但是盛宣怀也多留了一个心眼，12 月 5 日他发电给王文韶，请求王文韶主持公论。如果袁世凯一定要将轮、电二局收归北洋，那也必须满足一个条件——北洋仍如从前一样，不干预局内事务，对盛宣怀毫不掣肘。

然而，盛宣怀又一次失算了。在袁世凯看来，二局"仍由北洋维持"是一定的，而对其经营"毫不掣肘"是不可能的。这是他攫取利源、掌握大型洋务企业权力的绝好机会，岂能轻易放弃？

光绪二十八年（1902 年）年底，袁世凯生母刘氏病逝。袁世凯趁回项城奔丧之机，取道信阳，到南方走了一圈。他先到武汉晤湖北总督端方，参观了汉阳铁厂，又沿长江顺流而下到南京，会见两江总督张之洞，然后才到上海面见盛宣怀，与盛宣怀商讨轮、电二局的事情。

在与袁世凯的商谈中，盛宣怀明确表示了对于轮、电二局北洋"不过会委总办，毫无掣肘"的要求，但是盛宣怀也知道清政府早有将电报局收归国有的想法，因此又不得不违心地对袁世凯说："电报宜归官有，轮局纯系商业，可易督办，不可归官。"袁世凯见盛宣怀松口，心中窃喜，盛宣怀是在明摆着告诉自己向清政府提出"船宜商办，电宜官办"，但是袁世凯表面上不露声色，闪烁其词，与盛宣怀虚与委蛇。

回到北京后，袁世凯立即将自己与盛宣怀面谈的结果向荣禄做了汇报，请求将电报局改为官办，轮船招商局由北洋派人接管。荣禄批准了袁世凯的请求，袁世凯立即采取措施，准备整顿轮船招商局、电报局。与此同时，袁世凯还频频致电盛宣怀，连哄连吓，试图迫使盛宣怀退步。

第三节　首战失利，二局易手

盛宣怀没想到袁世凯竟然如此忘恩负义，暗使诡计，向自己背后插刀。盛怒之下，盛宣怀搬出"汉阳铁厂问题"要挟袁世凯。光绪二十二年（1896年），盛宣怀之所以敢于接办汉阳铁厂这个"烂摊子"，是因为他所经办的轮船招商局和电报局已初见成效，有轮船招商局和电报局做资金后盾。现在袁世凯要将二局收归北洋管辖，单单留下汉阳铁厂仍归盛宣怀经办，这是盛宣怀难以接受的。于是，盛宣怀对外大造舆论，说轮、电二局是"肥壤"，铁厂是"瘠土"；铁厂的股东都是轮、电二局的商人，铁厂与轮、电二局不可分割，互为济用。如果除去"肥壤"，残留"瘠土"，断了汉阳铁厂的接济之源，汉阳铁厂难以继续办下去。言外之意，如果袁世凯一定要夺取轮、电二局这两块"肥壤"，那就请将早已债台高筑的"瘠土"汉阳铁厂也一块拿去统归官办。

盛宣怀本来是想用汉阳铁厂给袁世凯出难题，要挟他放弃夺取轮、电二局的企图，否则就请连带汉阳铁厂这个"累赘"一起承办。出乎盛宣怀的意料，袁世凯并未示弱，反而表示了愿意接管汉阳铁厂的态度，盛宣怀哑巴吃黄连——有苦说不出，虽然心中十分恼火，但也无可奈何。

盛宣怀不甘心认输，又在电报局上大做文章。尽管他曾经当着袁世凯的面表示"电报宜归官有"，但那并非他的真心话，因为电报局是他最先办成功的企业，是他实业发迹的起点，而且他本人握有电报局股票达900股之多，电报局的经营形势也一直良好，股价呈上升趋势，他当然舍不得放弃电报局。他之所以同意"电报宜归官有"，一是想显示自己的"大度"，表示自己公而忘私，为国家着想；二是借机先发制人，占据主动。因为将电报局收归官办，需要一笔巨额的收赎费，盛宣怀认为袁世凯未必能够筹到这笔巨款。然而盛宣怀又一次失算了，袁世凯对外宣称收赎电报局的款项已经筹齐，电报局划归官办已是板上钉钉之事。盛宣怀见袁世凯步步紧逼，只好横下心来与袁世凯决一高下。

盛宣怀抓住官办电报局一定要付现款以安定电报局股东人心这一敏感问题大造舆论，说股东们听说电报局即将收归官办，人心浮动，商情动荡，股价大跌，如果政府不尽快用现款收购电报局，那么电报局的股东们将会群体抛售股票，到时电报局的股票恐怕要被外国人收购，电报局将会被外国人控制，而要避免出现这种结果，除了厚给商人外，别无它法。

何谓"厚给商人"？就是要按股票市场价另加利息收购电报局股东手中的股票。盛宣怀根据当时的市场行情，估算出各省电报局的陆线价值共约240万两白银，电报局100元面值股票的市场价约160元，袁世凯必须按这个数目收购电报局和股东手中的股票。

盛宣怀这一招击中了袁世凯的软肋，一来他确实筹集不到这么多现款，二来他也不敢担下电报局大权落于外国人之手的罪名。情急之下，袁世凯心生一计，改用商量的口气对盛宣怀说，允许股东在电报局收归官办后搭股数成，官商合办，只是搭股数不能超过官本数，亦即以不过半数为限，同时也不准外国人入股。袁世凯的算盘打得很妙，这样做既可以化解筹款之难，又可防止电报局大权外落，可谓一举两得。

盛宣怀一眼看穿了袁世凯的计谋，抓住袁世凯没有足够现金这一要害穷追猛打。盛宣怀电告袁世凯，直言不讳地告诉他，想用"搭股一半"的办法欺骗股东，利用"商本"实行"官办"，股东们并不买账，签名愿意搭股者不及四分之一。股东之所以不相信袁世凯，一是考虑到电报局收归官办后，拿不到过去那么多的红利；二是考虑到搭股后他们的股票不能自由买卖，不能像商办时那样随时售出股票换取现银。总而言之，电报局"化商为官"行不通，"商本官办"也行不通，"官本官办"更行不通！

与此同时，盛宣怀还充分利用各种关系打通朝廷关节，并且鼓动地方督抚反对袁世凯将电报局收归官办。王文韶、张之洞等人都站在盛宣怀一边，帮盛宣怀说话。袁世凯惯于见风使舵，面对来自各方面的压力，决定以退为进，上奏请求另设"电政大臣"专门负责电报局事务。清政府批准了他的奏请。

光绪二十九年（1903年）1月15日，清政府委任袁世凯为电务督办大臣。2月，袁世凯任命自己的亲信杨士琦为轮船招商局督办。3月29日，袁世凯任命其亲信、原直隶布政使吴重熹为驻沪会办电务大臣，正式接管电报局。

这样，在盛宣怀、袁世凯二人争夺轮、电二局第一回合的斗争中，盛宣怀败下阵来。轮、电二局落入袁世凯之手，处于他的掌控之下。

第四节　总理汉冶萍公司

轮、电二局被袁世凯夺走，盛宣怀情绪沮丧，郁郁寡欢。不久，他的哮喘病复发，于光绪二十九年（1903年）6月离开北京到上海治病。这时，清政府批准了盛宣怀去年提出的设立勘矿公司的请求，让他在上海成立全国勘矿总公司。盛宣怀非常高兴，聘请英国人布鲁特为矿师、李御为副矿师，吩咐他们带领勘矿人员到全国各地勘查、购买矿产。

光绪三十年（1904年）初春，盛宣怀身体康复。这时，日俄战争爆发。日俄战争是日俄两国在中国东北进行的一场争夺中国领土主权的战争，清政府竟无耻地宣布局外中立，划定辽河以东为作战区。盛宣怀获悉消息，备感焦虑，认为日俄两国无论谁胜谁负，都对中国不利，于是会同魏光焘、岑春萱、端方、吕海寰等大臣向清政府进言，陈述东北安危大计。3月10日，为了救护日俄交战区的中国难民，盛宣怀、吕海寰、沈敦和等人与英、美、法、德等中立国驻上海人员合办了上海万国红十字会。3月29日，盛宣怀、吕海寰、沈敦和等人又联名通电全国，号召社会各界捐款捐物救助东北受害同胞。在盛宣怀的建议下，万国红十字会在营口、新民屯、辽阳、铁岭等地设立分会，派遣人员分赴各分会救助难民，在一年多的时间内先后帮助13万多落难的中国同胞脱离险境。

光绪三十一年（1905年）5月，盛宣怀北上勘察郑州黄河铁桥工程、正太铁路（石家庄到太原）工程，又循例到北京向慈禧太后和光绪皇帝请安，被慈禧太后和光绪皇帝召见三次。7月27日，盛宣怀被赐允许在紫禁城内骑马（又叫"赏朝马"，是清政府给予王公贵族、功勋重臣和老臣的一项重要特权和政治待遇）。11月12日，盛宣怀奉清政府之命由上海赴河南荥泽县（治所在今河南郑州市西北）会同唐绍仪验收郑州黄河铁桥工程，并举行京汉铁路落成典礼。12月，盛宣怀电奏请求裁撤上海铁路总公司。光绪三十二年（1906年）3月，盛宣怀辞去铁路总公司督办职务。4月，鉴于各省纷纷成立勘矿公司，盛宣怀上奏请求裁撤全国勘矿总公司，由各省自行勘矿。清政府同意了他的请求，取消全国勘矿总公司。此后，盛宣怀一心一意地主持汉阳铁厂的事务。

此前与袁世凯争夺轮、电二局时，盛宣怀要求袁世凯连汉阳铁厂一并拿去接办，一方面是要挟袁世凯，另一方面是在赌气，实际上他是无论如何也不愿意放弃汉阳铁厂的。因为武汉属于张之洞的势力范围，张之洞也不愿意袁世凯染指武汉，而且汉阳铁厂最初是他办起来的，因此张之洞力挺盛宣怀，不让袁世凯接管汉阳铁厂，这样汉阳铁厂最终被保留了下来。

盛宣怀在光绪二十二年（1896年）从张之洞手中接过汉阳铁厂时，也将张之洞投资于铁厂的官款作为铁厂的债务一并接管过来。张之洞与盛宣怀约定，汉阳铁厂"所有已用官款五百余万，责成商局承认。所出生铁，每吨提抽银壹两归还官款"，这样，盛宣怀从接办汉阳铁厂开始就背上了沉重的债务。

光绪二十四年（1898年），为了兴建萍乡煤矿，以便为汉阳铁厂提供炼钢所需的焦煤，盛宣怀以轮船招商局房产作担保，向德国礼和洋行借款400万马克。光绪二十七年（1901年），因为运输萍乡煤矿的焦煤需要修建醴萍铁路，轮船招商局向汉阳铁厂搭股100万两白银。光绪二十九年（1903年），袁世凯将轮、电二局夺占后，规定今后汉阳铁厂借款不得以轮、电二局的财产作担保，这样，轮、电二局对汉阳铁厂的资金支持就此中止了。

此时，汉阳铁厂向德国借的第一笔贷款已经用完。为了使汉阳铁厂能够继续办下去，盛宣怀打算以大冶的矿山作抵押，向德国借第二笔500万两白银的贷款。曾任清政府实业顾问并于光绪二十六年（1900年）改任大冶铁矿技术师、管理员的日本人西泽公雄听说这一消息后，立即报告日本政府，让日本政府抢先向盛宣怀贷款，以便控制大冶铁矿。

日本政府捷足先登，与盛宣怀签订合同，通过兴业银行向汉阳铁厂贷款300万日元，期限为30年，以大冶铁矿及其附属物和机器为抵押，在借款还清之前，不得再向其他人或国家出卖、抵押。光绪三十二年（1906年），盛宣怀又向三井洋行借款100万日元，以汉阳铁厂的动产和所产的钢铁作抵押。光绪三十三年（1907年），盛宣怀再向汉口的日本横滨正金银行贷款200万日元，以萍乡煤矿的财产做抵押。有了这些贷款，盛宣怀经营的煤、铁矿业开始走向正轨，逐渐有了起色，但是日本政府也以这些贷款为跳板，逐渐将自己的势力渗透到了大冶铁矿、汉阳铁厂和萍乡煤矿。

到光绪三十四年（1908年）3月，汉阳铁厂、大冶铁矿和萍乡煤矿均已获得一定的发展，经营呈现蒸蒸日上之势，盛宣怀踌躇满志，决定将自己酝酿已久的一个宏大计划付诸实施，那就是将汉阳铁厂、大冶铁矿和萍乡煤矿合并为一个大的公司。

盛宣怀建立汉冶萍公司主要是想协调汉阳铁厂与大冶铁矿、萍乡煤矿的关系，便于运筹生产，统一管理，提高生产效率和营业收入，尽快还清外债，抵制外国对中国煤铁资源的掠夺，还有一点就是想借此阻止袁世凯吞并汉阳铁厂、大冶铁矿和萍乡煤矿。盛宣怀希望通过将汉阳铁厂、大冶铁矿和萍乡煤矿合并，实现对汉冶萍公司的改制，使其变成完全的商办公司。因为清政府的《公司法》已经出台，一旦改制成功，袁世凯就找不到借口再向汉冶萍公司下手了。

盛宣怀向清政府上奏《汉冶萍煤铁厂矿现筹合并扩充办法折》，申请将汉阳铁厂、大冶铁矿和萍乡煤矿合并，得到了批准，汉冶萍公司就此成立，公司总部设在上海四川路。宣统元年（1909年），汉冶萍公司召开第一届股东大会，会议选举盛宣怀为公司总理（后改称"董事会会长"），李维格为协理；选出盛宣怀、李维格等9人为权理董事，施禄生、顾润章2人为查账董事；汉阳铁厂、大冶铁矿、萍乡煤矿各设总办1人。汉冶萍公司成立之初，盛宣怀计划招新股1500万元，连同老股500万元，共2000万元，每股50元，共40万股，到宣统三年（1911年）公司实收股本1300多万元。为了筹集汉冶萍公司的资金，盛宣怀把自己过去持有的轮、电二局的巨额股票卖得只剩900股，将变卖股票所得的资金全部买了汉冶萍公司的股票。经过一系列运作，他最终解决了汉冶萍公司部分资金短缺问题，公司的厂矿生产规模也得以逐年扩大。

除三大主力厂矿外，汉冶萍公司还包括后期新建的大冶铁厂和担任铁矿石、焦煤和钢铁产品运输任务的汉阳运输所，还有众多的附属厂矿和合资企业，厂矿企业跨越湖北、湖南、江西、安徽、江苏、河北、辽宁等省；合资企业有日本九州制钢所、江西鄱阳鄱乐煤矿、河北龙烟铁矿、湖北汉口的扬子机器制造公司等，在日本东京和大阪、英国伦敦还设有办事处；附属厂矿有湖北阳新锰矿、湖南常耒锰矿、安徽当涂龙山铁矿、江苏南京幕阜山煤矿、辽宁海城镁矿等。为了把铁矿、焦煤运进汉阳铁厂，把部分钢铁产品运往上海外销，汉冶萍公司组建了一支庞大的船队，在长江开辟了汉冶、汉沪、汉湘航线。

经过扩建和技术改造，汉冶萍公司的生产效率大幅提升，产品质量也有很大的提高，销售额和利润持续增长。光绪三十四年至宣统二年（1908年至1910年），汉冶萍公司连续3年盈利，初步改变了长期亏损的局面。到辛亥革命前夕，该公司拥有员工 7000 多人，年产钢近 7 万吨、铁矿 50 万吨、煤 60 万吨，产品行销澳大利亚、中国香港地区以及南洋诸岛，国内的铁路公司和西方的一些钢铁公司也纷纷向汉阳铁厂订购钢铁产品，订单纷至沓来。这种市场需求的增加，又促使汉冶萍公司在煤铁矿的开采上有了进一步的扩大。

汉冶萍公司集勘探、冶炼、销售于一身，是中国历史上第一家用新式机械设备大规模生产钢铁煤的联合企业，是当时亚洲最大的钢铁企业，也是中国最早的跨国企业，其所属汉阳铁厂是中国钢铁工业的发祥地，被誉为"中国钢铁工业的摇篮"，它的建成被西方视为中国觉醒的标志。

第五节　反戈一击，夺回二局

对于袁世凯夺走轮、电二局一事，盛宣怀一直耿耿于怀，不甘心自己苦心经营数十年的两大企业、清政府洋务企业中罕见的两块"肥肉"就这么白白被人抢走，他在窥伺时机，寻找机会将它们夺回。

而袁世凯千方百计地要将轮、电二局夺为己有，目的是将二局作为两棵"摇钱树"，为他所管辖的北洋机构和军队提供雄厚的财力支持。只可惜袁世凯为政很有一套，手段高强，但经商能力与盛宣怀相比，简直是天差地别。俗话说，隔行如隔山，袁世凯一没有商业常识，二不懂企业运营的规律，因此轮、电二局到了他手中，命运也就可想而知了。不仅如此，袁世凯还将轮、电二局视为个人的私有财产，竭尽搜刮之能事，任意干涉二局的用人之权。很快，轮、电二局就出现了危机，困难重重，弊端丛生，经营形势江河日下。这为盛宣怀反击袁世凯，夺回轮、电二局提供了契机。

袁世凯既贪得无厌，又野心勃勃，他在牢牢控制轮、电二局的同时，为攫取更大的权力和更多的财富，打着推行新政的旗号，以北洋要挟清政府，号令各地，权势一日重于一日，俨然成了"二皇帝"。袁世凯目空一切、飞扬跋扈的行为，引起了以慈禧太后为首的满族亲贵集团的不满，双方之间的矛盾不断升级。

光绪三十二年（1906 年）11 月，慈禧太后在一帮满族少壮官员的怂恿下，改革官制，成立陆军部，任命满族人铁良为陆军部尚书，统帅北洋新军。袁世凯的兵权被大大削弱，他兼任的其他各项职务也有名无实。清政府又增设邮传部，管理全国邮电路政，于是袁世凯的电务督办大臣一职也就随之取消了。盛宣怀见时机到来，立即向清政府上奏，揭露袁世凯管辖下的轮、电二局经营混乱，主管人员以权谋私，局里腐败、挥霍的现象很严重。他还向邮传部施加压力，要求轮、电二局取消商本官办，仍归商办，否则即请发还商本，实行官本官办。

光绪三十四年（1908 年）初，邮传部准备将轮、电二局收归国有，先收买电报局的股份，规定每股的给价是上海 170 元，港省 175 元。消息公布后，电报局的股东们强烈反对，并提出两大要求：一是要求电报局仍旧采取商办的形式；二是如果一定要将电报局收归官办，那么股价连息在内每股应不少于 200 元。粤商领袖郑观应写信给盛宣怀，请求盛宣怀站出来抵制清政府的决定，为股东们说话。盛宣怀也很同情股东们，站在商人的立场敦促清政府每股给价 200 元，反对清政府最后增加 10 元即每股照 180 元收赎的决定，然而清政府没有同意。

3 月 9 日，清政府补授盛宣怀为邮传部右侍郎。与此同时，袁世凯在清政府的地位进一步下降，清政府将他调任军机大臣兼外务部尚书，以明升暗降的方式削去了袁世凯手中最后的一点军权。盛宣怀认为这是将电报局从北洋手中夺回来的最好时机，于是改变自己原来所持的商办电报局的立场，转而主张官办电报局。6 月，盛宣怀复电郑观应，说电报局收归官办势难中止。不久，盛宣怀就将自己握有的900份电报局股票全部上缴清政府，打破了官、商僵持的局面。电报局收归官办问题终于获得解决，邮传部顺势将电报局收归国有。宣统二年（1910年）8月，盛宣怀奉旨正式赴任邮传部右侍郎，这样，电报局虽然名义上已收归官办，但是实际上仍由盛宣怀管辖。

电报局终于被夺回来了，盛宣怀没有就此罢手，又为夺回轮船招商局不遗余力地奔走。光绪三十四年（1908年）11月，光绪皇帝与慈禧太后先后去世，年仅3岁的溥仪被扶上皇帝的宝座，其父载沣出任摄政王，掌握国家军政大权。

载沣一向看不惯专靠逢迎慈禧太后而发迹的袁世凯，更痛恨他当年出卖光绪皇帝的行径，于是在宣统元年（1909年）1月发布上谕，以袁世凯"患足疾，步履维艰，难胜职任"为由，勒令其回河南老家养病。

盛宣怀得知袁世凯被撵走的消息，欣喜若狂，随即开始了夺回轮船招商局的行动，并执意要将轮船招商局变成商办企业。

不过，袁世凯虽然被罢官回家，他的亲信仍有很多在清政府中任职，有的还在军政部门中担任要职。这年2月，袁世凯的得力干将徐世昌被清政府任命为邮传部尚书。而徐世昌与轮船招商局中的港商关系非常密切，因此盛宣怀要夺回轮船招商局并非易事。盛宣怀审时度势，一面为夺回轮船招商局大造舆论，说轮船招商局在自己手中时形势一片大好，而到了北洋手中则弊病百出、难以为继；一面物色人选，以对抗"徐党"。3月，盛宣怀致信寓居澳门的粤商领袖郑观应，请他出面做轮船招商局中港、粤股商的工作，力保轮船招商局商办成功。

郑观应是在光绪二十八年（1902年）盛宣怀、袁世凯二人刚刚开始争夺轮、电二局时，离开轮船招商局到广西巡抚王之春那里做官的，其间他一直站在盛宣怀的立场关注这场争夺战的进展动态。接到盛宣怀的信后，郑观应立即遵照盛宣怀的嘱咐，四处活动，列了一份赞成轮船招商局商办的股东名单寄给盛宣怀。5月，郑观应赶到上海，与盛宣怀密商，设立轮船招商局股东挂号处，发布广告，邀请股东前来登记，仅两三个月工夫，就登记了超过轮船招商局"股份全额十成之六"的股东。

宣统元年（1909年）8月15日，轮船招商局在上海静安寺路召开股东大会。会上选出盛宣怀、郑观应等9人为第一届董事会董事，盛宣怀为董事会主席，施绍曾为董事会副主席，严廷桢、顾润章为查账员。随后，又由郑观应主持制定了轮船招商局组织商办章程。会议还推举郑观应赴北京邮传部办理轮船招商局商办的注册手续。之后，郑观应在半年多的时间内两次进京，终于将商办注册之事办妥。

此后不久，盛宣怀因自己在邮传部任职，又担任商办的轮船招商局董事会主席，横跨官商两界，与清政府官员委任体制不符，电呈清政府请求免去自己邮传部右侍郎一职。清政府却破例允准他在任邮传部右侍郎的同时，出任商办的轮船招商局董事会主席。这样，盛、袁二人这场旷日持久的轮、电二局的争夺战，以盛宣怀的胜利告终，盛宣怀成为电报局、轮船招商局的实际掌舵者。

第十一章

盛极而衰，身败名裂走完人生路

盛宣怀怂恿清政府推行"铁路国有"政策，激起了全国人民的强烈反对，引发了轰轰烈烈的"保路运动"，辛亥革命就此爆发，各省纷纷宣布独立。盛宣怀成了众矢之的，被清政府革职，流亡日本，一代政商落得个身败名裂的下场。

第一节　铁路国有政策始作俑者

袁世凯下台之后，盛宣怀更加受到清政府的重视，官职接连升迁。

宣统二年（1910年）2月27日，清政府颁布中国红十字会章程，任命盛宣怀为中国红十字会会长。8月17日，盛宣怀奉旨到北京，受到隆裕太后的三次召见。接着，清政府命他帮办度支部（清代掌管财政事务的机构，成立于1906年）币制事宜。10月，盛宣怀捐建的上海图书馆竣工。12月，清政府委派盛宣怀为筹赈大臣，设立江皖赈公所，开办华洋义赈会，募捐筹资，赈济湖北、安徽、河南等地灾民。宣统三年（1911年）1月6日，清政府任命盛宣怀为邮传部尚书。5月8日，清政府成立皇族内阁，盛宣怀被简授邮传部大臣。至此，盛宣怀的人生达到了巅峰时期，荣耀至极，风光无限。

所谓物极必反，盛极必衰，一场汹涌澎湃、席卷全国的保路运动让盛宣怀从万丈云端跌入无底深渊。事情还得从盛宣怀一手经办的铁路事业说起。

盛宣怀刚开始主持修筑铁路时，坚决主张铁路商办，目的是要维护中国铁路主权，抵制列强兼并中国铁路。但是修筑铁路工程浩大，需要大量资金，而清政府国库空虚，财政拮据，无款可拨，再加上帝国主义加紧侵略中国，盛宣怀便以铁路作抵押，和列强签订了许多借款条约，筹借大笔外债来修筑铁路。盛宣怀此举无异于将铁路权出卖给列强，因而遭到了全国人民的一致反对，一时间保路斗争风起云涌。

光绪二十九年至光绪三十一年（1903至1905年），湖南、湖北、江苏、浙江、广东等地百姓掀起了轰轰烈烈的废除铁路借款条约运动，盛宣怀口头上赞成废约，暗地里却与列强合作，破坏废约运动。盛宣怀的行为激起了全国人民的极大愤慨，各阶层人士纷纷谴责、声讨盛宣怀。袁世凯早就想从盛宣怀手中夺走铁路这块"肥肉"，也趁机逼迫盛宣怀辞去铁路总公司督办的职务。迫于全国人民的压力，清政府于光绪三十一年（1905年）决定在北京设立铁路总局，同时裁撤设在上海的铁路总公司，统一铁路管理，并派袁世凯的亲信唐绍仪督办铁路事务。次年春，盛宣怀辞去铁路总公司督办职务，将铁路所有事项移交唐绍仪办理。

清政府虽然罢免了盛宣怀的铁路总公司督办之职，但并没有因此抑制住国内的废约浪潮，人们要求废除铁路借款合约的呼声越来越大，反盛运动此起彼伏。光绪三十四年（1908年）8月25日，盛宣怀哮喘病发作，决定东渡日本治疗，也借此避避国内的风头，顺便考察日本的煤铁、银行等行业的情况。9月2日，盛宣怀在家人、沈能虎和永泷久吉等人的陪同下，乘船抵达日本，下榻中国驻东京领事馆，开始了他的治病、考察之旅。

盛宣怀在日本待了两个多月，病情得到缓解，在此期间，他还考察了日本的煤铁厂矿、银行、制币局、文化教育等行业。光绪三十四年（1908年）11月中旬，盛宣怀得知光绪皇帝、慈禧太后相继去世的消息，赶紧乘船回国。宣统二年（1910年）8月，盛宣怀正式赴任邮传部右侍郎，这样铁路又归他管辖了。次年1月，盛宣怀升任邮传部尚书，他管理铁路的权力更大了。在这种情况下，盛宣怀又改变自己原先提倡的铁路商办的主张，转而提倡铁路国有。

为什么盛宣怀的态度来了一个一百八十度的大转弯，转而提倡铁路国有呢？原来，他有他的一番考虑和打算。

第一，是关系到铁路管理权的归属问题。盛宣怀出任铁路总公司督办时，坚持铁路商办，是为了使铁路的管理权归属公司，也就是归他本人"拥有"。现在将铁路收归国有，铁路就处于邮传部的直接管辖之下，而邮传部大臣就是盛宣怀，因此铁路管理权无可争议地依然由他"拥有"。

第二，便于统一管理各省的铁路建设。光绪年间，清政府同意由各省自筹资金建造铁路干线，但是工程进展缓慢，而且不少铁路的施工标准不相同，给铁路修筑工程带来了很大的麻烦。因此盛宣怀力主将铁路收归国有，以便对各省铁路进行全盘规划，统一管理，加快修路进度。

第三，为汉阳铁厂的钢铁产品打开销路。铁路如果商办，那么各省就会自作主张，自主采购修筑铁路所需的钢轨、钢板等。将铁路收归国有后，盛宣怀可以以邮传部的名义，下发公函要求各省向汉阳铁厂订购钢轨、钢板等，从而保证汉阳铁厂生产的钢铁产品的销路，汉阳铁厂的生产利润也会随之大幅提高。

第四，为扩大自己的经济实力。铁路收归国有，盛宣怀就可以通过邮传部将各省铁路和汉冶萍公司联成一体，形成一个贯通全国的企业网络。这样，不仅汉冶萍公司得到了发展，而且邮传部的地盘也扩大了，更重要的是盛宣怀个人的经济实力也扩大了。

第五，和对外借款有关。清政府先后授予盛宣怀邮传部右侍郎、邮传部尚书的重要职务，对他委以重任，除了考虑他个人能力出众之外，也是希望借助他与列强的关系向列强借款。但是列强借款给中国是有附带条件的，它们得不到好处是不会借款给中国的，与列强打交道多年的盛宣怀深知这一点。而铁路收归国有，盛宣怀就可以以铁路为资本，与英、德、法、美四国银行商谈借款的各项事宜。

第二节 全民保路，武昌首义

宣统三年（1911 年）5 月 9 日，盛宣怀奏请清政府批准将全国商办铁路收归国有。同一天，清政府皇族内阁颁布"铁路干线国有"政策，宣布将此前各省集资商办的铁路干线全部收归国有。5 月 18 日，清政府任命原两江总督端方为督办粤汉、川汉铁路大臣。

5 月 20 日，盛宣怀在北京与英、法、德、美四国银行团签订《湖北湖南两省境内粤汉铁路、湖北境内川汉铁路借款合同》（简称《粤汉川铁路借款合同》或《湖广铁路借款合同》），以铁路权和湖北两省的税收为抵押，向四国银行一共借款 1000 万英镑，利息 5 厘，期限 40 年，并允准粤汉铁路、川汉铁路由四国修建。这无异于将粤汉铁路、川汉铁路拱手送给四国。

6 月 1 日，盛宣怀和端方联名向四川代理总督王人文发电，宣称川汉铁路公司的股款一律由清政府换成国家铁路股票发给股东，概不退还现款。这等于是说，清政府不但要将川汉铁路收归国有，而且还要夺占股东的投资款。王人文收到电报后，心中大惊，知道此电一旦公布，必将引发全省性的大乱，于是压着电报，迟迟不对外公布。盛宣怀、端方见王人文那儿没有动静，又发电给川汉铁路公司驻宜昌分公司的总理李稷勋，询问他是否收到电报。李稷勋随即致电成都的川汉铁路公司索要电报，川汉铁路公司负责人便向四川督署询问情况。王人文被逼得没有办法，只好将电报抄示给川汉铁路公司，铁路收归国有一事迅速在四川全省传扬开来，随即传遍全国各地。

清政府牺牲民众利益、出卖铁路权的行径激起全国人民的强烈反对，一场声势浩大的保路运动就此爆发。运动首先在湖南长沙兴起，万人举行集会表示抗议，铁路工人游行示威，商人罢市，学生罢课，百姓拒交捐税以示反抗。湖北民众继起响应，汉口罢市，咨议局召开大会疾呼"存路救国"。宜昌的铁路股东纷纷向铁路公司索回股本，铁路工人和附近农民起而支持，与官军发生流血冲突，打死清军20多人。

广东召开粤汉铁路股东大会，反对清政府强占粤汉铁路，坚持商办，留日学生提出"路存与存，路亡与亡"的口号，旅美华侨宣称"粤路国有，誓死不从"，民众还拒用纸币以示抵抗。在广东总督张鸣岐的弹压下，粤汉铁路股东赴香港成立保路会，继续抗争。

四川的保路运动尤为激烈。6月17日，川汉铁路公司在成都召开股东代表大会，会场群情激昂，决心为争回路权奋斗到底。四川名绅邓孝可宣读题为《卖国邮传部！卖国奴盛宣怀》的文章，痛骂盛宣怀卖路卖国。会上宣布成立"保路同志会"，推举咨议局议长蒲殿俊为会长，副议长罗纶为副会长。大会还发表宣言，通电全国，痛斥清政府的卖国行径。会后，全体人员到督署向王人文请愿，要求王人文向清政府代呈请愿书。之后，保路同志会派人到全省各地广泛宣传，通知各州县成立分会。短短 10 天时间，就有 142 个州县的工人、农民、学生和市民加入保路运动，参与人员多达 10 余万。

清政府收到王人文代呈的请愿书后，认为王人文软弱无能，革了他的职，让在前线带兵镇压革命党起义的赵尔丰担任四川总督，处置川汉铁路收归国有一事。8 月 2 日，赵尔丰到达成都就职。赵尔丰害怕事态扩大，一面开导民众，一面联合成都将军玉昆给清政府发电，恳求清政府改变政策以缓和局势，后又弹劾盛宣怀，请求清政府查处盛宣怀。清政府不但置之不理，反而严令赵尔丰解散群众，加以镇压。赵尔丰被逼无奈，只好执行清政府的旨意。

这时，四川的保路运动愈演愈烈。8 月 14 日，成都民众开始罢市、罢课，进而发展到抗粮抗捐，并很快由成都扩展到全省，一些地方还出现了捣毁警察局、税务局、厘金局的现象。9 月 5 日，川汉铁路公司举行特别股东大会例会，同盟会会员朱国琛、杨允公、刘长述（刘光第长子）等人将题为《川人自保商权书》的传单散发给与会代表，号召四川人民"一心一力，共图自保"。

9 月 6 日，赵尔丰召集各营军官训话，部署镇压四川保路运动。9 月 7 日，赵尔丰以到督署看邮传部电报为由，将应约而来的蒲殿俊、罗纶等人诱捕。消息传开后，保路同志会组织上万民众到督署请愿，要求释放蒲殿俊等人。赵尔丰竟然下令军警向手无寸铁的民众开枪，当场打死 30 多人，酿成骇人听闻的"成都血案"。

血案发生后，赵尔丰下令全城戒严，封锁消息。革命党人在几百块木板上刻上"赵尔丰先捕蒲、罗，后剿四川，各地同志速起自保自救"等字样，然后将木板刷上桐油、裹上油纸投入河中，木板随江水漂流而下，消息很快就传遍了沿江各州县。血案彻底激怒了四川民众，各地军民纷纷起义，彝、藏、羌等少数民族也聚众起义。起义军号称"保路同志军"，数日之内队伍发展到 20 多万人。各地保路同志军向成都进发，攻打成都，因缺乏统一指挥、武器弹药不足，未能攻下成都，转而分兵攻打各州县，发展为全川范围的武装起义。

消息传到北京，清政府急忙调派督办粤汉、川汉铁路大臣端方率湖北新军入川镇压起义，还从湖南、广东、陕西、甘肃、贵州、云南等省派兵前往四川增援。湖北新军被调入四川，造成武昌兵力空虚，给武昌革命党人发动起义提供了一个绝好的机会。10月10日晚，武昌新军工程营第八营的革命党人在熊秉坤、金兆龙的率领下发动武装起义，攻占总督衙署，湖广总督瑞澂仓皇逃到停泊在长江的兵艇上，轰轰烈烈的辛亥革命就此爆发了。

盛宣怀做梦也没有想到，自己一手策划与实施的铁路国有政策，竟然会导致老百姓如此强烈的反抗，在全国引起一场轩然大波，成为引发埋葬清王朝的辛亥革命的导火索。

第三节　请袁世凯出山镇压革命

武昌起义的枪声震惊了清政府，清政府迅速做出反应。10月12日，清政府撤销瑞澂湖广总督的职务，命他戴罪立功，暂时署理湖广总督；令满族贵族、陆军大臣荫昌率军乘火车沿京汉线迅速赶赴湖北，湖北各军及增援军队均归其节制；令海军统制萨镇冰率领海军从上海出发，溯江而上直驶汉口增援。

清政府将北洋新军编组为陆军第一军、第二军、第三军，以跟随荫昌赶赴湖北的陆军第四镇及混成第三协、十一协为第一军，荫昌为总统官；以陆军第五镇为第二军，冯国璋为军统；以禁卫军和陆军第一镇为第三军，载涛为军统，三军迅速向汉口附近集结。清政府调集精锐部队，水陆会剿，以陆军和海军两路夹攻湖北的革命军，试图将武昌起义扼杀在襁褓中。

同一天，清政府决定重新起用袁世凯，授予他湖广总督的职务，命他赶赴湖北前线协助荫昌处理军务，镇压革命军。但是清政府并未授予袁世凯前线指挥大权，只是让他作为荫昌的副手，并派遣袁世凯的亲信阮忠枢到河南彰德(今河南安阳市)洹上村，劝袁世凯出山赴任。袁世凯对当初清政府将他赶回老家的做法非常不满，趁机要挟清政府，要求招募一支由自己指挥的军队，授予自己独立的军队指挥权，陆军部不得牵制和操控他指挥的军队等一系列要求。清政府认为他"开价"太高，未予准允。于是，袁世凯以"足疾未瘥"为由，拒不出山。

这时候的盛宣怀又在做什么呢？此时他已无心过问他视若珍宝的那些洋务企业了，作为一个书生、商人，武昌起义的枪声令他惊恐万状、心急如焚。为了挽救正在崩溃的清政府，盛宣怀动用自己掌控的一切资源，利用邮传部控制的铁路、轮船、电报等全国交通运输部门向湖北运输军队、粮食、物资，为清政府传递前线军情。他还从自己经营多年的企业、银行中抽调资金，尽可能地为清政府提供经济上的援助，支援清军与革命军作战，试图扑灭革命的烈火。

10月13日、14日，盛宣怀给京汉铁路公司连发两封电报，要求将武胜关(位于湖北广水市境内)以南和汉口一带的火车头都拉到武胜关以北，拆毁靠近汉口的一段铁路，严加保护京汉铁路的其他路段。盛宣怀这样做，一方面是要使武汉的革命军无法夺取火车这个在当时最迅捷有效的交通工具，一方面又让清政府能够利用铁路迅速调动军队镇压革命军。10月14日，盛宣怀还急电上海的轮船招商总局，要求轮船招商总局安排5艘大型轮船，准备由秦皇岛向汉口运送清军、武器及物资。盛宣怀为清政府对革命军进行水陆会剿不遗余力地做好后勤准备工作，事无巨细，考虑得十分周到，由此可见他镇压革命的决心。

然而形势并没有朝着盛宣怀所期望的方向发展。进攻汉口的清军遭到了革命军的顽强抵抗，节节败退，损失惨重。陆军大臣荫昌不过是一个风流倜傥的贵族公子，根本不懂统兵打仗，而且他贪生怕死，进军磨磨蹭蹭，行动迟缓。10月17日，荫昌到达信阳便不走了，将指挥部设在河南与湖北交界的鸡公山上，大军则驻扎在远离汉口数百里之外的河南、湖南等地，试图遥控前方清军，掌控战局。但是北洋军第二军统领冯国璋系袁世凯亲信，受袁世凯指示在汉口前线按兵不动，使坐镇信阳的荫昌无力控制湖北战局。

这时，起义的烈火已经迅速向全国蔓延，湖南、陕西、江西等省相继宣布独立。盛宣怀感到清王朝的灭亡已在旦夕之间，认为荫昌难以担当镇压革命的重任，湖北前线的清军统帅必须换人。换谁呢？盛宣怀又想到了袁世凯，他认为袁世凯曾在朝鲜前线指挥清军作战，早有威名，后又编练、组建北洋新军，在军队中根基极深，只有袁世凯能够统帅清军镇压湖北革命军，保住清王朝岌岌可危的江山。

尽管两人过去为了争夺轮、电二局，针锋相对，互不相让，彼此结下了很深的怨仇。可如今清王朝四面楚歌、危如累卵，盛宣怀想到自己呕心沥血创建起来的商业帝国将毁于战火，他本人也成了革命军的打击对象，这一切使他不得不抛开对袁世凯的仇恨，抛开个人尊严，转而百般讨好袁世凯，竭力请袁世凯出山镇压革命军，拯救清王朝覆亡的命运。

10月20日，盛宣怀为摄政王载沣的亲信、度支部大臣载泽代拟了三份节略。第一份是《代载泽拟进兵迟速关系大局之缘由节略》，盛宣怀认为"平乱"军事行动必须快速，并指责荫昌畏缩不前，建议授予袁世凯兵权："为今之计：一在催荫昌进兵，一在命袁世凯赴鄂。"第二份是《荫午楼宜电旨促其亲督进兵节略》，荫午楼即荫昌（荫昌字午楼），盛宣怀指责荫昌一味观望，坐失良机，建议清政府立即撤换荫昌。第三份是《袁世凯宜明降谕旨催其赴鄂节略》，盛宣怀将意思说得更明确了：

> 袁世凯负知兵重望……该督久任北洋，现调之新军第二、第四镇皆其旧部，必能遵守调遣，踊跃听命，应请明诏敦促克日就道。如再旷日持久，转虑匪势蔓延，牵动全局，更难收拾，必非该督忠勇任事之本心。至一军两帅，为行军所忌，俟该督抵汉，应将新军及湘、豫各省援军悉归节制，以一事权，一面选将练勇，以为后劲。

盛宣怀力荐袁世凯出山代替荫昌，出任湖北前线清军统帅，甚至迫不及待地主张将湖北、湖南、河南等省的军队统归袁世凯管辖，让袁世凯统一指挥各省军队。

10月23日，盛宣怀直接上奏清政府，又一次举荐袁世凯：

> 袁世凯公忠素著，韬略久娴，北军第二、第四镇皆其手中督练，不特威声足以慑匪胆，抑且恩谊足以结兵心。

盛宣怀急于让袁世凯出山，但袁世凯却作壁上观，静观时局的发展，企图在这场战乱中攫取更大的实权，捞取更多的好处。因此，当清政府下旨让他出任湖北前线清军统帅时，他摆起了架子，一口回绝了清政府的任命，借口病未痊愈，拒不出山。

这下盛宣怀更加着急了，急忙发电给袁世凯，以近乎哀求的语气请求他出山：

> 此乱蓄之已久，若不早平，恐各省响应。公出处关系中原治乱，

并请默念此身负环球重望，岂能久安绿野。与其迟一日，不如早一日。万勿迟疑。

袁世凯随即回电，向盛宣怀要钱、要兵、要权，说只有给予他充足的钱粮、数量众多的军队和统一指挥的兵权，他才能出山，率军与革命军作战。

盛宣怀接到袁世凯的电报后，急忙回电让袁世凯尽管放心，不会有人对他加以掣肘，其他如军饷、车辆、轮船、电报等保证一概无缺，均能满足。

在盛宣怀的建议下，10月27日，载沣下令任命袁世凯为钦差大臣，接替荫昌节制湖北水陆各军。10月30日，载沣又同意袁世凯出任内阁总理大臣，牵头组织责任内阁。

第四节　沦为清政府的替罪羊

盛宣怀没有料到，在他一而再、再而三地请求袁世凯出山，竭尽全力避免清王朝滑入深渊时，他已经被全国人民视为"人民公敌"，而他死心塌地效忠的清政府也将他列为"误国首恶"。

盛宣怀此时已是千夫所指，成了孤家寡人、众矢之的。百姓痛恨他，认为他怂恿清政府实行铁路国有政策，侵吞人民利益，出卖国家主权；革命党人痛恨他，认为他替清政府出谋划策，帮助清政府镇压革命党人，镇压革命；清政府痛恨他，认为他擅权专断，干预朝政，操纵时局，激发变乱，祸国殃民。

危险在一步步地逼向盛宣怀，弹劾他的奏折像雪片一样飞向清政府，谴责他的声浪一浪高过一浪，在宣统三年（1911年）10月25日这天达到了最高潮。

10月25日，清政府内阁资政院召开第二次会议。资政院于宣统二年（1910年）9月成立，是清政府为实行君主立宪改革做准备而成立的民议机构，实际上是清政府为了敷衍改革、欺骗群众而成立的，是站在维护和支持清王朝统治的立场上为清政府发声、说话的。

资政院第二次会议的主题很明确，就是讨论迫在眉睫的清王朝所面临的危机问题。会议由学部右侍郎、代议长李家驹主持，按照议事日程表提议的议题——"内忧外患，恳请标本兼治，以救危亡具奏案"，各省议员逐一发表讲话，提出自己解救危局的方案。

然而，会议开始后，议题却变了方向，所有的矛头都指向盛宣怀，资政院也成了集中围攻盛宣怀的场所。

议员罗杰首先登台演讲，他所提议案的主旨有两点：治标和治本。罗杰指出，治标之法有宽严两种，如要从严解决，就应将邮传部尚书盛宣怀、四川总督赵尔丰、湖广总督瑞澂三人按大清律法加以严惩。因为盛宣怀主张铁路国有政策及向四国银行团借款筑路一事，既没有提交内阁讨论，又违背资政院章程；四川总督赵尔丰办事无方，先是赞助保路同志会，后又诋毁对方是匪徒，制造血案，以致酿成大变；湖广总督瑞澂对变乱事先没有防范，事发后又贪生怕死，弃城逃跑，这三人的罪过都太大，罪不容赦。如要从宽解决，就应释放四川咨议局议长，招抚湖北民众，尽力平息湖北事变。至于治本之法，一是要召集国会，通上下之情；二是组织要拥有完全行政权力的内阁；三是将宪法提交资政院讨论，确保民众言论、出版和结社集会三大自由，民众有了这三大自由，就不会造反作乱。

罗杰演讲完毕，台下爆发出一阵热烈的掌声，大家纷纷表示赞同。

之后，议员牟琳和易宗夔先后登台演讲，两人历数盛宣怀在法律和政治上的失误，指责盛宣怀推行铁路国有政策、激成四川民变在先，擅自调兵、藐视法律、侵夺君权在后，要求将盛宣怀明正典刑，以谢天下。议员刘荣勋也随声附和，认为正是因为盛宣怀提倡铁路国有政策，让朝廷丧失民心，使革命党有可乘之机，激成事变，以致形势一发不可收拾，造成今日天下大乱的局面，因此盛宣怀是罪魁祸首，其罪当诛。

资政院内一片"倒盛"之声。盛宣怀所在的邮传部特派员陆梦熊站起来发言，为盛宣怀开脱，说铁路国有政策不是盛宣怀提倡和主持的，不能将全部责任都推到盛宣怀一人头上。陆梦熊的发言招来了议员们的一片责骂声，有的议员还高喊要他滚出会场。

最终，在一片"不杀盛宣怀不足以平民愤，不杀盛宣怀不足以谢天下"的呼声中，资政院对盛宣怀进行了宣判，给他定下了四大罪状：

一、违宪之罪。即不交院议与破坏商律是也。

二、变乱成法之罪。凡重大事件，必付阁议，铁路国有何等重大，乃贸然擅行，非藐法而何，按律宜绞。

三、激成兵变之罪。四川事起，内阁主和平，盛乃主强硬，激成大乱，而武昌失陷，亦原于此，按之激变良民因失城池之律，亦当绞。

四、侵夺君上大权之罪。擅调兵，擅绝交通，此种紧急命令，事属大权，盛擅行之，罪无可逭。

当天下午4点25分，代议长李家驹宣布散会。到了晚上，陆梦熊来到盛宣怀府上，将会议的情况告诉了盛宣怀。盛宣怀听后大吃一惊，继而感到不寒而栗，他没想到自己对大清王朝如此忠心耿耿、效劳卖命，到头来竟然会被同僚们视为"误国首恶"，要把他当作替罪羊置于死地。盛宣怀心中泣血，欲哭无泪，感到不满、不平、不甘！

送走陆梦熊后，盛宣怀展纸运笔，起草奏折，就资政院对他作出的"违宪""乱法""激兵变""侵君权"的指控，逐条辩驳。他不甘心自己的命运被别人宣判，不甘心自己被人清算，不甘心自己经营一生得来的顶戴和巨额财富就此消失，他还要做最后的挣扎。

然而盛宣怀的挣扎是徒劳的，清政府根本不给他上诉、辩解的机会，只想将他当作始作俑者加以处罚，以平息国人的怒火，缓解阶级矛盾。第二天，清政府下达谕旨宣布："盛宣怀受国厚恩，竟敢违法行私，贻误大局，实属辜恩溺职。盛宣怀即着革职，永不叙用。"盛宣怀被摘去顶戴，从堂堂一品大员沦为一个普通的平民百姓。这一年，盛宣怀 68 岁，已接近古稀之年。

第五节　仓皇出京，流亡日本

盛宣怀被革职后，担心自己被清政府处决，于 10 月 27 日逃到美国使馆避难。

由于盛宣怀此前与美、英、法、德四国银行团签订了铁路贷款合同，四国担心盛宣怀被处死，合同无法执行，于是决定采取联合行动，保护盛宣怀。10 月 28 日，美、英、法、德四国驻京公使前往清政府内阁拜谒内阁总理大臣、庆亲王奕劻，要求奕劻担保清政府不加害盛宣怀。在四国公使的压力下，奕劻承诺不会加害盛宣怀，并准许盛宣怀在外国的保护下离开北京。

10 月 28 日深夜，美、英、法、德、日五国使馆各派 2 名卫兵，组成一支 10 人的卫队，在美国使馆参赞丁嘉立和英国使馆参赞巴登的带领下，护送盛宣怀前往天津。纵横官商两界达数十年之久的一代巨商盛宣怀，仓皇、狼狈地离开了北京，此后至死再未踏足北京。

10 月 29 日清晨，盛宣怀到达天津后，在日本顾问高木陆郎和十几名日本士兵的护送下，乘坐德国轮船"提督"号到达青岛，住进亨利王子饭店。德国首相贝特曼·霍尔韦格得知消息后，下令德国驻青岛领事保护盛宣怀的安全，因此亨利王子饭店戒备森严，盛宣怀出入饭店都有德国士兵保护。

盛宣怀原打算在德国人的庇护下长期留居青岛避难，但是经不住高木陆郎的一再劝说，与高木陆郎等人乘上日本军舰，于 12 月 14 日转抵大连避难。到大连后，盛宣怀旧病复发，一时病倒在床上。日本正金银行董事小田切、公司协理李维格趁此机会与他会面，协商汉冶萍公司进一步合作的事宜，盛宣怀以有病为由推托。

12 月 31 日，在高木陆郎的策划下，盛宣怀带着小妾，两个儿子盛恩颐、盛重颐以及随从一行人，从大连登上了去日本的轮船。高木陆郎从天津就一直跟随在盛宣怀左右，名为保护盛宣怀，实际上他是日本政府派来监视盛宣怀的。当初，汉冶萍公司由盛宣怀签字，以矿山、厂房、机械等作抵押，先后向日本银行借款 1200 万日元，这次高木陆郎诱逼盛宣怀去日本避难，是希望到日本后威胁盛宣怀同意与日本合办汉冶萍公司，达到吞并汉冶萍公司的目的。

1912 年 1 月 1 日晚，轮船抵达日本港口长崎。盛宣怀上岸后，发现周围有不少革命党人，还有一些晚清官员，他害怕被人认出，引来杀身之祸，便想另觅他处居住。次日，在高木陆郎的安排下，盛宣怀转往神户盐屋山，寄寓在东方旅馆，并花钱请当地的日本警署派来 2 名警察保护他。因为旅馆开销太大，几天后盛宣怀又在附近的山上租了 8 间屋子，一行人一起住下。

初到日本，盛宣怀也"入乡随俗"，穿上了日本和服，和服上挂了颗小印，上刻"须磨布衲"四字。每天，盛宣怀除了去须磨（位于

日本兵库县神户市西部）肺病医院治病外，还写些日记，描叙景物，
抒写胸臆，有时也不忘搜集各种图书，以便将来回国时捐赠给自己集
资建立的上海图书馆，日子倒也清静。

没事的时候，盛宣怀便拄着手杖，站在屋外的空地上，眺望海岸
对面，一站就是好半天。每当这时，往事就一幕幕地浮现在他的脑海中，
他渴望回到过去的日子，渴望重新拥有过去的一切。可是世事骤变，
昔日的荣耀、繁华已经荡然无存，他也被迫远离祖国故园、漂泊异国
他乡，这让他不禁感慨万千，老泪纵横。

流亡日本期间，盛宣怀每天都在思念祖国，想念亲人，挂念他一
手创建的企业和置办的家产。他时常出神地想，局势为什么会变成今
天这个样子呢？自己到底哪里做错了呢？

颇具讽刺意味的是，就在盛宣怀从北京出逃流亡日本之际，也就
是宣统三年（1911年）12月25日，另一个流亡者从海外乘船回到国内，
这个归国的流亡者就是中国民主革命的伟大先驱孙中山。一个封建社
会的卫道士、清王朝的忠实信徒开始流亡生涯，从国内逃亡国外；一
个民主革命的斗士、清王朝的掘墓人结束流亡生涯，从国外回归国内。
这也预示着一个封建、腐朽的王朝行将灭亡，一个民主、共和的政权
即将诞生。

第六节　中日合办汉冶萍公司的纠纷

在盛宣怀出逃北京流亡日本期间，中国又发生了许多大事。

宣统三年（1911年）11月1日，袁世凯自安阳抵达湖北萧家港，
正式出山。同日，载沣宣布解散皇族内阁，任命袁世凯为内阁总理大臣，
湖北及其他各省清军仍然归其指挥。至此，载沣将军政大权全部让给

了袁世凯。心满意足的袁世凯这才开始派兵攻打武汉革命军，夺取了汉口。11月13日，袁世凯突然带领大批卫队抵达北京，于16日组成责任内阁，就任内阁总理大臣，迫使载沣辞去监国摄政王职务，总揽清政府朝政与军事的所有大权。

这时，革命的烈火已燃遍南方各省。11月27日，端方在四川资中大东街禹王宫被起义的第八镇军官刘怡凤等人杀死。几天后，赵尔丰在成都被四川军政府都督尹昌衡的部下擒获，经公审后被处决。12月2日，革命军一举攻占南京。至此，长江以南各省全部为革命军占有，各省代表从武汉移驻南京。同日，经过英国驻汉口领事葛福的斡旋，武汉革命军与清军达成了停战协议。

12月25日，孙中山从海外回到上海，受到上海军民的热烈欢迎。12月28日，南北议和谈判开始。12月29日，在南京的17省代表正式选举临时大总统，孙中山当选为中华民国临时大总统。南北议和代表也在上海达成召开国民会议公决"国体"协议。

1912年1月1日，中华民国南京临时政府举行临时大总统就职典礼，孙中山正式就任中华民国临时大总统。

袁世凯对孙中山就任中华民国临时大总统非常不满，他立即撕毁停战协议，授意亲信段祺瑞、冯国璋联络北洋军官通电反对共和，表示要为君主立宪"奋力战斗"。孙中山无意与袁世凯决裂，于1月2日发表声明，只要袁世凯赞成清帝退位，他就自行辞职，让位于袁世凯。袁世凯得到孙中山的这个保证后，加紧了逼迫清帝退位的步伐。

南京临时政府成立后，查封了盛宣怀在苏州、常州、江阴、无锡、南京、杭州、武汉等地的房产、地产、钱庄、典当行、义田、义庄以及部分企业，仅存上海、北京两地的盛氏住宅，还要求盛家捐款助饷。盛宣怀的夫人庄德华接二连三地给盛宣怀写信，告诉他家产、地产被查封的消息。盛宣怀阅信后忧心如焚，一面托英国通和洋行经理达拉斯，日本三井洋行职员森恪、高木陆郎，以及福开森等人出面保护自己的财产，一面给自己在上海的老朋友赵凤昌发电报，请求赵凤昌向南京临时政府求情，请求他们保护自己的财产。

而刚刚成立的南京临时政府财政非常拮据，以致无法继续运转下去。为解决财政困难，南京临时政府想了很多办法，如发行军需公债、发动南洋侨民捐款等，但筹集到手的资金非常有限，到手即用完，简直是杯水车薪，无济于事。南京临时政府又想向国际金融机构贷款，可是"南北交相破坏"，根本没有那么多资产可以做抵押向国际金融机构借巨款。最后，南京临时政府想用轮船招商局的资产做抵押向日本借巨款，同日本合办汉冶萍公司，筹集军饷。

1月12日，日本政府批准了三井洋行提出的以中日合办汉冶萍公司为前提的贷款项目。就在这时，南京临时政府驻日全权代表何天炯带着南京临时政府关于中日合办汉冶萍公司事项的信件来到日本，通过正好也在日本的汉冶萍公司商务部副部长王勋之手，将信件交给了盛宣怀。

盛宣怀收到信件后，认为这是自己向南京临时政府靠拢的最好机会，可以借此洗刷自己反对革命、反对人民的坏名声，同时也可以避免自己在国内的财产被南京临时政府没收充公，于是他立即回电，表示自己与日本商谈中日合办汉冶萍公司"义不容辞"。

由于中日合办汉冶萍公司一事涉及公司股东的利益及出卖公司权利的问题，南京临时政府和盛宣怀都表现出非常谨慎的态度。为了防止事情泄露激起公愤与舆论谴责，南京临时政府在之后发给盛宣怀的几封电报中都没有写上明确的"合办"二字，而盛宣怀在国内已成为千夫所指的对象，也不愿意承担这个责任和骂名，于是与日本谈判合办汉冶萍公司之事暂时搁浅。

日本侦知个中内情后，一面催促盛宣怀从速决定，一面向南京临时政府施压，称如果在 1 月底不能达成协议，谈判即告破裂。

这下盛宣怀慌了，急忙与三井洋行商谈合办汉冶萍公司各项事宜。1 月 26 日，南京临时政府、汉冶萍公司及日本三井洋行的代表在南京签订《汉冶萍公司中日合办草约》。草约规定，汉冶萍公司由中日合办，公司股本为 3000 万日元，日方提供 1500 万日元借款，其中 500 万日元先行借给南京临时政府，其余借款用于向三井洋行购买军需。这样，日方真正交给南京临时政府的借款只有 500 万日元，其余的大批借款通过军需交易回流到日本。草约还规定，如果南京临时政府向其他国家出让矿山、铁路、电力等权利，日方享有同等条件下的优先权。

1 月 29 日，盛宣怀在日本神户与李维格一起，以汉冶萍公司的名义同日本正金银行代表小田切另外签署了一份《汉冶萍公司中日合办草约》。盛宣怀在草约上另加了一条：该项合约须经汉冶萍公司股东公投决议，过半数者方始有效。他还将草约第 10 条"以上所开新公司华日合办，已由中华民国政府电准"这句话中的"已"字改为"俟"字，并在草约上最后注明：俟民国政府核准后，敝总理再行加签盖印，特此声明。

盛宣怀这样做的目的很明显，就是所有的担子都让南京临时政府和股东们来挑，以便日后国内人民群起责问时自己好推卸责任。

世上没有不透风的墙，中日合办汉冶萍公司的内幕很快就在社会上流传开来，一时间群情激愤，舆论哗然，抗议之声此起彼伏。临时总统府枢密顾问章太炎、实业部总长张謇等人公开反对，张謇甚至以通电辞职表示抗议，就连汉冶萍公司的股东们也群体反对。

盛宣怀一看苗头不对，立即改换了一副面孔，对外解释说自己与日本签订《汉冶萍公司中日合办草约》是被逼无奈，将责任都推到南京临时政府和日本人身上。

1912 年 2 月 12 日，在袁世凯的逼迫下，隆裕皇太后代行皇帝职权，以太后名义颁布《清帝逊位诏书》，宣布宣统皇帝溥仪退位，授权袁世凯组织"临时共和政府"。2月13日，急于控制汉冶萍公司的三井洋行向南京临时政府提供了200万日元贷款。同一天，孙中山向临时参议院提交辞职咨文。2月15日，临时参议院选举袁世凯为第二任临时大总统，三井洋行决定不再提供贷款支持。2月23日，孙中山下令废除《汉冶萍公司中日合办草约》。3月22日，汉冶萍公司召开股东大会，到会的440人全体反对中日合办汉冶萍公司，而盛宣怀被大会撤销了他在汉冶萍公司担任的总理职务。事后，股东大会电告盛宣怀，合办草约正式取消。至此，历时近3个月的中日合办汉冶萍公司的纠纷终告平息。

日方在谈判过程中暴露出侵吞轮船招商局的野心，而南京临时政府原打算以轮船招商局的资产作为抵押向日本借款的方案，也遭到轮船招商局股东们的强烈抵制，南京临时政府参议院对此也持反对态度，于是借款之事最终也不了了之。

第七节　秘密回国，抵制"二次革命"

1912年2月15日，南京临时政府参议院选举袁世凯为第二任临时大总统，并电告袁世凯到南京就职。但是袁世凯以北京发生兵变为由，迫使南京临时政府同意他在北京就职。3月10日，袁世凯在北京宣誓就任中华民国第二任临时大总统。4月1日，孙中山在南京宣布正式解除临时大总统职务。4月2日，临时参议院决定临时政府迁往北京。4月4日，临时参议院决定本院迁往北京。至此，辛亥革命的胜利果实为袁世凯完全篡夺。

远在日本的盛宣怀仍然密切关注国内政局的动态，关心他经营多年的轮船招商局、汉冶萍公司等企业，并积极为回国做准备。2月15日，在得知袁世凯被南京临时政府参议院选举为第二任临时大总统时，盛宣怀立即给袁世凯发贺电表示祝贺，还乘机向袁世凯献媚，说轮船招商局和汉冶萍公司要仰赖袁世凯保全，自己与袁世凯"关系将来匪浅"，暗示自己愿为袁世凯统治下的政府出力。4月，盛宣怀又致函袁世凯，以赈灾为名，向袁世凯捐献100万元以示忠诚。

孙中山交卸了临时大总统职务，他先前答应保护盛宣怀的个人财产也就成了一句空话。袁世凯继任临时大总统之后，为了骗取人民的信任，于5月11日下令保护人民财产，答应发还盛宣怀的个人财产。可是江苏都督程德全与盛宣怀以前有私隙，坚持要盛宣怀捐献巨款充抵军饷才发还他的财产。盛宣怀认为程德全是在向自己敲诈勒索，坚决不同意，双方相持不下，事情一直拖到10月中旬仍未解决。盛宣怀的朋友、汉冶萍公司董事长赵凤昌决定从中斡旋，写信给盛宣怀，称上海现在秩序安定，盛宣怀回国之后的安全无须担心，发还财产之事若拖延太久，恐怕夜长梦多，更难解决，不如尽早回国当面交涉，以求早日解决。这时盛宣怀的亲家孙宝琦也发电给盛宣怀，说孙中山担任刚成立的国民党理事长，因为要出国考察，便让宋教仁代行理事长之责，而宋教仁以前曾阻止袁世凯组织责任内阁，袁世凯对宋教仁怀恨在心，与国民党的矛盾正在激化，可趁此时回国。于是，盛宣怀决定先独自回上海观察动静，若无妨碍，再接妻儿回国。

10月30日，盛宣怀从日本回到上海。当初出国时，盛宣怀头戴小帽，身着长袍马褂，脚穿布履，脑后拖了条长辫，此时回到祖国，面貌已是"焕然一新"——西装革履，脚蹬皮鞋，脑后空空，只不过须发皆白，神情憔悴。盛宣怀唯恐上海各界群众认出他而当面声讨他，所以对于此次回国他绝对保密，到上海杨树浦码头迎接他的只有赵凤昌一人。盛宣怀坐着赵凤昌的轿车，悄悄来到位于上海静安寺路斜桥的公馆中住下。几天后，盛恩颐、盛重颐等人也从日本回到上海，一家人总算又团聚了。

回到上海后不久，盛宣怀便着手追讨自己的财产。11月，盛宣怀以普通公民身份向江苏都督程德全上呈信函，请求发还自己的财产，然而程德全依然拖着不予批准。最后，盛宣怀在捐出典当本金、股份之外，再以洋票15万元、汉冶萍公司股票1700股做抵押，筹措20万元，用于地方善举，程德全才于12月10日颁布政令，同意发还盛宣怀的财产。一场历时1年要求发还盛氏财产的行动才告结束。

1913年2月，盛宣怀致信友人，叙述了自己归国后的生活及感受："归国后故园独处，书画自娱，如梦初醒，不欲知秦汉以后事。"盛宣怀口头上说自己淡泊世事，不问政事，实际上依然在关注时局，关心他从前所经营的企业，包括铁路、银行等。

3月20日，在袁世凯的指使下，宋教仁被刺杀于上海火车站，国民党与袁世凯的矛盾更加激化了。3月29日，汉冶萍公司召开特别股东大会，盛宣怀被推选为总理，会后又被选为董事会会长。盛宣怀又开始忙于规划汉冶萍公司的生产经营，派人向各省推销汉冶萍公司的钢铁产品。6月22日，轮船招商局召开股东大会，为了进一步向袁世凯靠近，盛宣怀力排众议，推举袁世凯的亲信杨士琦为董事会会长，自任副会长，会后又推选郑观应任执行董事。

宋教仁遇刺一案，使孙中山看清了袁世凯的反动面目，他号召各地革命党人起义讨袁，发动"二次革命"。7月12日，江西都督李烈钧在江西湖口宣布独立，发表讨袁通电，起兵讨袁，"二次革命"正式爆发。接着，江苏、上海、安徽、广东、福建、湖南、四川等地的革命党人也相继宣布独立，成立讨袁军，通电声讨袁世凯。

"二次革命"期间，盛宣怀带着家人避居青岛，但是还在暗中主持轮船招商局、汉冶萍公司的事务。盛宣怀对孙中山发动的"二次革命"是持反对态度的，他称讨袁军为"乌合之众"，希望讨袁军速败，北洋军速胜。他拒绝为讨袁军提供军饷、运送粮食，反而为北洋军提供军事情报，说上海的讨袁军势单力薄，北洋军只要派数千人就可攻下上海，甚至为北洋海军部队指出了登陆上海的具体位置。他还吹捧袁世凯，大夸袁世凯具有雄才大略。

盛宣怀出身封建官宦家庭，自幼接受封建礼教的教育，为腐朽、没落的清王朝效忠了数十年，深蒙"皇恩"，不仅当上了高官，还聚敛了巨财，他从内心是非常感激给他带来高官厚禄的清王朝的，也是敌视和排斥给他个人利益带来危害的革命力量的。因此他在"二次革命"中有上述表现不足为奇。他一心要维护旧的体制和旧的政府，希望为旧的体制、政府效忠，然而事与愿违，他不仅被旧的体制、政府抛弃，而且成了旧的体制、政府的殉葬品。

由于讨袁军力量涣散，各自为战，缺乏统一指挥，加上一些军官被袁世凯收买，相继叛变，因此各地讨袁军出战不到半个月便相继失利。9月4日，南京失守，"二次革命"以失败告终，孙中山、黄兴等人流亡海外。"二次革命"结束后，盛宣怀带着家人又回到上海静安寺路的盛公馆。

值得一提的是，"二次革命"期间，盛宣怀仍致力于各地的赈灾慈善工作，先后多次捐款给中国红十字会，支持中国红十字会救助伤兵、难民，做了不少利民的实事。

第八节　繁华落尽，魂归故里

镇压了"二次革命"后，袁世凯更加飞扬跋扈，决意要实行独裁统治，复辟帝制。1914年1月，袁世凯宣布解散国会。5月，袁世凯公布《中华民国约法》，将责任内阁制改为总统制，并把总统的权力提高到如同封建时代的专制帝王一般。

就在袁世凯为复辟帝制加紧做准备的时候，1914年7月间，第一次世界大战爆发。8月23日，日本对德宣战，并趁机出兵中国山东。9月26日，盛宣怀写信给时任外交总长孙宝琦，提醒他警惕日本的侵略："近邻不怀好意，触之即动，似宜小心。"为防止日本趁机向汉冶萍公司开刀，盛宣怀还致信汉冶萍公司的董事和股东们，提出了"以外债图扩充，以铁价还日款，以轨价充经费"的发展方针。11月7日，日本攻占青岛，占据了德国在山东的胶州湾租借地和胶济路全线，打算继续扩张其在中国的侵略势力，实现其独霸中国的野心。

1915年1月18日，日本趁西方列强在欧洲战场厮杀、无暇顾及远东之际，进一步扩大在中国的势力，以支持袁世凯做皇帝为条件，派日本驻华公使日置益向袁世凯提出了旨在灭亡中国的"二十一条"。其中的条款规定，汉冶萍公司由中日两国合办，未经日本政府同意，所有属于该公司的一切权利产业，中国政府不得自行处分，亦不得使该公司任意处分；中国政府允准所有属于汉冶萍公司各矿的附近矿山，未经该公司同意，一概不准该公司以外之人开采。日本人又将魔爪伸向了汉冶萍公司，企图实现他们多年以来处心积虑吞并汉冶萍公司的阴谋。

3月6日，日本横滨正金银行驻北京董事小田切电告盛宣怀，说民国政府已同意中日合办汉冶萍公司，合办之后，盛宣怀将是受益最大的人。小田切以政府名义威逼，以利益相诱，企图迫使盛宣怀就范，同意中日合办汉冶萍公司。盛宣怀识破了小田切的花招，不为所诱，以股东们反对"中日合办"和"各国效尤"为理由，拒绝了小田切的要求。

小田切接到盛宣怀的电报后，立即发电给日本横滨正金银行上海分行经理儿玉谦次，命令他到盛公馆当面劝导盛宣怀同意日本的要求。儿玉谦次来到盛公馆，要求盛宣怀同意日本的要求，盛宣怀借口有病在身，含含糊糊地应付着儿玉谦次，最后让家人将儿玉谦次打发走了。

盛宣怀知道日本人不会善罢甘休，于是让家人通知郑观应前来盛公馆，一起商量对付日本人的办法。郑观应建议由时任总统府秘书长、交通银行总经理的梁士诒和著名实业家孙多森所办的通惠实业公司，出面发行汉冶萍公司的实业债票，以筹集公司资金，维持公司的生存，这样既可以避免中日合办，又能够将汉冶萍公司掌握在中国人手中。盛宣怀表示赞同，嘱咐郑观应尽快与梁士诒、孙多森接洽商谈。

小田切探知消息，立即让儿玉谦次给盛宣怀写信，警告说："日本绝不能承认贵公司与通惠公司结成关系，亦不准向通惠公司借款。"盛宣怀针锋相对，斩钉截铁地回复儿玉谦次，只要通惠实业公司有实力筹款，那么汉冶萍公司必定会与通惠实业公司签字。12月12日，盛宣怀就此事致信自己的亲家，时任总统府审计院院长孙宝琦，说只要汉冶萍公司所借的款不是外国人的并且利息低，日本人断无阻挠之理。为了保住汉冶萍公司，维护国家利益，盛宣怀同日本人做了坚决的斗争。最终，日本人试图吞并汉冶萍公司的阴谋没有得逞。

从1914年开始，盛宣怀的身体状况开始恶化，很少参与公司的管理事务，但"遇公司会议时，其重要者仍出而列席"。到1915年深冬，盛宣怀病情加重，卧床不起，已经无力参与任何事务。

1916年4月27日，盛宣怀的生命到了弥留之际。盛宣怀自觉大限将至，于是将家人都叫到床边，向他们做最后的交代。盛宣怀让儿子盛重颐取来笔和支票簿，颤抖着手先为上海工业专门学校（前南洋公学）签了一张20万元的支票，又为上海图书馆签了一张5万元的支票。接着，盛宣怀立下两个遗嘱：一是自己死后，要"僧衣薄殓"，一切从简，家人不得大办丧礼，铺张浪费；二是将自己留下的1160

多万两白银，包括房产、地产、各项股票、存款和现款等四六分拆，四成用于专办慈善事业，六成分为6股，5个儿子各得1股，剩余1股用于夫人养老。一切后事交代完毕，盛宣怀口吐鲜血，溘然长逝，他的73年风风雨雨、跌宕起伏的人生之路就此画上了句号。

盛宣怀去世当天，轮船招商局、汉冶萍公司决定下半旗为盛宣怀致哀3天。第二天，《民国日报》《申报》等报纸纷纷刊登了悼念盛宣怀的文章。《民国日报》称盛宣怀是"中国最大的富翁"，《申报》则称颂盛宣怀为"一世之雄"。

按照常州的风俗，盛宣怀的灵柩要在盛公馆停放一年半，即到1917年11月18日才举行出殡仪式。灵柩停放期间，盛宣怀生前的亲朋好友以及一些商界知交、官场同僚陆续前来吊唁，除日本外的其他国家驻上海领事馆和上海各政府机关也派人前来吊唁。12月10日，中国红十字会与轮船招商局、汉冶萍公司、中国通商银行等企业，在上海天津路红十字会时疫医院为盛宣怀举行隆重的追悼会。中国红十字会副会长沈敦和在追悼会上致悼词，对盛宣怀兴办轮船、电报、纺织、铁路、矿务、学堂以及捐款赈灾等方面的事迹做了简要回顾，称他为"大实业家而兼大慈善家"。

盛宣怀临终前立下两个遗嘱，其中一个遗嘱家人按他的要求执行了，另一个遗嘱却没有得到家人的执行。盛宣怀的夫人庄德华认为，丈夫一生南北奔波，为国操劳，辛苦异常，生前没有好好享受过自己打拼下来的荣华富贵，死后一定要给他举办一场规模宏大的葬礼，让他走得热热闹闹、风风光光。

1917年11月18日，盛宣怀灵柩出殡那天，街道两旁人头攒动，人山人海。印度巡捕马队在前面开道，沿途有英、美巡捕和中国警察维持秩序。盛宣怀的灵柩由曾经为光绪皇帝、慈禧太后出殡时抬棺的永利扛房的原班人马抬送。送葬队伍从盛公馆出发，沿静安寺路、南京路折入广西路、福州路，直往上海外滩金利源码头而去，前后蜿蜒约2500米，当先头队伍抵达上海外滩时，盛公馆的后续队伍还未走完。这场盛大的葬礼足足花费了30万两白银，规模和仪式甚至超过了光绪皇帝的葬礼，真是不是国葬胜似国葬，盛宣怀可谓备极哀荣！

当时正值国运艰难、百业凋敝、百姓生活困窘之际，盛宣怀的葬礼办得如此隆重奢靡，与国家形势形成巨大的反差，因此指责和讽刺之声也纷至沓来。上海文化名流余槐青赋诗《海上竹枝词》讽刺盛宣怀的葬礼，诗中写道："丧仪绚烂满长街，古今中西一例排。经费宽筹三十万，破天荒是盛宣怀。"

1917年11月24日，盛宣怀的灵柩被运到苏州，安放在留园中，直到1920年4月9日才在江苏江阴马镇的盛氏祖坟墓园安葬。至此，盛宣怀一世的功名都化作了尘与土。

盛宣怀的一生，是以"办大事、做高官、聚巨财"追名逐利的一生，也是不遗余力兴办实业的一生。作为晚清历史上一位绕不开、避不过的举足轻重的人物，盛宣怀以其超前的思想、过人的见识、非凡的魄力、巨大的勇气，开创了许多开时代先河的事业，极大地推进了中国近代民族工业的发展，加速了中国近代化的历程，在中国近代史上写下了浓墨重彩的一笔。

受时代及个人思想认识水平的局限，盛宣怀始终没有走出个人的小天地，他兴办实业、创办企业带有一定的个人目的，为满足个人私欲服务，而且在政治上他极力效忠清政府，为维护清政府的统治不惜与人民为敌，在一定程度上阻碍了历史进步。这也使他成为晚清历史上一个备受争议的人物，褒贬不一，毁誉参杂，难以定论。

固然，盛宣怀身上存在着这样那样的缺点，但作为一位特定历史时期的特定人物，一位在封建制度即将崩溃的前夜依然想冲破重重困难、保护中国各方权益的实业巨子，或许我们不应对他有过多的苛求，而应以理性、客观、公正的态度来审视、评价他。

　　盛宣怀不仅是一位极其勤奋的实业家，也是一位爱国实业家，他创立实业的初衷很大程度上是为了与外国人竞争，保护、振兴中国民族工商业。正如他自己所说的那样："宣怀半生心血不过要想就商务开拓渐及自强，做一个顶天立地之人，使各国知中原尚有人物而已。"

　　盛宣怀的创业精神、敬业态度、慈善之心、爱国情怀，都是他人性中的闪光之处。他所创办的各项实业，成就卓著，影响巨大，彪炳青史，垂及后世。就此而言，盛宣怀是值得后人称颂的，是中国历史上值得一书的一位人物。